JN308691

WIZARD

テンプルトン卿の流儀

伝説的バーゲンハンターの市場攻略戦略

Investing the Templeton Way :
The Market-Beating Strategies of Value
Investing's Legendary Bargain Hunter
by Lauren C. Templeton, Scott Phillips

[著]ローレン・C・テンプルトン
スコット・フィリップス

[訳]鈴木敏昭

Pan Rolling

Investing the Templeton Way : The Market-Beating Strategies of Value Investing's Legendary Bargain Hunter by Lauren Templeton, Scott Phillips

Copyright © 2008 by Lauren C. Templeton and Scott Phillips. All rights reserved.

Japanese translation rights arranged with the McGraw-Hill Companies, Inc. through Japan UNI Agency, Inc., Tokyo

私たちを導いてくれたジョン・M・テンプルトン卿とハンドリー・コットン・テンプルトンに捧ぐ

また、ハーベイ・マクスウェル・テンプルトン・ジュニアとデビッド・フィリップスの愛の記憶のために

◇目次

まえがき

九五歳の誕生日を目前にして、私は今日ほど生きるのに良い時代はないと感じている。信じられないほどの繁栄の時代に生まれたことを私たちは深く感謝すべきである。私はこの年にしてなお、持てるもののほぼすべてをテンプルトン財団に捧げている。財団は世界中の人々のために精神的富を築き上げることを目的としている。

投資の助言を求め、グローバル経済を懸念する投資家の手紙が今でも届く。歴史を通じて、人々は投資でも生活全般でも困難から生じる好機というものにほとんど目を向けようとしていない。私が生きてきた時代は数え切れないくらいの目覚ましい偉業の恵みを受けてきた。二一世紀は素晴らしい希望と輝かしい約束にあふれており、恐らく好機に満ちた新黄金時代となるであろう。

本書は私の投資の歴史を簡明にまとめたものである。そのなかで、兄の孫娘であるローレン・テンプルトンと夫のスコット・フィリップスがバーゲンハンターの投資精神を説明している。世の中にはたくさんの投資方法があるが、私は本質的価値に比べ非常に割安な株式を買うことで最大の成功を収めてきた。投資キャリアを通じて、その時点で最良のバーゲン株を世界に求めてきた。研究によれば、一カ国に限定された単純な分散ポートフォリオよりも、世界に投資する株式ポートフォリオのほうが長期的にはボラティリティが低く、リターンが大きいことが示されている。どんな投資計画でも分散化を基本としなければならない。

キャリアを通じて用いてきたひとつの原則は、悲観の極みで投資するということである。言い換えれば、悲観の頂点でこそ最も楽観的になる必要がある。

本書では、ひとつの銘柄、ひとつの業種、ひとつの国について悲観の極みを見いだすために私が生涯用いてきた方法が説明されている。

日常生活のほぼあらゆる活動において、人は見通しが最も明るいところを目指す。将来有望な業界に職を求めるし、見通しが最良の地域に工場を建設しようとする。だが、上場された投資対象を選ぶ場合にはその反対を実行しなければならないと私は主張する。今、企業の価値に比べ最も割安な価格で株を買おうとしているとする。このとき、株式がバーゲン価格で提供される理由はひとつしかない。ほかの投資家が売っているということだ。それ以外の理由はない。バーゲン価格で買うには大衆が最も恐れ、最も悲観的になっているところを探さなければならない。将来の強力な収益力を割安な価格で買えたときは常に良い投資と言える。それを実現する方法は他人が売っているときに買う以外にない。投資家はなかなかこの考え方を実践に移せない。大勢の意見に逆らって行動することは容易ではない。私は投資キャリアを通じて次のモットーに従ってきた。

他人が絶望して売っているときに買い、他人が貪欲に買っているときに売るには、最高の精神的強靭性が必要となるが、最終的には最高の報いが得られる。

読者が本書を読むことによって、安く買い高く売るために必要な技能と自信を自分のものとすることを希望する。多くの場合、その達成には人気の対象を避けることが必要になる。そのためには次の助言がお役に立つのではないかと思う。

強気相場は悲観のなかで生まれ、懐疑のなかで育ち、楽観とともに成熟し、陶酔のなかで消えてゆく。悲観の極みは最高の買い時であり、楽観の極みは最高の売り時である。

二〇〇七年九月

ジョン・M・テンプルトン

第1章 バーゲンハンターの誕生

「私が大学二年になったとき（一九三一年）、もうこれ以上教育費を出してやれないと父は申し訳なさそうに言った。そのときは悲劇のように思えたが、今となってみれば、起こり得る最高の出来事だった」――ジョン・テンプルトン卿

人間の個性のほとんどは成長期に形作られる。私の大叔父に当たるジョン・テンプルトン卿（「ジョン叔父さん」と呼ぶ）の場合も、人生や投資、慈善についての考え方のほとんどが子供時代に根ざしていると言っていい。テネシー州ウィンチェスターの小さな町で育ったジョン叔父さんは、さまざまな価値観を両親のハーベイとベラから授かった。その価値観はどんなときもどんな状況でも行動指針の役目を果たした。青年時代のジョン叔父さんといえば、倹約に努め、勤勉で、好奇心にあふれ、内に秘めた自信に満ちていた。性格を一言で表せと言われたら「どこまでも楽観的」と私は答えたい。あとで説明するように、この資質は両親のユニークな自由放任主義と大恐慌の時期と重なる青年期の強烈な体験に基づくものだった。より重要なことは、将来、世界最高の投資家のひとりと呼ばれるようになる人物の基礎が、そうした資質

と社会的体験によって形作られたことだが、その過程をこれから探ってみたい。

ジョン叔父さんは、投資スタイルの点でバリュー投資家として分類されるのが普通だ。「バリュー投資家」という言葉は、**『証券分析』**（パンローリング）を書いた大投資家ベンジャミン・グレアムのイメージを思い起こさせる。グレアムは、もうひとりの世界的に有名な投資家であるウォーレン・バフェットの手本となり、その投資スタイルを形作ったとされている。端的に言って、ジョン叔父さんが投資アプローチとしてグレアムの初期の方法を用いたことは間違いない。だがジョン叔父さんはあとになって、実際的方針として多用されるその有名な方法について解説を行っている。そこで、ひとまずはベンジャミン・グレアムの教えを脇に置いて、バリュー投資家の簡単な定義を試みることにしよう。バリュー投資家とは、自分が真の価値と考える価格以下で特定の資産や事物を取得しようとする人をいう。この定義では、資産や事物の価格が真の価額や価値と異なることがあり得るという単純だが本質的な前提が核心をなしている。

ベンジャミン・グレアムの教えを信奉する大勢のバリュー投資家の例から推測して、ジョン叔父さんも『証券分析』を読んでその方法を応用したことがその後の歩みにつながったと考える人がいるかもしれない。だがそれは必ずしも完全に当たっているというわけではない。ジョン叔父さんは一九三〇年代の青年時代に投資顧問業を始めようとして『証券分析』を手に取るずっと前から、すでにバリュー投資家として目覚めていたのだ。

ジョン叔父さんが子供のころ、父親（私の曽祖父）のハーベイ・シニアはウィンチェスターで弁護士をしていた。オフィスは町の広場に面しており、窓から郡裁判所を見下ろすことができた。一九二〇年代後半から大恐慌時代にかけて、ハーベイは弁護士業のかたわら、副業で財を成す方法を何度も試みた。たとえば綿繰り機の稼働や、保険の販売、貸家、農場を中心とした不動産買付けなどを手掛けたりした。面白いことに、当時少年だったジョン叔父さんがバリュー投資の最初の教訓を教わったのは農場買い取りの仕事からだった。ジョン叔父さんの話では、一九二〇年代の農場経営の収益は平均年間二〇〇ドルほどとかなり低いのが普通で、破綻する例が後を絶たず、運が悪ければ差し押さえをくらった。たいていの場合、差し押さえられた農場はウィンチェスターの町広場で競りにかけられ、最高入札者に売却された。

広場で農場の競りが行われるとき、ハーベイ・シニアは非常に有利な立場にあった。二階のオフィスの窓から競りの展開をつぶさに眺めることができたのだ。競り手が現れないと見るや、オフィスを出て階段を降り、広場に行って物件に値を付けた。そうすると、だいたい元の価値の数％で農場を手に入れられた。一九二〇年代半ばには保有物件の数は六件に増えていた。少年時代にそうした商いを目にしたことが、ジョン叔父さんの最も有名な投資アプローチの最初の源泉になったと想像される。そのアプローチとは彼自身が「悲観の頂点」での買い、あるいは「悲観の極みの原則」と名付けたものだ。読者が想像するとおり、実際の**価値**よりもずっと割安な価格で買った農場はやがて大きな富を生み出すようになった。ジョン叔父さんの兄のハーベイ・ジュニア（私の祖父）は数十年後にその物件を商業施設や住宅のデベロッパーに売却した。

あとになってみれば、農場に別の買い手がまったく現れなかった事実を意外に思うかもしれない。だが、数十年に及ぶ資産運用者としてのジョン叔父さんの偉大な投資歴を見ると分かるように、世界の株式市場ではまさにそうした状況が何度となく繰り返されてきたのだ。叔父さんが用いた投資哲学は、彼の父親が、ほかの買い手が現れないときに裁判所の階段まで駆けつけて本来の価値よりもずっと低い価格で農場を買った方法とたいして変わらない。競りのとき買い手がひとりしかいなかったら、好きな価格で（恐らくタダ同然で）買えることは容易に分かるだろう。この関係をもう少し先に進めてみれば、株価が下落して「売り一色」になると買い手の数が減少するという状況が出現する。この状況は株式市場の大きな皮肉のひとつと言っていい。逆に、株価がどんどん値上がりするときは人気にあおられて次々と買い手が現れる。幼いジョン叔父さんは、農場に価値があっても買い手がいなかったら本来の価値の数％で高価な農場が買えるのを目撃した。その印象が生涯を通して深く心に刻まれることになった。

時には他人の成功を見てそれをまねることで貴重な教訓が得られる。だが、もっと賢い人は失敗例を見て自分はそれを繰り返すことなく経験として身につける。つまり、賢い人は自分の失敗から学ぶが、もっと賢い人は他人の失敗から学ぶ。ジョン叔父さんの成長につながった次の教訓も父親から得たものだ。だが今度は幸運とはまったく逆の状況がきっかけだった。

前に述べたように、ジョン叔父さんの父親はたくさんの冒険的事業に手を出した。彼が所有し経営する綿花工場と担保付き綿花倉庫は、テネシー州フランクリン郡に三つしかない事業所のひとつだった。当時その事業は比較的実入りが良かった。まだ紹介していなかったが、曽祖父には、一族のなかで彼をよく知る者が言うような「山師的」な面があり、いつも一山当てる機会を狙っていた。たとえば、そうした試みのひとつとして、ニューヨークとニューオリンズの綿花取引所で綿花先物に巨額の投資を行っていた。ジョン叔父さんや祖父からよく聞かされた話だが、ある日曽祖父は家に戻るなり、子供たちにこう言った。「おまえたち、よく聞きなさい。わが家は金持ちになった。綿花先物市場でお前たちが想像もできないほどの大金を稼いだのだ。もうお前たちは一生働かなくてもすむ。お前たちだけじゃない、子供や孫もだ」。少年たちは飛び上がって喜んだ。だがそのわずか数日後、家に戻ったハーベイ・シニアは子供を見てこう言った。「何もかも失った。破産だよ」

息が詰まるほどではないとしても感情を大きく揺さぶられる富から絶望へのこうした急変を目撃したことが、ジョン叔父さんにとって、リスク管理や金融市場で得た資産の危うさに関する最初の教訓に結び付いたに違いない。頂点と奈落を行き来するそのような出来事が曽祖父のビジネスライフの典型をなしていた。つまり、衝動的な事業取引と無貯蓄のせいでいつも経済的に不安定な状態に置かれていた。年老いてからは、ジョン叔父さんや祖父から借金してその習慣の資金に充てることさえあった。明らかに、若いころこうした出来事を目の当たりにしたせいで、ジョン叔父さんと祖父は倹約をとても大事にするようになった。成人した二人の子供は、お金を貯める創造的な方法を活用することで倹約を「芸術的」レベルにまで高めた。二人とも常に貯蓄から安心と安全が得られることを学んでいた。

ジョン叔父さんがいつも語っていたことだが、最初の妻ジュディスと結婚してすぐ投資事業を始めるためにニューヨークに引っ越したころ、収入の**半分**を貯蓄に回すのを習慣にしていた。一ドル稼ぐと五〇セントを投資に回したのだ。叔父さんによれば、この高率の貯蓄をやり通すため二人はそれを一種のゲームに変えた。最初、ニューヨークの家具なしアパートに引っ越したときは、新聞を隅々まで当たって家具のオークションや不動産の売り物を探した。そして最終的には五部屋のアパートの家具を二五ドル（興味ある読者のために付け加えるなら、二〇〇六年の水準に換算して約三五一ドルに相当）で取りそろえた。市内のレストランが出す素晴らしい特別料理コースを含め、狙ったバーゲンの獲得のために友人たちの協力を仰ぐことさえあった。ちなみにその料理コースの値段は五〇セント（今の水準で七・〇三ドル）だった。

叔父さん夫婦は完璧なバーゲンハンターとなった。彼らのバーゲンハンティングは安い品を買うというよりも、掘り出し物を見つけることに重点があった。ジョン叔父さんにとって自慢の取引のひとつは二〇〇ドルのソファベッドを五ドルで買ったことだった。当時はまだ大恐慌からのゆっくりとした回復の時期にあり、個人破産やほとんど買い手のいない競売をうまく利用することができた。数年後、最初の子供ジャックが生まれて二人はニュージャージー州イングルウッドに引っ越した。このとき現金五〇〇〇ドルで買った新居は、五年後に一万七〇〇〇ドルで手放した。ちなみにその五年間のリターンは年複利約二八%に当たる。まだ叔父さんが株式投資を始めていないこの段階では悪くない結果と言っていい。この例でもそうだが、彼が必ず守った根本原則は現金払いにすることだった。現金払いなら「常に利息の**払い手**ではなく**受け手**になれる」。この原則は生涯を通して大事に守られた。住宅ローンや自動車ローンを使うことは一度としてなく、厳しい時期でも現金で払うために常に十分な貯蓄を維持していた。

ジョン叔父さんに関するこれだけの話でも分かるように、バーゲンハンティングは投資に限らない。むしろ、叔父さんにとっては現在に至るまでしっかりと続く強力な人生哲学だった。できるかぎり最良の取引を追求することは絶対に守るべき基本姿勢だった。ジョン叔父さんとジュディスが掘り出し物を見つけるためにかけた手間は注目に値する。というのは、叔父さんがのちに世界のバーゲン株を発掘するために用いた集中的な探求プロセスとほとんど同じものだからだ。割安株を求めてバリューラインの株式レポートや企業の報告書などの資料をじっくり研究するのは、ある意味で、自分が想定する真の価値以下の売り物を買おうとする生まれつきの欲求の表れだった。叔父さんは対象が家具や家、食事、株式、債券のどれであろうと、ひたすら掘り出し物を探し求めたのだ。

もうひとつ注目すべきことは、ジョン叔父さんのバーゲンの基準が普段の買い物にはっきり表れているということだ。その考え方は普通の人に比べてやや極端とも言える。実際の数字の見当を示すために言えば、想定される価値の八割引きで売られていなければ掘り出し物と言えないというのが叔父さんの口癖だ。つまり、価値の二〇％の価格で売られていなければ――さらに言い直せば一ドルのものが二〇セントになっていなければ――良いバーゲンとは言えないのだ。それだけの値引き品を見つけるのは容易ではないだろう。だがこの割引率は有用な目標となる。

ジョン叔父さんがなぜそれほど極端な倹約とバーゲンハンティングを習慣にしていたのかと、不思議に思う人もいるに違いない。そこには十分な理由があった。自分の信条に従うということだけでなく、投資顧問業を始めるのに必要な資金を意識的に集中して貯めるためでもあった。最終的にその目標は達成された。ジョージ・タウンという年配者が経営していた投資顧問会社を買い取ったのだ。会社には八人の顧客があり、買収価格は五〇〇〇ドルだった。叔父さんは会社名をタウン・テンプルトン・アンド・ドブローと改めた。数年後、会社はバンス・ショパン・アンド・カンパニーと合併してテンプルトン・ドブロー・アンド・バンスに名称が変わった。経営を始めたばかりのころ、叔父さんは収益力の乏しい中小企業のスタート時期を乗り切るために自分の貯金に頼った。自分自身の給料さえ払えないこともしょっちゅうあった。

若いころの貯蓄から出発したジョン叔父さんの事業がやがてテンプルトン・ファンドの経営へと発展していく過程で、最終的に何万人もの投資家が貯蓄によって富と安全を手に入れるのを手助けしたという事実は大変興味深い。指摘しておきたいのは、それが些末なことでも偶然の一致でもないということだ。むしろ貯蓄こそが、叔父さんが投資から得た大成功の根本的な原動力だった。叔父さんは倹約をとても重視し、美徳ととらえていた。この信条に従い、他人を援助したり、貯蓄に励む人に自分と同様に富と安全性の利益をもたらしたりすることが自己の仕事だと考えていた。自分のファンドで高いリターンを目指したのも、それ自体が目的なのではなかった。ファンドマネジャーとしての自分の成功度は、顧客が子供や孫を大学に行かせたり、退職後の資金を用意したりするのをどの程度手助けできたかによって測られると心から考えていた。この責任を非常に真剣に受け止めていた。

実業界では、最大級の成功を収めた事業家の多くが高潔な目的の追求を通してそれを達成している。金銭的利益を目的として成功を手にした事業家がいないわけではないが、利他的な意図によって成功を得た例が数多くある。誤解されることが多いが、ウォルマートの創設者サム・ウォルトンの場合もアメリカ国民のために商品の値段を下げることを経営理念としていた。低価格によって可処分所得が増え、それによって生活が向上すると考えていたのだ。ヘンリー・フォードは、当時ほかの自動車会社が皆、金持ちだけを相手にしていたのに対して、一般大衆に自動車を買ってもらいたいと願った。ネブラスカ・ファーニチャー・マート（恐らくこれまでで最大の成功を収めた家具販売会社、現在はバークシャー・ハサウェイの子会社）の初代経営者ローズ・ブラムキンは、顧客の生活向上のために手ごろな価格で良質の家具を提供することが自分の目標だと常に語っていた。こうした「善行によって良い結果を得る」という考え方はベンジャミン・フランクリンが広めたもので、それ以降、事業で成功するための秘訣となっている。

したがって、ジョン叔父さんが、倹約と節約に励んだ若いころの体験をもとにして、自分の才能を発揮して最高の割安株を発掘することで投資家の資金の増大に貢献したいと考えるに至ったのも自然の成り行きだった。叔父さんは母親のベラから「ニーズを見つけてそれに応えなさい」というアドバイスを受けた。その実行の手段として、まさに彼の倹約精神やバーゲンハンティングの能力、複利に対する選好が役に立った。叔父さんが発見したニーズとは、人々の富の創造を支援することを通じて生活向上の実現を図ることだった。そのニーズに応えるための能力は長い期間にわたって磨き上げられ、それが叔父さん自身の事業の開始につながった。ジョン叔父さんは事業を開始するまでの間に、周囲の人々への貢献方法をはっきりと決めており、その後、目覚めているときは常にその戦略の実行に努めたのだった。

これまで、ジョン叔父さんが投資哲学と信条の点で父親から受けた影響について述べてきた。もちろん、母親から何の影響も受けていないというわけではない。それどころか彼女は、勤勉と奉仕精神の絶対的重視といった長老派教会と宗教団体ユニティ・スクールの多くの美徳によって叔父さんに深い影響を与えた。なかでも奉仕精神の重視はずっとのちまで続く影響を与えた。そのことは叔父さんの次のような言葉によく表れている。「自分が実際に人々に貢献している領域で努力すべきだ。そうすれば成功できるだろう。私は投資顧問業が気に入っている。

また人々を支援したいと考えている。そうすることで、何千ドル費やしてもかなえられない満足感が得られる」

ジョン叔父さんについてここまで読んだ人は起業の自由と自由意思に対する強い信念に気づいたにちがいない。その理想は母親のベラから直接譲り受けたものだった。ベラは当時にあって飛び抜けた自由精神をもつ事業家だった。そのことは、ジョン叔父さんと祖父が小さな子供だった一九二〇代に、広大なケネディ牧場で家庭教師として働くためにひとりでテキサスからウィンチェスターまではるばる旅したことにも表れている。また、一九〇〇年代初頭のテネシー州の農村地帯では高校と大学を卒業した経歴は異例だった。この学歴は当時としては素晴らしいものだったが、それ以上に注目されるのは、甘辛適という中国人のキリスト教伝道師のために資金を集め、継続的な援助を行ったことだった。

若きジョン・テンプルトンにとって文化的・地理的な境界線は存在しなかった。この考え方はベラの直接の影響だった。ベラは高等教育を受け、独立心にあふれ、広く旅行し、進取の気性に富んだ若い女性だった。彼女は一九〇〇年代初頭の因習的な南部にあって型破りの存在であり、枠に縛られることがなかった。ジョン叔父さんと祖父は両親から正式なしつけを受けなかったが、同じ気性を受け継いでいた。二人の子供は両親からノーという言葉をいっさい聞くことがなかった。人によってはそのことを、孤児院の孤児の扱いと同じで、子育ての放棄と受け止めるかもしれない。だが、二人がどんなことに着手しても必ず素晴らしい結果を生み出す、好奇心たっぷりの聡明な優秀な子に育ったのも、曽祖母の自由放任主義の子育てのおかげだった。

ジョン叔父さんからいつも聞かされたことだが、ものの仕組みや理由を母親に聞いても答えが全部返ってくることはまずなかった。しかし、一日か二日後に家のなかに入ってみると、質問した内容に関係する本がテーブルに置いてあり、それを読めば答えが分かるようになっていた。少年たちの好奇心に関する面白い話として、兄弟がそれぞれ一一歳、一四歳のときに興味を抱いた電気のエピソードがある。母親は二人にお金を渡し、屋根裏部屋を空けておいたから実験のために自由に使っていいと告げた。祖父を先頭に二人は使えそうな本を全部書斎から持ち出し、大量の電気コイルやほかの装置を集めて電気を「実験室」に引き込もうとした。一時は小さなスペースに一万ボルトもの電流を流して使ったこともあるという得意げな話も聞かされた。どんなときも知識を実践に生かそうとしていた祖父は、電気の新しい知識を使って曽祖父の貸家の入居者のために配線工事を引き受けたこともあった。現代ではあり得ない話のように思われるだろうが、当時もそれは同じだった。しかし祖父とジョン叔父さんにとっては間違いなくそれが子供時代の一部をなしていた。

少年たちの驚くべき創意能力を示す別の例を挙げれば、祖父はあり合わせの材料でラジオを作り上げてしまった。夕方には近所の農夫がたくさん集まり、「空から声を引き寄せる」小さな電気ボックスを不思議そうに見つめながら少年の自作ラジオに耳を傾けたという。

好奇心と野心を思うままに発揮できたことで、祖父とジョン叔父さんの心には「やればできる」という気構えが形成されていった。電気の引き込みでも、ラジオ製作でも、自動車の分解修理でもほとんど好きなように事を進めた。二人の少年は学校に対しても同じ態度で臨んだ。高校時代のジョン叔父さんは大学進学のとき、母親に育てられた冒険心と自立心のおかげで故郷を離れることをいとわなかった。少し年上の祖父は最初ジョージア工科大学に通ったが、その後エール大学に転校していた。その影響でジョン叔父さんもアイビーリーグの大学に行きたいと思っていた。子供時代の祖父が年老いたウィンチェスターの農夫にアメリカ一の大学はどこかと尋ねた、という話を聞かされたことがある。農夫は一言「エール大学さ」とだけ答えたという。

ジョン叔父さんは全科目でAをとっており、普通なら問題なくエール大学に行けるはずだった。だが高校一年のときに入試資料を調べてみるとウィンチェスター高校の生徒は入学許可をもらえそうもないことが分かった。問題は必須とされる四年間の数学教育を行っていないことにあった。これまで「ノー」という言葉で止められることなく目標達成にまい進してきたジョン叔父さんは校長にかけ合うことにした。叔父さんの苦境を聞いた校長は、四年生向けの数学の授業を行ってもかまわないと言った。ただそのための生徒も先生もいなかった。校長の説明によれば授業には最低八人の生徒ともちろん教える先生も必要だった。ジョン叔父さんはこう答えた。「問題ありません。私が先生になります」

ジョン叔父さんは授業をとってもいいと言う友人を八人集め、校長を説得して自分が先生になることを認めさせた。叔父さんは数学を受講すると同時にその先生となり、校長が行った修了試験に見事合格した。このエピソードで叔父さんお得意の決まり文句は「教わった生徒も全員合格したんだ」というものだった。この試験に合格することでエール大学への進学が確定した。叔父さんは学年末ごとにナッシュビルのバンダービルト大学で行われた段階的な大学入学試験（現在の大学進学適性試験［SAT］のようなもの）に合格しており、卒業後の入学試験を受ける必要がなかったからだ。

曽祖母が与えた本の知識と自己能力育成の考え方は子供の成長に大きな役割を果たしたが、もうひとつ重要で永続的な影響を与えたものがあった。それは旅行好きと新たな冒険を求める探求心だった。ジョン叔父さんが一二歳、祖父が一五歳になったとき、ベラはそろそろ旅行を始めてもよい時期だと考えた。その夏、彼らは車に荷物を詰め込んで二カ月の旅行に出かけた。アメリカ北西部を目的地に定め、ワシントンDC、フィラデルフィア、ニューヨークなどの都市を回った。旅行中、途中で何度もキャンプを張って自炊し、行きたい名所や博物館の一覧表を作った。その数年後、ベラはまた二カ月の夏期旅行に子供たちを連れ出したが、今回は国立公園や太平洋など、ミシシッピー川以西のあらゆる名所を訪ね回った。こうした冒険心と旅行好きは生涯ジョン叔父さんの心性となった。叔父さんは大人になったとき恩返しのような形で私の父のほか自分の子供と甥や姪を旅行に連れ出した。そのなかには欧州旅行も一回含まれている。叔父さんは子供たちにも役割を担わせ、旅行中のお金の保管と使いみちの記録、一日の移動の地図作り、ホテルの選定などたくさんの重要な仕事を任せた。旅行好きはいろいろな形でベラからずっと子孫に引き継がれ、私の知るテンプルトン家の人間はほとんどが世界のさまざまな場所を訪ねて冒険したいという気持ちを共有している。

ジョン叔父さんはエール大学に通い、ローズ奨学金をもらってオクスフォード大学ベーリアル校に留学した。留学期間が終わったとき、ひとりの友人とオクスフォードを出発地として三五カ国を訪ねる世界旅行に出かけた。この旅行はテンプルトン家の家風に従い倹約予算で計画されていた。出発時の資金二〇〇ポンドのうちほぼ半分は叔父さんがオクスフォード大学在学中にポーカーで稼いで貯めたお金だった。彼は少ない予算で完璧な計画を立て、前もって旅行の日程を全部決め、その区分に従って資金を小分けにした。それだけではなく、計算した予算額をあらかじめ目的地に郵送しておくことによって支出の厳格な規律を維持しようとした。旅行中、ジョン叔父さんはベルリンでナチスが一九三六年のオリンピックのために建設中だった施設を見学するなど、進行中の歴史を目撃することができた。旅行はヨーロッパから中東、アジアへと続き、インド、中国、日本にも立ち寄った。この旅行で一番お手本となるのは、好奇心やあらゆる場所を見ようとする積極性だけでなく、旅行中に実際にとった行動だった。叔父さんは何年も前の母親との旅行でとった行動パターンに従い、旅を集中的な勉強の場に変えた。訪問地とその歴史、土地の人々とその習慣、博物館などを熱心に調べた。実際それは貴重な教育経験だった。前もって現地と居住者について研究したうえで土地の文化のなかに飛び込むという方法によって、叔父さんは旅行を終えた時点で地理的知識のしっかりとした基盤を作り上げていた。

以上の話は、ジョン叔父さんが投資家として成長した過程をたどるうえで重要な一こまとなっている。叔父さんがテンプルトン投資ファンドを設立する前、少なくとも二〇～三〇年前までは、買うに値する株式は米国株だけだというのが投資家の受け止め方だった。もちろん叔父さんは広く旅に出て世界全体について豊富な知識をもっていたので、そうした米国投資家の通念をまったくバカげていると考えていた。だがどうしてそんな投資方法をとるのかを聞いてみると、人によってさまざまな理由が返ってきた。叔父さんのエール大学在学中、友人の学生は概して裕福で、個人的に株に投資している者も大勢いた。米国株だけを買う理由を聞いてみるとアメリカだけが重要な国だからというのがたいていの答えだった。

ジョン叔父さんはそんな行動は傲慢で近視眼的だと常に語っていた。その後年月がたつうちに米国投資家のそうした傲慢さは少しずつ目立たないようになってきた。だが海外投資を避ける傾向は、昔ほどでないとしても今も残っている。最近では正当化の理由として、外国の会計基準を知らないとか、米国の多国籍企業に投資すれば外国へのエクスポージャーが得られるとかが挙げられる。要するに、ジョン叔父さんが活躍した数十年もの間、そうした偏った集団心理が**多数派**の論理となっていたのだ。叔父さんがそれを非常に気にしたというわけではない。

断言するが、彼は株式市場で人の無知や無理解から利益を得る機会に出合うとためらうことはなかった。ジョン叔父さんにとって、他国の割安株に投資するのは常識にすぎなかった。本当に値打ちがあるかぎりどんな国かを問題にしないのは、二〇〇ドルのソファを五ドルで売りに出したニューヨークの隣人がどんな人か気にならないのと同じことだった。

今日ではグローバル投資は当たり前のことになっており、投資信託業界には欧州、アジア、南米をはじめ地球上のどんな国の株式でも買いに動くマネジャーがあふれるほどいる。そういうファンドを調べてみると多くがテンプルトンの名が付いていることに気づくが、意外ではないだろう。なにせ、ほかにだれも外国株を買う者がいなかった二〇世紀前半の時期に、ジョン叔父さんは平気で海外に投資していたのだ。それは、時間をかけていろいろな知識を身につけていたため、偏見に惑わされなかったからだった。恐らく一九六〇年代初めには日本株の調査は今よりもずっと困難で手間がかかったと思う。それを言うなら、テネシー州ウィンチェスターの出身者がバンダービルト大学など近くの有名校ではなくエール大学に行くのも今よりもずっと困難だったはずだ。

叔父さんが外国に精通できたのは、限界など気に留めずに知識を追求することを子供時代に教わったからだ。根拠のない偏見や先入観は無知につながり、無知は生活のあらゆる場面で足かせとなる。叔父さんの場合、好奇心とそれを満たすための知識との間で相互作用が生じ、それによって生涯を通して学習が大きく進み、やがて生来の知恵を補うことになった。

ジョン叔父さんの投資キャリアを貫く一本の糸があるとすれば、それは単に賢いだけでなく（事実、非常に賢い）、ゆったり構えて知恵に従って行動できるという資質だった。曽祖母の友人や知人は子供時代の叔父さんについて同じようなことを口にした。それは「生まれつきの大人」ということだった。周囲の人が当時の叔父さんに認めた特質は、ほとんど人生を経験していない者にはまれな常識と知恵の結合だった。そのおかげで市場でも冷静に行動できるのだ。叔父さんは生まれつき知恵と冷静さを備えていたので、普段から人に見えないものが見えた。ごく単純に聞こえるかもしれないが、実際には非常にまれな話なのだ。

ときどき起こるように、感情やよくある勘違いのせいで株式市場が暴落したりバブルに沸いたりする時期には、買い手や売り手が市場で見せる集団的行動のなかに単純な知恵を見いだすことができない。だが、ほぼすべての人が合理的で客観的な見方ができるようになった時点で振り返ってみれば、単純な常識や知恵を用いるべきだったとすぐに分かる。多くの投資家は、株式市場で大量の投げ売りが起きるのを待って割安株を買いたいと言う。だがダウ平均が一日に二二・六％も下げたときの状況を見ると、事実はそうなっていないようだ。一九七九年にダウ平均構成銘柄のＰＥＲ（株価収益率）が六・八倍になり、そうした低水準がその後数年続いたとき、情熱的な買い手たちはどこに姿を隠していたのか。答えとしてよく聞かされるのは、大多数の投資家にとって皆が手を出さないときは買いにくいということだ。ところが、そういうときこそが割安株を手に入れる最高の時期であり、最終的に大きなリターンを獲得できるのだ。

弱気相場をベア（熊）と呼ぶのは、熊が手を下にはたく動作からきているというのは俗説にすぎないが、ユーモアのためそのイメージを借りることにしよう（本当の語源は、ロンドンの仲買人が熊の毛皮を実際に入手する前に売った「空売り」に由来するようだ）。大半の投資家の場合、相手を叩きのめそうと手を振り上げた熊に立ち向かえると思ったら、まず錯覚にすぎないだろう。だがジョン叔父さんは手を上げた熊を、ハイタッチするつもりぐらいに考えていた。それは、株価が一段と下げれば買い手にとってはバーゲン株が増えるだけのことと分かっていたからだ。

それはまったく**視点**の問題だった。ジョン叔父さんは単純に見えて実は非常にユニークな視点をもっていた。叔父さん自身の言葉を借りればその視点はこんなふうに表せる。「人はいつも見通しが明るい銘柄はどれかと私に聞く。だがその質問は間違っている。本当は、見通しが暗い銘柄はどれかと聞かなければならないのだ」。実際にこの考え方を実践に移した場合には群衆を避けることになる。ここで言う群衆とは株式市場の大半の買い手を指す。彼らはいつも見通しが最も明るい銘柄に群がる。見通しが最高に明るい状況を避けるのは、一般的な日常生活の振る舞い方の直感に反する。たとえば私たちは有望な分野の職を求めるし、晴れた日に外出する。奇妙なことにそういう行動は投資では成功しない。むしろ逆の行動が求められる。つまり見通しの暗い（しかし好転の可能性のある）ところを探ることが肝要なのだ。

そうした行動は群衆から（時には物理的に）距離を置くことではじめて可能となる。ジョン叔父さんは当初、型どおりニューヨークで資金を運用していた。だが一九六八年にはバハマに引っ越し、その後しばらくして投資信託の運用者として最高の成績を上げるようになった。それは偶然ではなかった。バハマの首都ナッソーに移ってウォール街の人々と違った考え方が必要になったことが成績の向上につながったと叔父さんはいつも語っていた。そのころから、ウォール街のほかのアナリストと同じように企業のプレゼンテーションやイベントに参加することはなくなった。そういう環境に身を置くことによって自分自身の思考だけに従うようになり、そのことで状況が一変したのだ。読者のなかには、ウォーレン・バフェットがネブラスカ州オマハに住んでいることを思い出して、そうした物理的・心理的な距離の効能についてもっと考えてみたいと思った人もいるかもしれない。

市場が時折犯す愚行や単純な考え違いにうまく乗じるジョン叔父さんの能力は少年時代から磨き上げられたもので、大学時代には特にポーカーテーブルで発揮された。若いころはポーカーに熟練し、少なくともウィンチェスターやのちのエール大学やオクスフォード大学時代の若者のなかではずば抜けた腕前だった。ポーカーを覚えたのは八歳くらいのころで、よく小銭を賭けてプレーした。エール大学で二年生に進級しようとしていた一九三一年、叔父さんは当時アメリカ全体を覆っていた暗い運命に直面させられた。大恐慌が始まっていたのだ。ちょうどその年、ひどい経済状態のせいでもう大学の学費を一ドルも出してやれないと父親から言い渡された。

だが幸運なことに、伯父にあたるワトソン・テンプルトンがエール大学に戻る旅費と自力で大学を卒業するための援助資金として二〇〇ドルくれた。叔父さんは喜んでお金を受け取り、すぐに大学に出発した。必要なアルバイトとできれば奨学金を見つけるつもりだった。どちらも実際に実現できたが、学費を賄うにはそれ以上の資金が必要だった。そのとき向かった先がポーカーテーブルだった。ポーカーではプレーされたカードを覚え、確率を計算し、相手の能力と戦略を見きわめる能力のおかげで大金を手にした。叔父さんの推定では学費の二五％もの部分をポーカーで賄った。残りの七五％はアルバイトと成績優秀者に与えられる奨学金で得た資金だった。

ポーカーの話は投資との関係でも特別な意味がある。ジョン叔父さんがポーカーの名手だった事実が興味深いのは、ポーカーでは確率やリスクテイキング、そしてたぶん一番重要なこととして心理に対する鋭い感覚が求められるという点だ。財務、会計、経済といった技術的側面に精通したプロの投資家に出会うのは珍しくない。それどころか世の中には、損益計算書や貸借対照表、キャッシュフロー計算書を分析し、競争戦略などのミクロ経済的側面を応用し、会計処理のからくりを見抜き、企業の本質的価値を見きわめられる賢い人があふれるほどいる。だが、単なる賢い人間から成功できる投資家に変身するためにはバカげた過ちを犯さない能力が欠かせない。

簡単な話と思われるかもしれないが、けっしてそうではない。ポーカーの成功に必要な能力の多くは投資の成功にとっても欠かせない。たとえば、自分が目にする行動の背後にある動機や意図を理解する力が必要になる。いつも同じ仲間とポーカーをやり、そのひとりが一定の状況ではったりをかます癖があったとする。そのはったりを見抜けるようになっていれば、相手が自信たっぷりにレイズするのを待ち、たいていは掛け金を全部さらう一番のチャンスにコールできる。確かに株式市場では相手の手を正確に読むのは不可能だ。だがある銘柄が将来の収益やキャッシュフローなどの尺度に照らして法外に高い価格で売買されていたとすれば、ポーカーの仲間と同じで、市場がその銘柄に対してやや入れ込みすぎていると判断できる。その場合、仲間がいずれシャツまで奪われるはめになると断言できるのと同様、高騰した株価も、投資家が実際はフルハウスではなく3のツーペアの手であることに気づくまで下落すると確信できる。ちなみに、はったりのポーカー仲間も見抜かれるまでは勝ち続けて皆の掛け金をかっさらっていたことに注目してほしい。つまり、プレーヤーのなかで叔父さんだけがゲームの最初からはったりを見破り、相手が稼いだそのお金をいただく機会を忍耐強く待っていたのだ。これまで株式市場にも当てはまる仕組みの説明を行ってきたが、ここで最初のポイントをもう一度振り返ってみよう。

株式市場にお金を投入する普通の賢い人から成功できる投資家に飛躍するためには少し特別なことが必要になる。それは正確な判断力だ。私の見たところ、ジョン叔父さんは、ほかの投資家との違いは自分の判断力にあると考えていた。アイビーリーグの学歴、ローズ奨学金、数学や論理の才能もさることながら、成功率が高い主な差別化要因のひとつは判断力にあることを確信していた。ところで叔父さんはラドヤード・キップリングの「もし」という詩が大好きだった。忘れた人のために言えば、その詩は「もし周りの皆が冷静さを失いかけているときに、冷静さを保てるなら……」と始まる。実際、叔父さんは冷静さを保つ超人的な能力をもっていた。ついでに言えば、「もし」は私にとっても子供時代のお気に入りの詩だった。ジョン叔父さんの冷静さを示す良い例としてエール大学時代の出来事がある。叔父さんは学資を自力で稼いでいたため当座預金口座が必要だった。だが大恐慌時代の多くの人々と同じように、預金への打撃をまざまざと味わわされるはめになった。お金を預けた銀行が支払い不能になり破産したのだった。けっして降参することのなかった叔父さんは学業をあきらめず、学校に残るためにアルバイト（とポーカー）に励んだ。今度の預金にあたってはニューヘブンで一番安全な銀行を選ぶために教授の助言を求めた。そして助言に従い、お金をもってその銀行に行って預金した。ところが数週間後その銀行の前を通りかかると、「安全」なはずの銀行からお金を取り戻そうとする人の長い行列が歩道にできていた。彼は冷静に列の人から話を聞き、その銀行で確かに取り付け騒ぎが起きていることを知った。そうこうしているうち、預金者は皆、当座預金の窓口に並んでおり、普通預金の窓口にはだれもいないことに気づいた。常に冷静でしっかりした判断力をもつ叔父さんは、普通預金の窓口に行き、当座預金から普通預金にお金を移したうえで預金を引き出した。

ジョン叔父さんの投資判断に関するこれまでの説明から引き出せる重要な教訓は、株式投資で成功を目指す人はそのような判断力をどうしても身につける必要があるということだ。実際、市場でだれもがおじけづき、見通しが非常に暗いと言って嘆いている時期に、単純で定評があり手数料も安い投資信託などの投資商品を買う知恵を備えているなら、すでに平均以上の成績を上げるための力をもっていることになる。ここで先に述べたことを思い出してほしい。私自身もプロの投資運用業者なのでこのことは認めたくないのだが、業界には投資家が虎の子の資金を任せられる優れたマネーマネジャーがたくさんいる（なかには安心できない業者もいるので、よく調べることが必要！）。競りによって本来の価値の数％の価格で農場を買う利点を理解できるなら、そして、そんな価格で買えるのは、だれも値段を競り上げないからだということを理解できるなら、株式市場のバーゲンハンティングの要領をつかんだことになる。逆に、もみ合いながら大声でどんどん値段を競り上げていく競り手が裁判所の階段にあふれているようなときは、まず間違いなく良い買い物はできない。覚えておく必要があるのは、人と同じように株や投資信託を買ったのでは、人と同程度のリターンしか期待できないということだ。だから「もし周りの皆が冷静さを失いかけているときに、冷静さを保てるなら」、賢い投資への道を歩めるはずだ。ここで、ほかならぬジョン叔父さん自身の言った次の言葉をよくかみしめてほしい。「他人が絶望して売っているときに買い、他人が貪欲に買っているときに売るには、最高の精神的強靭性が必要となるが、最終的には最高の報いが得られる」

第2章 悲観の極みのなかで最初の取引

「強気相場は悲観のなかで生まれ、懐疑のなかで育ち、楽観とともに成熟し、陶酔のなかで消えてゆく。悲観の極みは最高の買い時であり、楽観の極みは最高の売り時である」――ジョン・テンプルトン卿（一九九四年二月）

時は一九三九年。一九三五年から一九三七年にかけて景気後退が一時中断したものの、米国経済は一九二九年一〇月に始まる不況のさなかにあった。要するに大不況は一〇年続いており、職と家を失う人はいっこうに減る気配がなく、それに伴う精神的不安や、さらには温かい食事を口にできない心配さえ人々の意識から離れることはなかった。一九三八年には過去二年の景気回復が一時的なものだったことが明らかとなり、経済は再び不振に陥った。追い打ちをかけるように欧州では全面的な世界戦争の可能性が高まり、不安は一層大きくなった。この一〇年は米国経済に対する見方が大きく揺れ動いた期間だった。さらに欧州ではナチが欧州侵略に向けた動きを開始し、個人の自由意思を包む暗雲が行く手に見えていた。

当然ながら、そうした状況はすべて米国株式市場に反映されることになった。第一幕が希望

図 2.1　ダウ平均（1926 ～ 1940 年）

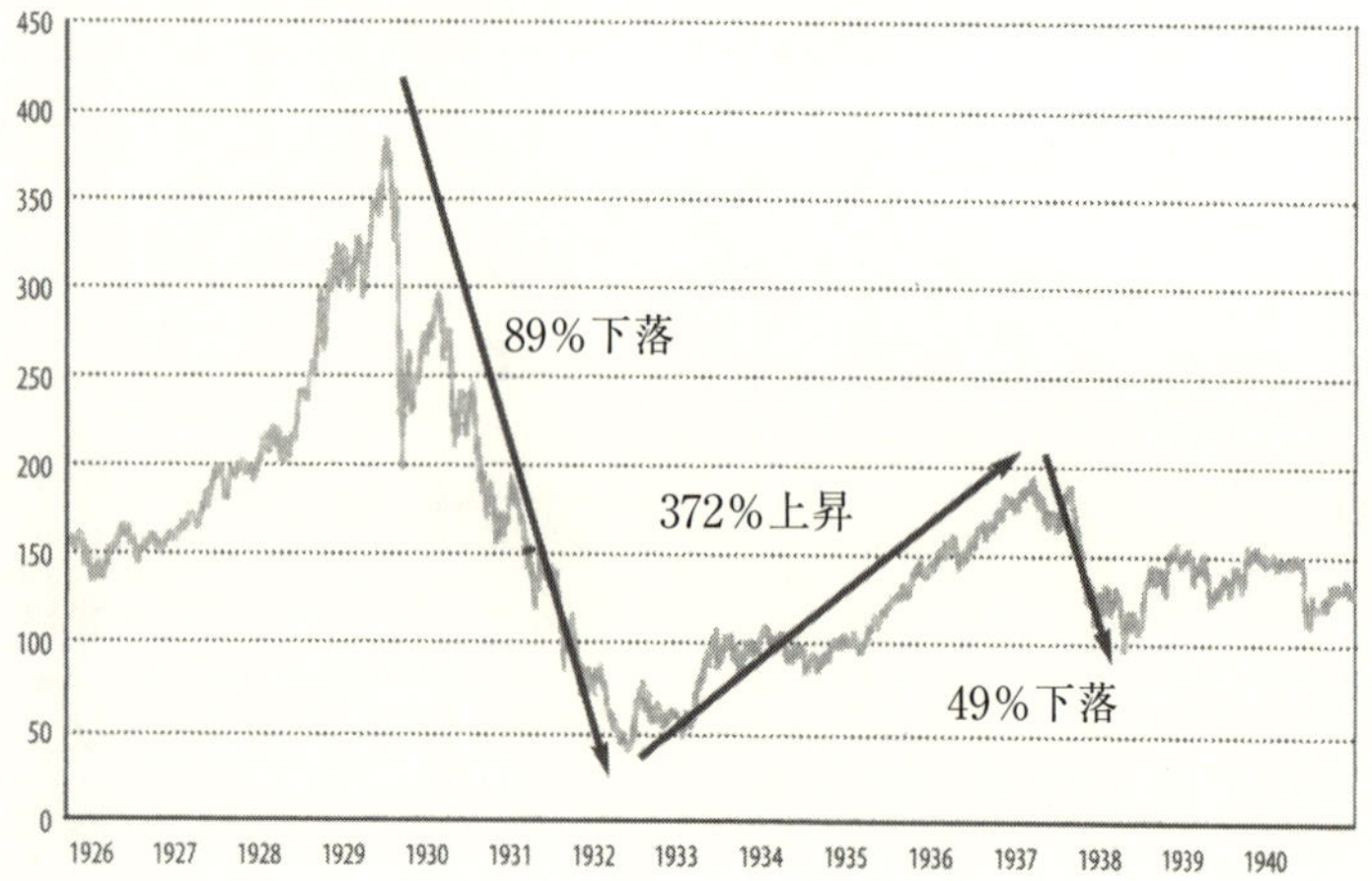

だったとすれば、第二幕には絶望が続き、希望と絶望が入れ替わるなかでたくさんの人が打撃を受けた。目の前で展開される経済的・地政学的出来事に対する投資家の見方や解釈はたえず揺れ動き、ダウ工業株平均に関する分析によれば、一九三〇年代は**株価が最大の変動を見せた一〇年**となった。一九二九年の大暴落で非常に興味深く、しかもしばしば見逃されている事実は、真の暴落はその二年後に生じたということだ。にもかかわらず、株価急落や大不況や一九三〇年代に関する大半の人のイメージでは、その一〇年間、市場はずっと冷え切っていたととらえられている。だが**図 2.1** にはっきりと示されるように、見る人の**視点**によってはその間にも非常に好調な期間がある。

一九三〇年代の株式市場に関する検討によって明らかとなる非常に重要な側面は、全体として株価が何度も乱高下しているという事実だ。株価下落局面があるというのはこの時期として当然のこととしても——何と言っても大恐慌のさなかなのだ——乱高下という点について大きな疑問が生まれる。株価が表しているはずの企業の本質的価値も同じように激しい頻度で変化しているのだろうか。答えはノーだ。

資産バブルがもつ主な特徴のひとつは、資産に関係する市場価格が買い手が強気に支配されているときは高く上がりすぎ、その後、売り手が弱気になって市場が急落すると、資産価値に比べて下がりすぎることだ。このような上昇と下落の行きすぎは一九二九年の暴落前後の時期にも明瞭に表れた。何よりも重要なのは、企業価値と比較した株価の行きすぎは市場バブルの時期に限らず、日中、週間、月間、年間の株価変動にも見られるということだ。この基本的な現象を図にしてみれば**図2.2**のように表せる。企業と、市場でその価値を表示しているはずの株価との間にずれがあるという考え方は、**『証券分析』**（パンローリング）の共著者であるベンジャミン・グレアムの活動や著作によってよく知られるようになった。グレアムはそれぞれの企業が本質的価値をもっていると仮定するが、私たちもそれに賛成する。言い換えれば、どんな企業についてもその価値に関する合理的な推定値を見いだすことができる。それにもかかわらず、企業の株価はその価値とは独立して変動することがあり得る。

もうひとつ指摘しておきたいのは、そうした価値評価が日々行われているということだ。だが企業価値は毎日変動するようなものだろうか。けっしてそんなことはない。だがそれでも株

図 2.2　株価と企業価値

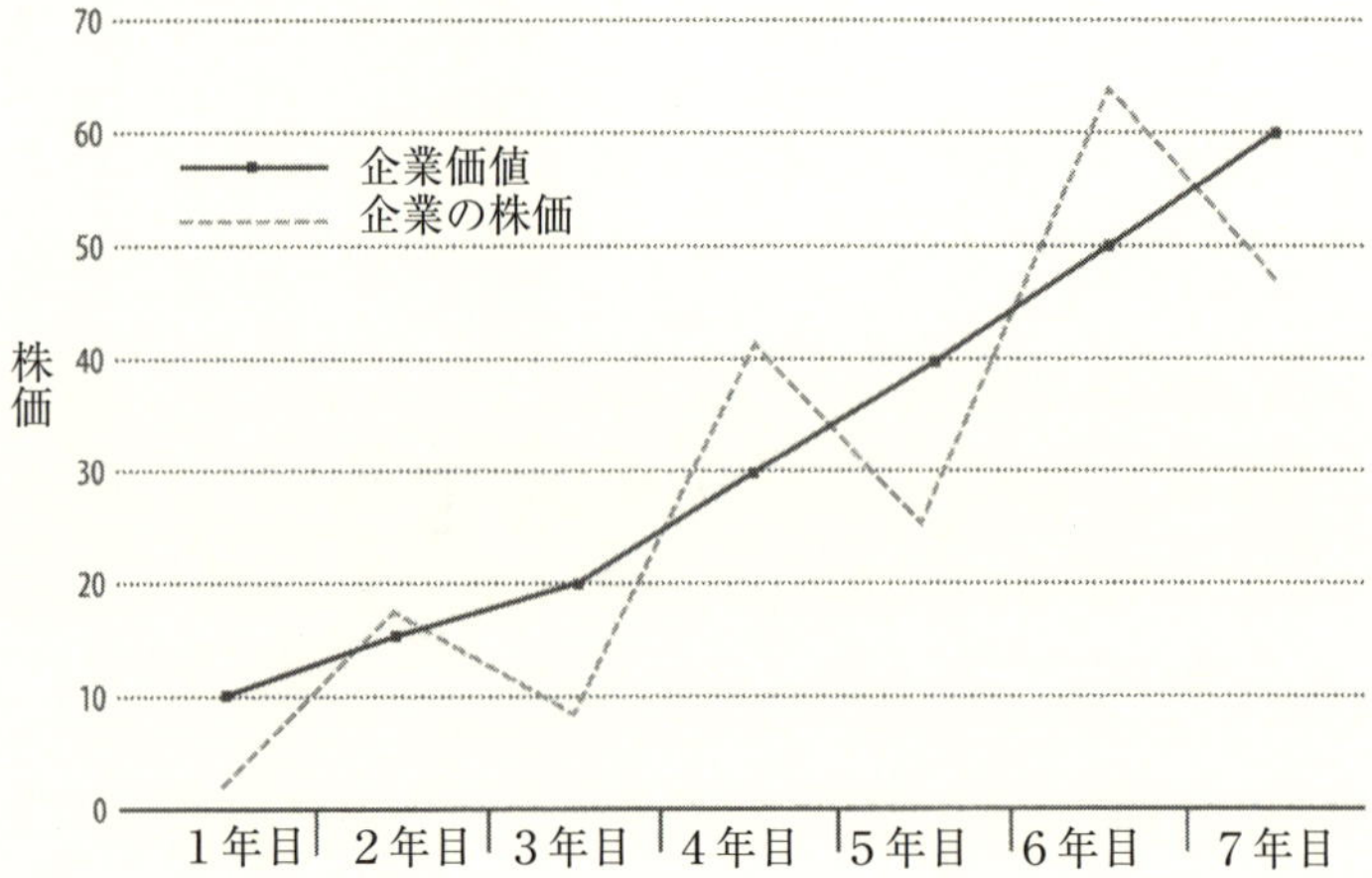

式の買い手や売り手は毎日せっせと評価に励む。もっと重要なのは、買い手や売り手が企業とはほとんど関係のない要因に基づいて売買を決めることがあるという事実だ。そうした状況を思い浮かべるのはそう難しくないだろう。もっと有望な企業を見つけたのかもしれないし、ある年の企業収益が予想を下回ると聞いて動揺したのかもしれない。ときどき企業の予想価値とほとんど、あるいはまったく関係のない理由で持ち株が売られる場合があることは覚えておくとよい。投資家は企業価値とはいっさい無関係に、単に市場で売り込まれているという理由だけで株を売

ることがある。あるいは、市場で買われて価格が値上がりしているという理由だけで株を買うこともある。ジョン叔父さんがいつも口にしているように「時には値上がりが値上がりの原因になる」。要するに、株価には真の企業価値が常に正確に反映されるといった考えを抱いているとすれば人生コースを誤りかねない。そういう人は株を買うよりもディズニーランドにでも行ってそのお金を使ったほうがいい。そうすればもっと楽しい人生を過ごせるはずだ。

すでに気づいたことだろうが、私たちは株価が株式によって表されるはずの企業価値を下回ったときに株を買うことを推奨する。単純な例として、A社の経営者がすべての工場、在庫、完成品、従業員を考慮した会社の売却価格として一〇〇ドルを想定しているのに、株式は七五ドルで取引されているとする。あるいはもう少し複雑な例として、現在の企業価値が一〇〇ドルで株価も一〇〇ドルだが、数年後にはその価値が二〇〇ドルか、それ以上になるとあなたが予想しているとする。どちらの場合でもその株を買って、あなたがすでに知っていること、つまりその企業の現在の価値や見込まれる価値に市場が気づくのを待つのがよい。

このような考え方は、価値よりも安い価格で買うというバリュー投資の中核をなす。これこそが基本的な原則となる。あとで説明するように、この結論にはさまざまな方向から到達できる。最も大切なことは、取引の対象が株式や不動産、さらには美術品、野球カード、切手などどんなものであっても、あらゆる投資でこの戦略に従うことだ。どんな場合でも資産価値と市場価格の不一致を見いだすことが最大の眼目となる。ともかく、どんな事例でも価格と価値に大きな差が生じる場合のあることを肝に銘じておく必要がある。これ以降、価値を下回る対価でものを購入するこの行動をバーゲンの発見と呼ぶことにしよう。次の目標は読者にバーゲンハンターの仲間入りをしてもらうことである。

前にジョン叔父さんから聞いたことだが、一九三七年に投資顧問業を始めたのは、若いころ、株価がそれの背後にある企業価値と大きく異なる動きを見せるということに気づいたのがきっかけだった。叔父さんは株式と企業が別物であることを早くから理解していた。株価は企業価値を表すと広く想定されているが、継続企業の価値から切り離されて別の動きを示すことは珍しくない。そんなことは分かっていると言う人は多いけれども、熟練者を含め大勢の投資家が企業と株式を混同している。混同が一番よく見られるのは、ブローカー、アナリスト、あるいは自称「専門家」などがテレビや電話、リサーチレポート、ブログで（カクテルパーティーの場合さえある）「株式」を語るときだ。よく注意して聞いてみると彼らは企業それ自体の話しかしていない。実際には**株価**と企業価値や将来利益との関係を検討するほうがはるかに大切なことなのだ。

恐らくその背後には、人間は生まれつき好んで話を聞かせたり、蓄えた知識をひけらかしたりするということがあるだろう。会社というものは話の種になりやすく、またあとで別の人の会話にも簡単に持ち出せる。「あの会社に投資したんだが、靴類の市場にまた乗り出すらしくてね」というような会話をしょっちゅう耳にする。わくわくするし、自尊心を満足させられるし、会話上手のような気になれる。ところが、そういう話がもとで株を買いすぎたり、そういう話を広げたブローカーに手数料を払ったりする目に遭うのだ。企業についての非現実的な話や面白そうな話、それが引き起こす人気上昇はえてして投資家に災難をもたらす。

だからといって、物語を聞かせるブローカーや、物語を作り出すアナリストは意識的にだまそうとしているわけではない。そういうことはまずない。世界中どこでも、投資家の反応を見るためにセールストークのたぐいを作り上げざるを得ない立場にあるのだ。ボスにせかされて投資家の興味を引く話や魅力的な企業について話さざるを得なくなっている。その際、投資の意思決定プロセスで最も重要な統計指標やレシオ、データ、企業の公正価値尺度など大量の無味乾燥な数値だけでは我慢できず、心踊らせるような見通しにまで踏み込んでしまう。ウォール街のブローカーは投資家の大半が実際に求めているもの、つまり向こう三カ月から一年の業績見通しに関する知的な物語を提供する。そうした物語やそれによって刺激される投資家の想像力によって株価が上昇したり下落したりする。

バーゲンハンターは、近所の人や理髪店、あるいはウォール街最高のアナリストから聞いた巧みな物語を基にしてオールラウンドの投資戦略をとってはならない。想定される企業価値を株価が十分下回っているかどうかに関する自分自身の評価を基礎とするのでなければならない。それだけが将来の誘導灯となる。また懐疑心が羅針盤となる。企業に関する物語だけを頼りに株を買うのは、神話のセイレーンの歌に魅せられて岩礁地帯に近づくようなものだ。そこには物語を信じ込んだ投資家の死体が漂っている。

だから物語を基にした話題株をどうやって見つけだして回避するかが重要な問題となる。一方、数字はウソをつかない。株価を一株当たり売上高、一株当たり収益、あるいは一株当たり純資産で割った値に着目しよう。その計算値が競合会社や関連する株式指数に比べて大幅に高かったら、過熱した話題株の可能性が高い。それを示す証拠もある。過去五〇年の膨大な実証的研究によれば、株価売上高倍率（ＰＳＲ）、株価収益率（ＰＥＲ）、株価純資産倍率（ＰＢＲ）の高い銘柄は長期的に見て良い投資対象と言えない。この点については非常にたくさんの研究があるのでここで詳しくは述べない。それに関する統計的研究を詳しく説明した入手容易な良書が何冊もあり、そうした特徴をもつ高人気の銘柄を買ったら投資が長期的にどんな結果になるのかも書かれている。人気株はえてして市場で最も割高な銘柄である。つまり株式市場の全銘柄をＰＳＲ、ＰＥＲあるいはＰＢＲの高い順に並べてみると、市場で最も過熱した銘柄はたいていリストの上位に入っている。

いろいろな研究によれば人気株ばかり買っていると成績が市場平均を下回る。しばらく平均よりも良いことがあっても結局は失敗に終わる。この知識があれば人気株を追いかけることはなくなる。市場に当てはまる経験的な確率に反する行動をわざわざとるのは意味をなさない。長期的に株式市場全体を上回る成績を上げるのは容易でないが、値下がりが確実な銘柄を買わないようにすることがそうした困難な目標に向けた第一歩となる。単に人気株を避けることで成功率を上げることができるわけだ。

最後に言えば、**公表された**見通しが最も有望な企業の株が高レシオ銘柄になることは偶然ではない。逆に、ＰＳＲ、ＰＥＲ、ＰＢＲ、株価キャッシュフロー倍率（ＰＣＦＲ）などの高い順に並べた銘柄リストで最下位辺りに並ぶ銘柄は、多くの場合、市場でも一番注目度の低い不人気株である。皮肉なことにそうした銘柄を買うことで長期的に最大の成果を収められることが明らかになっている。リストの下位一〇％だけに投資の焦点を絞ることで投資の成功率を大幅に高めることができるだろう。注意深いバーゲンハンターにとってリストの最後尾は株式投資で成功するための絶好の狩り場となっている。

ある銘柄の価格が割安か適正かを判断する際は、事業内容を理解し、長期的業績や競合他社と比較した業績を評価し、その銘柄が人気を失った原因を知るために企業情報を入手する必要がある。ブローカーのレポートにはたいてい基本的事実に関する情報が部分的に含まれている。ジョン叔父さんもブローカーのレポートを使って企業やその競合他社、業界などに関する背景情報を集めたが、特に問題にぶつかることはなかった。その種の情報を利用するときは叔父さんの基本的なアドバイスを守るとよい。つまり、リサーチレポートに書かれた情報は株価に織り込み済みだということを忘れないようにするのだ。レポートを入手することは明日の新聞を今日受け取ることではないし、レポートには必ず背景があるのだ。

これまで株価と企業価値が別物であることを説明してきたが、少し補足しておきたい。株価変動のすべてが見かけどおりとは限らず、また企業価値は時間とともに変化する可能性がある し実際に変化する。時にはその変化が急激に生じることもある。ヘンリー・フォードが組み立てラインによるT型モデルの大量生産を開始したときにある企業が従来型の自動車を作っていたとすれば、その企業の価値は急激に変化する（製品が陳腐化する）。また膨大な借金を抱えた企業に対して債権者が取引の打ち切りを望んだとすれば、やはりその企業の価値は急変する（破産の可能性が高まる）。これらの例から言えるのは、どちらの場合でも株価が急激に変動したときにその原因となった情報を積極的に活用しなければならないということだ。株価が下落したという理由だけで買いに走るのは賢明ではない。というよりも軽率であり、投資成績の低下につながる。

多くの場合、企業価値の変化をもたらす事業条件の変動――売上高、経費、キャッシュフローの増減など――は何年にもわたって生じる。にもかかわらず市場が想定する長期的企業価値を表す株価は、日々感情に揺さぶられ、時には意思決定にも感情が入り込む人間によって動かされている。だれもが知っているように、人は投資以外の生活分野でも感情に支配された性急な意思決定を行う。大事なのは、そうした性急な行動が株式市場に持ち込まれることがあり、それが原因でバーゲンハンターにとって割安な株式を買う絶好の機会が浮上するということだ。ほとんどの場合人は時間がたてば、われに返って失敗を悟る。バーゲンハンターにとって不変の課題は感情に影響されずに投資の決定を下すことだ。むしろ他人があわてたときに犯す判断ミスをうまく生かすようにしなければならない。「後知恵は完璧」という古い格言がある。バーゲンハンターは、簡単に避けられるはずの、感情や不適切な判断による過ちを繰り返さないようにして、どんなときも完璧な意思決定を下すよう努めなければならない。ジョン叔父さんが投資で成功したのも他人のぼんやりした判断を巧みに利用したからであり、人がたいていは感情に突き動かされてあせって軽率に売る株を買ったからだった。

間違いなくこうした状況は日常的なものであり、何度も繰り返し生じている。事態に対する過剰反応は人間に生まれつき備わる性質だが、長い間に数多くの事態を経験することによって類似の事態に対してだんだん合理的に対処できるようになる。たとえば私たちは手を切ると反射的に出血を止めようとする。それと同じで、人々は株で損が出始めると本能的にそれを売って「出血を止めようとする」。株式投資ではそうした反射的行動はたいてい誤っているが、それを止める簡単な方法は存在しない。生活のなかで手を切る経験は何度も繰り返されるが、年月とともに重大な傷と軽い傷を次第に簡単に区別できるようになる。だからこそ紙で切り傷を負ったからといって泣き叫びながら救急処置室に駆け込むような人はほとんどいないのだ。幼いころから傷を処置してきた経験によって重大性を即座に判断できるようになっているわけだ。

ところで株式、特に値下がりしている株式の取り扱いでだれもが同じような習熟の水準にあるわけではない。株式市場には、紙で切り傷を負っただけで泣き叫びながら救急処置室に駆け込む人がいる。なかには傷を負うまでその可能性をまったく予想していない人もいる。彼らは単に目の前の事態に過剰反応し、損失しか目に入らず、株価の下落で銘柄の魅力が増すという、もっと大事な側面に気づかない。投資家が悪材料に過剰反応してやみくもに持ち株を売ることで選択可能な割安株の在庫が増える――これがバーゲンハンターの視点だ。優秀なバーゲンハンターにとってみれば、感情的な売り手がいる市場では投資機会が生まれ、好ましい展開が期待できる。同様に、売り手がニュースの見出しや目にしたチャート、迷信、「秘密情報」だけを指針として、企業の公正価値と株価との比較を基礎とした投資を無視する市場では、やはりことが有利に進む。要するに、そうした間違った指針に従う市場参加者がいたら友達と考えるのがよい。彼らはバーゲンの機会を作り出し、株の売買で最高のリターンを上げさせてくれる。ジョン叔父さんが(皮肉を込めて)言ったように、そうした相手がいたら助けの手を差し伸べてあげなければならない。彼らが何としても売ろうとする株を買い、何としても買おうとする株を売ることによって希望をかなえてあげるのがバーゲンハンターの務めなのだ。

ジョン叔父さんには七〇年に及ぶ市場経験という強みがある。経験の蓄積によって株式市場で割安株を発掘することが第二の天性となっている。私たちは叔父さんの下で投資に携わるなかで、その能力が年々研ぎすまされてくるのを目にしてきた。

ここまでで気づいた読者もいるだろうが、基本的にバーゲンハンターは、問題のあることが株式市場に知れ渡った銘柄を買おうとすることが最も多い。問題が知れ渡るとその株は市場で売られて株価が下落することになる。その際、数多くの企業とその問題を評価する経験を積み重ねれば、小さな問題と大きな問題との区別が可能になり、企業が直面した小さな問題に株式市場が過剰反応する局面を巧みに利用できるようになる。たとえば製品の売り上げを伸ばすために新工場の建設計画を立てた企業があるとする。その企業は、一年後に工場が完成して操業が開始され、製品の売上高が二五％増えると投資家やアナリストに説明した。アナリストは予想を立て、新工場によって見込まれる売上高を計算し、来年度の予想利益にそれを加味した。ところが工場の建設に遅れが生じ、企業は工場の完成と操業開始が当初の予定よりも六カ月先になると発表した。アナリストは業績予想を下方修正し、株の保有者が発表に不意を突かれてあわてて株を売ったため、その後数週間で株価が三〇％も下落した。ここで問題なのは、その事態が一時的で修復可能なものかどうかということだ。もしそうなら、小さな問題に対する大きな過剰反応から利益を上げられる好例と言える。長期的保有者にとって企業の価値は三〇％の割り引きになっている。売り上げ増の実現が少し先延ばしされただけのことにすぎない。企業の一時的問題から生じた大きな過剰反応を利益に結び付けるのは、バーゲンハンターにとって基本的な戦略である。

市場の歴史を知っていることは投資に大いにプラスになる。理由は、出来事が正確に繰り返されるからというよりも、出来事のパターンや市場参加者の反応の仕方が規則的で予測可能だからだ。歴史は投資家が株式市場のサプライズに過剰反応することを示している。これまでずっとそうだったし、今後もそれは変わらない。バーゲンハンターは、サプライズが起きると実際に割安な株を市場で大量に買えることを承知しており、またサプライズを期待し予想しているので、機会が到来したときは断固とした行動に出る構えができている。バーゲンハンターは皆、株式の大量投げ売りを引き起こす大きなサプライズを心待ちにし、夢見ている。

ジョン叔父さんは長い間、経験と努力と観察を積み重ねてきたが、実際のところ投資を始めて間もない時期から以上述べたような行動観察を活用していた。これは私たち全員にとってうれしい事実だ。株式市場ではそうした性急な行動によって収益機会が浮上することを承知している投資家はすでにそれだけで強みを手に入れることになるからだ。

そうした不安定な市場行動をより単純な枠組みでとらえてみると有益な場合がある。たとえばあなたがここ数年、夏の間に近所の人たちを相手にしたレモネードスタンドを開いて成功を収めていたとする。あなたは年齢が一二歳に近づきつつあり、芝刈りなどもっと難しい仕事をやってみたいと考えている。ただ晴れて暑い日にはレモネードスタンドで相当儲けられることも分かっている。これまでの経験では夏の時期には二〇〇ドルくらいの売り上げが期待できる（どんな資本家もわずかな商いから出発する）。「近所にはたくさんお客さんがいて毎年夏になると店に来てレモネードを買ってくれる。店をやめたらみんながっかりするだろうな」とあなたは思う。そのときこんなアイデアがひらめく。「レモネードスタンドを隣に住む友達に売れば店は続く。スタンドもレモネードパウダーも蒸留水の壺も一緒に売ればいい。確実に当てにできる商売だと相手を説得して、コストを少し上回るお金で売れるはずだ。払った代金はなじみのお客さんからすぐに回収できると請け合ってやればいいんだ」

あなたは友達のところへ行って、レモネードのスタンドを買わないかと持ちかける。友達はすぐに承知してこう言う。「レモネードは大好きなんだ。ずっとお金も貯めているし、スタンドを買ってもいいよ。大儲けするんだ！　一〇〇ドルでどうだい」。あなたは話を確実にするためにこう誘いかける。「でもその前に今度の土曜日あたり、スタンドの商売の仕方を見に来ないか。お客に引き合わせるよ。商売の感じがつかめると思うし、もっと良い商売の仕方が思い浮かぶかもしれない」。話がつき、今度の土曜日に会うことにして分かれる。

その友達には目立ちたがりのところがあり、学校の友達全員に向かって次の週末にレモネードスタンドを買い取る話を触れ回る。皆レモネードが大好物なだけでなく、あなたのレモネードが最高と思っている。クラスメートたちはこの話に夢中になる。土曜日にスタンドに行って一〇〇ドル以上の値を付けようとたくらむ者も出てくる。土曜日になって友達は時間どおりに現れた。その日はいつもよりも少し涼しく、空は曇っている。友達が来て五分もしないうちに、自転車の一団がスタンドめがけて通りを突っ走ってくる。その九人の騒がしい連中がわめく声は姿も見えないうちから耳に届く。一団がスタンドに到着して自転車を乗り捨てると、例の友達は状況を察してあなたに迫ってくる。「さあ、約束は約束だ。この前の話どおり一〇〇ドルでレモネードスタンドを売ってくれ」。あなたが口を開くよりも早く別の子供が声を上げる。「僕なら一一〇ドル出す」。「僕は一二〇ドルだ！」ともうひとりが叫び出す。「あたしは一二五ドル出す」と、お下げの女の子がその子の股間を蹴り上げて叫ぶ。「ほら一五〇ドルだ」と、近所のガキ大将がお下げを肘で押しのけながらわめく。

あなたは少し驚くが、将来の所有者を決めるのが大いに面白くなってくる。いじめっ子に決めたと言おうとしたとき奇妙なことが起きる。雨粒がスタンドに当たったので空を見上げると、その間にそいつはもう自転車に乗っており、慌てて家に一目散。一二五ドルの女の子を見ると、新しい服が濡れると叫びながら半ブロックも先を走っている。一二〇ドルの相手はあなたやほかの子を見ながら、「こんな雨、大したことない」と平気そうに言う。だがどこか遠くで低い雷の音が響くと真っ青になって自転車に飛び乗ってしまう。その間にもあなたは商品がだめにならないように防水布でスタンドを覆い始める。

一一〇ドルの子とその友達三人は取引を続けるかどうかを決めるために密談を始める。議論が続く。あなたの耳にこんな声が聞こえてくる。「さっき帰った女の子はオールAの成績だ。俺たちが知らないことを知っているのかも。あいつは取引をやめた。このスタンドを買うのはまずいんじゃないか」。別の声がこんなことを言う。「足がびしょびしょだ。こんな話聞いてないぞ。もうたくさんだ。レモネードの商売の話なんてバカげている。傘を売ったほうがいい。いいか、雨が降っているんだ。レモネードじゃなくて傘の商売を始めよう。うちの車庫に山ほど古い傘がある。その傘をこの金でうちの親から買おう。売れるに決まっている。傘売りの商売を始めよう」。その連中はそれぞれの理由で一斉に帰っていく。

有望な相手がひとり残っている。一〇〇ドルでスタンドを買うと言った隣の友達だ。雨がひどくなって服はびしょぬれ、少し気が滅入っているように見える。大丈夫かと尋ねるとこう答える。「僕だけが残った。あいつらが正しいんだろうね。これはまずい計画だよ。そうだろう。いつも土曜に雨が降ったらどうなる？　今日だって客はひとりも来なかったじゃないか。今年の夏、いつも土曜に雨が降ったら商売にならない。一〇〇ドルの損になる。スタンドを買う気はもうない。びくびくものの商売だし、はっきり言って危険も大きい。それに、見たとおり皆この商売が気に入らなかった。連中が正しいに違いない。この先土曜に日が照らなかったら僕は破産してしまう」。その子は自転車を起こすとそれに乗って行ってしまう。

その姿が見えなくなったあと、通りの向こうに目をやると、レインコートを着てひとりで木の下に座っていた子供が突然立ち上がってこちらにやって来る。雨はまだ降り続いていたがそれほどひどくない。「ずいぶん賢いんだな。今日レインコートを持ってくるなんて」と、その子に向かって話しかける。「そうさ。遊びに出るときはたいてい天気を調べておくんだ。天気予報じゃ今日雷雨になるって言っていたよ」と、その子は笑って答える。話を聞くうちにあなたの頭は激しく回り始める。「そうか、恐らくこの子はスタンドを買いたいんだ。どっちにしても、皆家に帰って、この子しか残っていない」。しかし話を持ちかける前にその子がこう言う。「先週、昼食の時間に聞いちゃったのさ。今週土曜に君がレモネードスタンドを売るっていう話。どうなるのか見に来たんだ。皆帰って買い手がいなくなっちゃったね。君はレモネードの商売をやめたいみたいだし、引き受けてあげてもいいよ」。「そうかい。では、いくら出す?」とあなた。相手は落ち着き払ってあなたを見つめ、「五〇ドルなら出してもいいよ」。あなたはあぜんとする。「五〇ドルだって！　今ある粉末と水だけで五〇ドルはするんだ。残り全部をタダで持っていくつもりか」。「明らかに買い手は僕しかいないし、その僕が五〇ドル払うと言うんだ」と相手はあなたを見て言う。「僕はどうしてもスタンドを売りたいし、買い手は君しか残っていない。だから、君に五〇ドルで売るしかなさそうだ」と、少し気落ちしながらあなたは言う。そして契約成立の握手をする。

お金を取りに家に戻る必要があるかと尋ねる前に、その子は着古したお下がりのレインコートのポケットに深く手を突っ込むと、汚れたよれよれの輪ゴムで止めたウシガエルほどの大きさの札束を取り出す。相手が見かけよりはもっと利口なのでは、と思い至ってあなたは一層不愉快な気分になる。ともかくあなたは五〇ドルを受け取り、レインコートを着たその子にレモネードスタンドの所有権を渡す。契約成立の握手をして三〇秒もしないうちに傘をいっぱい抱えた一団が走りすぎていく。スタンドを買ったばかりの子に向かってこんなことを叫んでいる。「おい、おまえ。そんなスタンド買ってバカじゃないか。いったい何考えているんだよ」。

この種の話は株式市場で何度も繰り返されるおなじみの出来事だ。つまり、一定の資金と意見をもつ一群の人たちがある特定企業の株式への投資をもくろみ、目の前で展開する状況を基にしてその銘柄の値を上げたり下げたりする。この話で恐らく最も注目すべき点は、登場する買い手と売り手のなかにしっかりした論法や論理を使って意思を決定する者がほとんどいなかったことだ。むしろ彼らはレモネードスタンドを取り囲んだほかの買い手の動きや雷雨のネガティブサプライズ（予想外の悪材料）に振り回された。一方、前もって状況をよく調べ、はっきりした雨の確率を知っていた情報豊富な観察者は、そうした出来事やほかの買い手・売り手に対するその影響を巧みに利用して、普通だったら買えないような安い値段で資産を買うことができた。重要なことは、ほかの大多数の子供が買わないと言うのをものともせずにその子がレモネードスタンドを買ったことだ。

本来の価値よりも安い株を一貫して買い続けるバーゲンハンターは、自分の行動が皆から承認や同意を受けないという状況に慣れる必要がある。常識からして、株価が大幅に下がるのは皆がその株を売るからにほかならず、そして皆が売る主な理由はといえば、その株が不人気だからだ。最高のバーゲンハンターは、ある株式の買いが正しいかどうかについて大勢に認めてもらう必要を感じない。不人気のものを買うには独立心をもち、自分の判断を信頼できなくてはならない。ジョン叔父さんのような人にとってそれはもって生まれた素質にすぎないが、ほかの人たちはそれを学んで身につけなければならない。

レモネードスタンドの話に関する最後のポイントは状況を前もって調べておくことの重要性だ。だれでも想像できるように、人は不意打ちに遭うとたいていはパニックに陥る。株式市場でもしょっちゅう起きていることだ。もちろん、将来直面しそうな小さなリスクをすべて数え上げ、予想を立ててその準備をすることはできない。しかし一般的なタイプの出来事に備えることならできる。レモネードスタンドの例で言えば、土曜日に雨が降ることはよくあることであり、最初から予想しておかなければならないことだ。実際、世界のどんな企業だって少なくとも時には雨に降られることがあり、どんな株だって雨雲が立ちこめ価格が本来の価値を下回る時期がある。問題に直面しない企業はない。大事なのは雨雲の性質とそれがもたらすリスクの特性を理解しておくことだ。雨というのは一時的な問題だろうか、それともレモネードスタンドが氾濫しやすい川に近すぎて流されてしまうことがあるのだろうか。投資に関するかぎり、予習を怠ることは絶対に許されない。

株を買う前にその企業について、つまり事業内容や売り上げの促進要因、利益維持に当たって直面する下方圧力の種類、過去の業績推移、競争状況などについて完璧に理解しておくことがどうしても欠かせない。そのような情報を得ることで、その銘柄についてしっかりした意思決定を下すための最上の心理的基礎が築かれる。また企業が一時的な苦境にあるのか洪水で永遠に押し流されてしまうのかを正確に判断するためには、そのような情報の分析が必要になる。実際、企業には押し流されるリスクが存在し、倒産の可能性がある。バーゲンハンティングの核心は、何物にもひるまない逆張り投資家というよりは不人気銘柄の賢い買い手になることにある。前もって企業情報の蓄積と分析を行っておけば、企業が土砂降りに遭って株価が下落したときに断固としてその株を買うことができる。見通しが暗い状況で投資を断行するには、どんなに厚く暗い雲が空を覆っていても安全な避難所に逃げ込まずに初心を貫く不屈の精神が必要になる。バリュー投資では成功の代価は前払いなのだ。

レモネードスタンドの幸運な買い手は、経営者として最初の営業日となる翌週の土曜日の朝、新しい仕事の準備をしていた。前の土曜日よりはずっと良い天気になりそうだった。天気予報は三〇度を超える真夏日になりそうだと言っている。彼はほとんど知らなかったが、近所のどの家でも大人や子供が好天気に、ピクニックや自転車乗り、タッチフットボールの計画をあわただしく立てていた。スタンドを組み立てている最中に、傘を抱えた子供の一団がこんな好天気に大量の傘をどうしたらいいのかと叫び合い、ののしり合いながら通りすぎて行った。

やがて少しずつ客が来始めて、少しの売り上げがあった。まもなく一〇人ほどの行列ができる。先週レモネードスタンドの競りに加わった子供が何人かそれに気づいて自転車でスタンドのところにやって来る。隣の家の子が最初に甲高い声で叫ぶ。「やっぱりレモネードの商売も悪くなさそうじゃないか。一〇〇ドルで僕に売らないか」。傘を抱えていた子供たちもレモネード日和になりそうだと言いながら傘を放り捨て、一斉に値段を口にする。「そんなの目じゃないよ。僕たちは一二〇ドル払う」。例のお下げは地面から傘を拾い上げ、振り回して競争相手を追い立てながら「私は一五〇ドル」と叫ぶ。負けじとばかり近所のガキ大将が人垣を押しのけて前に出て、二〇〇ドルで手を打つようにと迫ってくる。スタンドの所有者は値をさらにつり上げるもっと強いガキ大将はいないかと周りをちらりと見たあと、それが並外れた申し込みだと判断してすぐさま二〇〇ドルで手を打った。

レモネードスタンドの若い所有者にとってこの土曜日は大きな利益を生み出す素晴らしい日となった。一週間前にわずか五〇ドルで買ったスタンドが二〇〇ドルで売れ、最初の投資額が四倍になったのだ。考える必要があるのは、一週間のうちに何が変化してスタンドの値段がそんなにも上昇したのかということだ。スタンドの価値が四倍になったのだろうか。そんなことはない。変わったのはスタンドの価値に対する見物人の認識だけだ。つまり投資環境（雨から晴れへ）と投資家の認識（弱気から強気へ）だけが変化したにすぎない。この例には投資家の**認識**が資産価格の決定に及ぼす影響の大きさがよく表れている。株式市場でも資産価値の実際の変化ではなく、投資家の認識の修正によって株価が劇的に変動することがよくある。

バーゲンハンターとして成功するためには、そうした投資家の認識のエネルギーに逆らわず、逆にうまく利用できるようになることが欠かせない。そのためのひとつの方法は市場が雨の日に株を買って晴れの日に売る癖を付けることだ。この場合、投資家の大多数と逆に動くことになる。つまり彼らは晴れの日に株を買い、雨の日に売っている。もしそうでなかったら見通しが暗くなった日にも株価が下がらなくなるだろう。単純で当たり前のことだと思うだろうが、現実には心理的抵抗が大きくてなかなか実行が難しいことを多くのバーゲンハンターが経験しているはずだ。

ここで以上のような基本事項から離れて話を一九三九年に戻すことにしよう。この年、米国経済の健全性があらためて論議の的となり、欧州で勃発した戦争に対する株式市場の認識も大きく揺れ動いていた。情勢認識は過去一二カ月のうちに弱気の見方へと変わり、それを受けて米国や欧州の株式市場は四九％下落していた。ここで少し時間をとって今言った意味を考えてみよう。株価がわずか一二カ月で四九％も下げた！　考える力のあるバーゲンハンターならほとんどだれもが経済見通しに大幅な見直しが生じたと推測するに違いない。投資家は米国がまた恐慌に逆戻りし、欧州に誕生した自由社会と現代文明がナチスによって破壊されると見ていた。米国の投資家の見方は軒並み悲観的で、それが株価に重くのしかかっていた。この先状況がもっと悪くなるという見通しに基づいて大きく値下がりしたのだ。

最悪を予想するそうした大勢の見方に対して、ジョン叔父さんは事態を冷静に眺めており、この先の展開に関して異なる結論に到達していた。何よりも叔父さんはドイツとその考え方、指導者たちの凶暴さについてすでに一定の知識をもっていた。第一章で述べたように、叔父さんはローズ奨学金を得てベーリアル校を卒業した次の年、わずかな予算で大学の友達と一緒に世界旅行をしたことがあった。一九三〇年代初めのその旅行中ドイツにも足を踏み入れ、ベルリン・オリンピックも見物していた。そこでは手際の悪い訓練や気味悪いほどの画一性、人間集団を駆り立てる熱気などを直接目にしていた。その後ナチスが次々と他国を侵略し、ポーランド侵攻後は欧州が全面戦争に突入する状況を見て、ジョン叔父さんは米国もこの戦争に引きずりこまれると確信していた。そうした前提に立って、米国の製造業が自国の参戦支援に向けたコモディティ（一次産品）や製品の供給を求める大きな圧力を受けることになると予想していた。実際、最も平凡で最も非効率的な企業でさえ来るべき経済活動の活況から利益を上げられると考えていた。

この見解は、コモディティに対する需要を押し上げた米国の南北戦争や第一次世界大戦など、過去の戦争の研究によって生み出されたものだった。米国企業が先を争って契約を獲得し、必要なすべての鉄や鉄鋼、繊維、食料を政府に提供しようとする状況で、それらの全素材を全国各地から輸送する必要があった。こうした単純な過去の事実から、米軍が参戦した場合、鉄道会社が恩恵を受ける公算が大きかった。つまり、株式市場が景気の一段の悪化による脅威や欧州における自由の破壊を懸念していたにもかかわらず、ジョン叔父さんは国中の全企業が戦争支援の要請に応じることによって、この先景気の刺激要因が拡大するという強気の見通しをもっていた。

ある意味で、ジョン叔父さんは将来にまで踏み込んだ視点に立っていたと言える。その時点で支配的な見方を無視して長期的な見通しに照準を合わせたのだ。**現在**の事態に反応するのではなく**将来**起きる公算の大きい事態に集中するというこの能力は優れた投資家と並みの投資家を分ける大きな溝となっている。

ジョン叔父さんは**たまたま**一般的な見方と相反する独自の見解に立って、景気が過熱に至らないまでも上向きにはなるという見通しが株価にまだ反映されていない株式を買う機会をとらえようとしていた。それまでの研究や、ナチスの直接的な観察、自由を守ろうとする米国の積極性、歴史的前例から見込まれる産業界に対する戦争の好影響などを基に深い確信を抱いた叔父さんはそのとき大胆な行動に出た。資金を借り入れて株を買おうとしたのだ。ここでも少し時間をとって微妙な区別をしておきたい。叔父さんは望む銘柄を買うのに必要なすべての資金（と余裕資金）を貯蓄し、すでに所有していた。その一方で、合理的に考える実業家ならば、経営の過程で日常的に新規事業のために借入金を使うはずだと考えていた。その意味で資金の借り入れは問題がないばかりか、賢明と言える行動だった。これに対して、消費のために借りるのは賢明とは言えなかった。このような考え方から、叔父さんはフェンナー・アンド・ビーンに勤めていたころの上司ディック・プラットに連絡をとって自分の考えを説明したうえで、米国の両証券取引所の一ドル以下の全銘柄を買うために一万ドルの借り入れを依頼した。この依頼を奇妙に思う人は多いだろう。一ドル以下の銘柄を買うとなると銘柄数は非常に多くなるからだ。

この戦略の背後には二つの重要な投資アイデアがある。そして、その二つを個別に取り上げて注意深く検討すると、それが常識的な判断に裏打ちされていることが分かる。まず何よりも、叔父さんの根本的な考え方として、戦争の刺激が生み出す好況のなかでは最も非効率的な企業でさえよみがえるということがあった。叔父さんが狙ったのはごく普通の企業、並み以下の企業、よく知られた問題に直面している企業、（めったにない経済復活がないかぎり）見通しの冴えない企業などだった。言い換えれば、それらの企業に対する期待は極端に低かった。加えて、その時点で株式市場は景気の改善ではなく悪化を見込んでいたため、見通しの冴えない企業に対する許容度はゼロに近かった。実際、ジョン叔父さんがあえて悲観の**極み**にあったそうした銘柄を買ったとき市場は文字どおり大底に達していた。

買いの理由は単純だった。叔父さんは最も非効率的な企業を含め、米国のあらゆる企業の復活を確信しており、予想どおりにいけば非効率的な企業の株価が最も大幅に上昇することが期待できたからだった。市場がそれらの企業の見通しを再評価して楽観的にとらえたなら、投資家心理とファンダメンタルズの好転によるリターンはずば抜けて大きいはずだった。ファンダメンタルズの観点から言えば破産から黒字へと、あるいはよく言われるように地獄から天国へと状況が一変する可能性があった。投資家心理が極端な弱気に傾いている時期に投資することで最高のリターンが得られる例はまれではなかった。そのような時期には、市場が評価する企業価値と、戦時景気で業績が好転した場合に予想される価値との間の極端なずれを容易に発見することができるからだ。

ここで注目すべきもうひとつの重要な教訓は多くの銘柄を買い付けたことだ。少数に限定せずに多数の銘柄を買うことでリスクを分散化したのだ。ジョン叔父さんは確率に関する鋭い感覚と判断力を備えており、ほとんどの場合、確率に基づいて投資方針を立てていた。この事例で分散化を図ったのは、投資対象のすべてが成功するとは限らないという合理的判断に基づくものであり、投資失敗のリスクを数多くの銘柄に広げたいと望んだからだった。実際、この取引で叔父さんが買った一〇四銘柄のうち三七銘柄は今までに破産しており、こうした状況では卵全部をひとつの籠に入れるのではなく、たくさんの籠に分ける必要性を叔父さんは十分に自覚していた。

ジョン叔父さんは投資信託の運用に従事した長い年月の間、常に分散化の利点を口にしており、特に他人の資金を運用するときは分散化を徹底して行っていた。だが以下の章で述べるように投資対象を（わずか数銘柄に）集中することもほとんど恐れておらず、他人の資金の運用から引退したあとは日常的に自分の資金を集中運用していた。「**分散化**」という言葉の意味はたとえば状況によって変化した。テンプルトン・ファンドの運用では一定時点で数百銘柄を保有しているという話を聞いたことがあるし、別の場合にはわずか一〇銘柄以下の保有で分散化を達成できると断言したこともあった。とはいえ、大部分の投資家にとってはとりあえず資産をさまざまな銘柄に分散させる利点が大きいと叔父さんは助言している。一九三九年の状況もその例外ではなく、そのうえ借入金を資金として使っていたという事情もあった。

投資のタイミングは完璧だった。記録が示すように、悲観の極みで買うという原則に従った最初の投資は素晴らしい成果を生んだ。叔父さんの予想どおり、欧州の戦乱は米国を巻き込んだ第二次世界大戦へと拡大し、それに伴って米国では工業製品やコモディティに対する需要が飛躍的に拡大した。叔父さんは一年もたたないうちに借入金を全部返した。その後数年で保有株をすべて売却し、最終的には当初一万ドルの投資を四万ドルへと四倍に増やした。また買い付けた一〇四銘柄のうち失敗に終わったのは四銘柄にとどまった。四年という平均保有期間は叔父さんのキャリア全体の平均保有期間と非常によく一致しており、長期にわたって景気状況を予測しようとする彼の傾向をよく示している。

その取引の保有銘柄のなかでも特に大きな成果があった例としてミズーリ・パシフィック鉄道への投資がよく挙げられる。買ったのは永続的に現金配当が保有者に支払われる仕組みの優先株だった。当初の発行価格は一〇〇ドル、配当は七ドル、配当利回りは七％だった。叔父さんが買ったとき会社は破産していた。買付価格は約〇・一二五ドルで、一〇〇ドルの新規発行価格と比べ大きく値下がりしていた。鉄道会社の利益成長に関する叔父さんの予想は当たり、結局、株価は三九〇〇％上昇して五ドルに達した。一九四〇年代初めにミズーリ・パシフィック鉄道に生じたファンダメンタルズの好転は、**表2.1**の財務成績の推移にはっきりと表れている。

表から分かるように、ミズーリ・パシフィックの売上高と純利益はジョン叔父さんが買い付けた時点から急拡大している。このような収益の急激な変化を考慮するなら、株価も大底の〇・一二五ドルから一〇〇ドルまで大幅に上昇したことに何の不思議もないだろう。

この投資で重要なもうひとつのポイントは比較ということだ。当然、ミズーリ・パシフィックは当時の米国で唯一の鉄道会社ではなく、また戦争に伴う景気回復で潤う唯一の鉄道会社でもなかった点に注意しなければならない。財務状況が破綻に瀕しておらず、破産寸前でもない

表2.1　ミズーリ・パシフィック鉄道

	売上高（100万ドル）	増収率（%）	当期純利益（100万ドル）	増益率（%）
1939	83		−30	
1940	87	4.8	−13	56.7
1941	111	27.6	4	69.2
1942	178	60.4	31	675

鉄道会社がほかにもあったわけだ。当時成功していた鉄道会社の代表例は、五〇年もの間無損失を続けていたノーフォーク・アンド・ウエスタン鉄道だった。普通、下振れリスクがずっと低いという理由から好調会社を買いたくなる誘惑は非常に強いだろう。ところがこの両社を比べた場合には、ノーフォーク・アンド・ウエスタンの上振れ余地が非常に少ないという結論に至る。それは単に経営が順調なせいであり、もうひとつ、軍需景気に沸く時期に優良会社が制度上不利な扱いを受けたせいでもあった。そのころ、好況で膨れ上がった好調会社の収益に対する累進課税の税率が八五・五％に達することもあったのだ。これは、開戦時に好調だった企業が戦争で得た「超過利益」に対して極端に高率の税金が課せられたためだった。一方、ミズーリ・パシフィックのような赤字続きの企業は、損失を持ち越してその課税を免れることができた。このようなやや奇妙な税制のせいで、ノーフォーク・アン

ド・ウエスタンのような優良会社は、ミズーリ・パシフィックのような収益力のない弱体会社に比べ、軍需景気による儲けがはるかに少なかった。当然、両社の株主にも同じことが言える。以上のような両社の関係とそれぞれの課税の影響を知っておくことは、軍需景気によって両社が生み出す収益を予測するうえで極めて重要だった。

表2.2では特に両社の純利益の伸び率に着目してほしい。ミズーリ・パシフィックの株主のほうがノーフォーク・アンド・ウエスタンの株主よりもずっと大きな成果にあずかれたことがはっきり示されている。たとえば両社の売上高が頂点に達した一九四二年を見てみよう。この年、ミズーリ・パシフィックの純利益は六七五％増なのに対してノーフォーク・アンド・ウエスタンは二一・四％の減少になっている。ミズーリ・パシフィックの純利益がこれほど急増したのはなぜか。ひとつは売上高の伸びが大きかったこと、もうひとつはノーフォーク・アンド・ウエスタンと違ってクッキー瓶のなかに政府の手が入ってこなかったことだ。つまり、ノーフォーク・アンド・ウエスタンは特別税によって超過利益を政府に取り上げられ、そのため実質的に減益となっている。このような関係を調べてみると、この例では弱体会社を買うのが賢明な選択であることがはっきりする。「この例では」という言い方に注意していただきたい。というのは、条件が同じならば、優良会社を買うほうが賢明な場合が多いからだ。この例は、選択の余地がある場合に低迷会社のほうを買うことをバーゲンハンターに勧めるためのものではない。そうではなく、ポイントは、投資の選択では柔軟に考えるということだ。課税の影響など

表2.2　鉄道会社2社の比較

	ノーフォーク・アンド・ウエスタン 売上高（100万ドル）	ノーフォーク・アンド・ウエスタン 増収率（%）	ミズーリ・パシフィック 売上高（100万ドル）	ミズーリ・パシフィック 増収率（%）	ノーフォーク・アンド・ウエスタン 当期純利益（100万ドル）	ノーフォーク・アンド・ウエスタン 増益率（%）	ミズーリ・パシフィック 当期純利益（100万ドル）	ミズーリ・パシフィック 増益率（%）
1939	93		83		30		−30	
1940	105	12.9	87	4.8	32	6.7	−13	56.7
1941	120	14.3	111	27.6	28	−12.5	4	69.2
1942	140	16.7	178	60.4	22	−21.4	31	675

重要な細部を無視したり、最良の企業だけを買う戦略にとらわれたりすると、市場の黄金の機会を逃してしまうことになる。

破産中か破産寸前の弱体会社だけを買うというジョン叔父さんの行動から推測されるように、この戦略には二重の狙いがあった。それは業績の改善が一番大きい会社を買うこと、そして、不当に大きな分け前を政府に取られないことだった。これは驚くほど先見の明のある行動だった。なぜなら、叔父さんが買い付けたとき米国はまだ参戦していなかったし、超過利益税も導入されていなかったからだ。だが歴史の研究によって米国政府が過去に戦時税を課した例のあることを知っていた叔父さんは、そのリスクにはっきり気づいていた。たとえば第一次世界大戦中は平時に経営がおおむね順調で利益を上げていた企業が課税された。こうしたことから、将来の戦争やそれに伴う軍需景気を予想するだけでは不十分だったことが分かる。もっと突っ込んだ分析によって結果を予想することが必要だった。バーゲンハンターは投資で歴史が重要な働きをすることを自覚していなければならない。この例でジョン叔父さんが好調企業を買っていたら、ずっと見劣りのする結果に終わっていたはずだ。

現実に投資リターンにどれほどの差が出るかを見るため、表2.3に二つの企業グループを示した。ひとつのグループは戦争までの数年に頻繁に損失を出していた企業で構成され、もうひとつのグループにはその間一貫して利益を上げた好調企業が入っている。両グループについて一九四〇年からの五年間の株価リターンを示した。表2.3から分かるように、左欄の不調企業のリターンは一〇八五％で好調企業の一一％をはるかに上回る。右欄の企業は経営が順調だった（多くが現在も健在）にもかかわらず、当時の環境では賢明な投資の対象ではなかった。このことに示されるように、歴史を知ることが利益に結び付くし、独創的な発想でだれも顧みない企業の株に目を付けることが成果を生む。

ジョン叔父さんは一九三九年に買った銘柄を平均で約四年保有したのち売却した。その根本にあったのは、株価がそれほど値上がりした水準ではもう魅力的とは言えず、また、軍需景気がなくなったら激しい競争にさらされる高コストの低迷企業に戻ってしまう公算が大きいという見通しだった。叔父さんはこの取引で目を見張るリターンを稼いで大成功を収めたにもかかわらず、小さな失敗もあったことを認めている。早く売りすぎたのだ。〇・一二五ドルで買ったミズーリ・パシフィックがその一例だった。この株は結局、数年のうちに一〇五ドルま

表 2.3　好調企業と不調企業の比較

1940 年以前に頻繁に損失を出した企業	株価の 5 年間のリターン	1940 年以前に損失を出していない企業	株価の 5 年間のリターン
センチュリー・リボン・ミルズ	336	アメリカン製缶	7
コロラド・アンド・サザン鉄道	3,785	バルチモア・コンソリデーティッド・ガス会社	0
クロズリー・コーポレーション	724	イーストマン・コダック	30
ゴーサム靴下	900	ゼネラル・フード	7
ケンラッド・チューブ・アンド・ランプ	789	グレイト・アトランティック・アンド・パシフィック・ティー	2
ミズーリ・カンザス・テキサス鉄道	58	パーク・デービス	3
レオ自動車会社	2,033	プロクター&ギャンブル	5
シーボード鉄道 6-45	1,080	ティムケン・ローラー・ベアリング	10
トムソン・スターレット	344	ユニオン・カーバイド	22
ウィリーズ・オーバーランド	800	ハートフォード火災保険	23
平均	**1,085**	平均	**11**

で値上がりしたのだった。株の保有と売却で犯す可能性のあるさまざまな失敗のなかで、このミスはほかに比べてまだ許されるものだろう。それでも、ジョン叔父さんはこれがきっかけで過去を振り返り、売り時の決定方法の見直しを始めた。その後何年も実践と検討を重ねるなかで、とうとう最後には保有株を巧みに売る方法を作り上げた。売り時の決定に関する彼のガイドラインについてはあとの章で説明する。

その前に本章の特に重要な教訓についておさらいをしておきたい。第一に、経済紙や投資の専門家が登場するテレビ番組を見ると、市場のボラティリティを好ましくないとする意見によく出合う。だが、これまで述べてきたように、バーゲン株を買うときはボラティリティが最も強力な味方になる。ボラティリティが大きければ、バーゲン株を発見する機会がそれだけ多くなる。バーゲン株の買い手にとってボラティリティこそが友なのだ。一方、人気株の買い手にとってはボラティリティは敵となる。

第二に、企業価値とその株価のずれから生じる最大の投資機会は、市場に悲観論があふれているときに生じることが多い。企業価値に比べた株価の割安感が非常に大きくなるのは総弱気の売りで急落するときだ。投資家は普通、持ち株の人気がなくなるとそれを売る。株の人気が落ちるのは普通、企業が問題にぶつかったことが市場に伝わったときだ。バーゲンハンターはそうした問題の評価と現行事業への影響の判断に習熟しておかねばならない。

実を言えば、どんな企業も問題に直面している。市場にどれほど知られ、どれほど深刻なものか、という点だけが異なるのだ。企業にとって一時的と思われる問題は投資の絶好機に結び付くことが多い。近視眼的な保有者が短期予想の変化にあわてふためくことがあるからだ。企業というものを、可能なかぎり事業を継続して、株主のために資本コストを上回る利益を生み出そうとする組織としてとらえることが非常に重要になる。そのような見方に立って企業の永続的な見通しに確信を抱いている投資家は、低調な四半期決算のせいで売り込まれた株を容易に買うことができる。短期的なぶれはしょっちゅう起きるものであり、忍耐力のある投資家にとってはそれが好機となる。別の例で言えば、マイケル・ジョーダンはだれもが認める最高のバスケットボール選手だが、たまには不調の日があり、時にはゲームを決めるショットをはずすこともあった。しかし、長年の素晴らしいキャリアのなかで一回か二回ひどいプレーをしたからといってシカゴ・ブルズが放出していたら、明らかに過ちを犯していたということになっていただろう。

最後に、バーゲンハンティングから生み出されるリターンは株価を襲った悲観の量に反比例する。つまり、ある企業に関する市場の見方が悲観的であるほど、センチメントや見通しが逆転したときにその銘柄保有から利益を上げる可能性がそれだけ高くなる。見通しが悪いほど、それが変わったときのリターンがそれだけ大きくなる。これこそが、悲観の極みで投資するという方法の背後にある基本的前提なのだ。その株を取り巻くムードが一転すれば、株価変動から得られる最大の並外れたリターンが生み出される。別の言い方をすれば、市場が大きく行きすぎたときに株を買い付けるようにして、行きすぎた見方をうまく利用するのだ。人間はどんな取り組みでも可能なかぎり最良の見通しを求めるのが常だから、この考え方は直感に反するかもしれない。だがバーゲンハンターとしては、一時的な原因で見通しが悲観論に傾いた分野を探し求めなければならない。

この考え方は著者というよりもジョン叔父さんのものとして理解してほしい。叔父さんの言葉によれば、「皆、私に見通しが有望な銘柄はどれかと聞く。だがその質問は間違っている。本当は、見通しが一番暗い銘柄を聞かなければならないのだ」。

第3章 グローバル投資の非常識な常識

「並外れて素晴らしいバーゲン銘柄を探し出そうとするとき、カナダだけに限定しないのが常識と言っていい。カナダだけを探して少しは見つかるかもしれない。あるいは米国だけを探して少しは見つかるかもしれない。だがむしろ世界中を探したほうがいいのではないか。私たちはこの四〇年そのことを続けてきたのだから。世界中から探すことをね」――ジョン・テンプルトン卿（一九七九年一一月）

グローバル投資の考え方が主流になりつつある。米国外のさまざまな株式市場で資金を運用する機会を提供する投資信託がたくさんある。今日ではグローバル投資が広く受け入れられているが、海外市場は何十年にもわたり活用されず、かなり誤解されてきた。適切な説明がなされないために、海外投資は親しみにくかった。

ジョン叔父さんは、一九五四年一一月にテンプルトン・グロース・ファンドを立ち上げたときグローバル投資の先頭に立っていた。フォーブス誌に何度も「グローバル投資の重鎮」と呼ばれ、国境の向こう側でバーゲン株を見つけて買うことに何の抵抗も感じなかった。国内市場の外に目を向けてバーゲン銘柄を発掘するのには常識的な理由が二つある。ひとつはバーゲン株候補の幅が広がり厚みが増すということだ。バーゲンハンターの目標が市場価格と企業価値の計算結果の格差が最大の株式を買うことにあるとすれば、探索の範囲を世界全体に広げるのが当然と言っていい。何よりも選択の幅が急激に拡大する。たとえば米国に限れば三〇〇〇ほどの銘柄数が、世界全体では二万銘柄にまで広がる。だから柔軟な考え方に立って世界のさまざまな市場で投資対象を探し出すようにすれば、長期的な成功を収めるチャンスがずっと大きくなる。

銘柄選択の範囲が広がることに加え、国同士を比較するという作業によって一層有望なバーゲン株を見つけられるというのも常識と言えよう。投資家の課題は悲観論や恐怖、不安から生み出される投資機会をつかむことにあるが、たいていは国ごとに将来の見通しが異なっている。国によって見通しや投資家心理が異なることで資産価格にも国ごとの落差が生じる。もっと端的に言えば、国ごとの見通しの違いから株式のバーゲン価格にも差が生まれる。バーゲンハンターとしては、株価と企業の推定価値の間のずれはできるだけ大きいほうがいい。ずれが大きい国に目を向ければバーゲン株が豊富に見つかる可能性が高くなる。逆にずれが小さくてリスクがかなり高い国はあまり期待がもてないだろう。こうしたリスクの判断は重要な手順であり、本章の後半でまた取り上げることにする。

同様に重要なのは、住む国と関係なくできるだけ有望なバーゲン株を見つけるようにすれば分散化の効果も得られるということだ。歴史を振り返ると、投資を米国など一カ国だけに限定したり、もっと言えばひとつの資産クラスだけに絞ったりするのが賢明と言えない時期が数多く見つかる。利益をもたらす資産クラスと時期を同時に当てようとしても成果は望めない。このように考えると、分散化は**自分から**自分を守るのに良い手段と言っていい。好調な市場とその時期を**同時に**選ぶのにこれまでだれひとり成功していないというのが紛れもない真実だからだ。また投資の選択の際、ほかの者に先駆けて収益機会を見つけて投資できるという点でも分散化は総じて優れた方針と言える。以上はバーゲンハンティングとバリュー株の投資家に広く当てはまる特徴である。

大多数に先駆けてバーゲン株を見つけておけば、市場の態度や認識が改善するのを黙って眺めているだけで短期的な成果を上げられることも多い。だが時には待つ期間が数年も続く場合もある。たいていの場合バーゲンハンターは下落途中の株を買うことになる。だから忍耐がどうしても欠かせないし、成功したバリュー投資家は基本的特性として忍耐力を備えている。長期にわたる待機期間によく起きる出来事を考えてみると、投資対象の分散化が発揮する効果を理解できる。つまり、投資家心理がいったん変化しだすと動きが速い。その変化を確認したあとで投資しようとすると、皆のあとを付いて行かざるを得ない。ここが一番肝心な点だが、そうなるとその変化が生み出すリターンの全部と言わないまでも大部分を見逃してしまうことになる。ジョン叔父さんがいつも口にしていたように、投資家心理の変化は急激であり、その前に投資していないとリターンの大半を取り逃がす結果となる。最初のリターンをつかめるかどうかで市場の平均リターンを超えられるかどうかが決まる。大衆のあとを付いて行ったのでは

	2000	2001	2002	2003	2004	2005	2006
	LB債券 11.6%	LB債券 8.4%	LB債券 10.3%	ドイツ 63.8%	MSCI EM 25.9%	MSCI EM 34.5%	ドイツ 36.0%
	ラッセル2000 −3.0%	ラッセル2000 2.5%	MSCI EM −6.0%	MSCI EM 56.3%	香港 25.0%	香港 25.5%	MSCI EM 32.6%
	S&P500 −9.1%	MSCI EM −2.4%	日本 −10.3%	ラッセル2000 47.3%	MSCI EAFE 20.3%	MSCI EAFE 13.5%	英国 30.6%
	英国 −11.5%	S&P500 −11.9%	英国 −15.2%	MSCI EAFE 35.6%	英国 19.6%	英国 9.9%	香港 30.4%
	MSCI EAFE −14.2	英国 −14.1%	MSCI EAFE −15.9%	香港 38.1%	ラッセル2000 15.3%	ラッセル2000 8.4%	MSCI EAFE 26.3%
	香港 −14.7%	香港 −15. 6%	香港 −17.3%	日本 35.9%	ドイツ 16.2%	ドイツ 7.4%	ラッセル2000 18.4%
	ドイツ −15.6%	MSCI EAFE −21.4%	ラッセル2000 −20.5%	英国 32.1%	日本 15.9%	日本 4.9%	S&P500 15.8%
	日本 −28.2%	ドイツ −22.4%	S&P500 −22.1%	S&P500 25.7%	S&P500 10.9%	S&P500 4.6%	日本 6.2%
	MSCI EM −30.7%	日本 −29.4%	ドイツ −33.2%	LB債券 4.1%	LB債券 4.3%	LB債券 2.4%	LB債券 4.3%

図 3.1　投資リターンの順位推移表

1993	1994	1995	1996	1997	1998	1999
香港 116.7%	日本 21.4%	S&P500 37.6%	香港 33.1%	S&P500 33.4%	ドイツ 29.4%	MSCI EM 66.9%
MSCI EM 74.8%	MSCI EAFE 7.8%	ラッセル 2000 28.5%	英国 27.4%	ドイツ 24.6%	S&P500 28.6%	日本 61.5%
ドイツ 35.6%	ドイツ 4.7%	香港 22.6%	S&P500 23.0%	英国 22.6%	MSCI EAFE 20.0%	香港 59.5%
MSCI EAFE 32.6%	S&P500 1.3%	英国 21.3%	ラッセル 2000 16.5%	ラッセル 2000 22.4%	英国 17.8%	MSCI EAFE 30.0%
日本 25.5%	英国 −1.6%	LB 債券 18.5%	ドイツ 13.6%	LB 債券 9.7%	LB 債券 8.7%	ラッセル 2000 21.3%
英国 24.4%	ラッセル 2000 −1.8%	ドイツ 16.4%	MSCI EAFE 6.1%	MSCI EAFE 1.8%	日本 5.1%	S&P500 21.0%
ラッセル 2000 18.9%	LB 債券 −2.9%	MSCI EAFE 11.2%	MSCI EM 6.0%	MSCI EM −11.6%	ラッセル 2000 −2.6%	ドイツ 20.0%
S&P500 10.1%	MSCI EM −7.3%	日本 0.7%	LB 債券 3.6%	香港 −23.3%	香港 −2.9%	英国 12.5%
LB 債券 9.8%	香港 −28.9%	MSCI EM −5.2%	日本 −15.5%	日本 −23.7%	MSCI EM −25.4%	LB 債券 −0.8%

LB 債券＝リーマン・ブラザーズ米国債券総合指数
MSCI EM ＝モルガン・スタンレー・キャピタル・インターナショナル・新興国市場指数
MSCI EAFE ＝モルガン・スタンレー・キャピタル・インターナショナル・欧州・オーストラリア・極東指数
香港、ドイツ、日本、英国＝モルガン・スタンレー・キャピタル・インターナショナル国別指数
ラッセル 2000 ＝ラッセル 3000 指数のうち小型株 2000 銘柄で構成される指数
S&P500 ＝主要業種全体を代表する 500 銘柄で構成されるスタンダード・アンド・プアーズの時価総額加重指数

出所＝ブルームバーグ

大衆と同じ成果しか手にできない。そのうえ、長い間の研究によれば大勢の投資家の成績は芳しくなく、たいていは市場平均に及ばない。いずれにしても、複数の国に資産を分散化することで長い待ちの期間や完全な予測の外れによる痛みが和らげられる。さらに、ポートフォリオ資産の一部がほかの資産と比較して突出した成果を上げることも少なくない。ジョン叔父さんは分散化の利点について、「分散化しないでいいのは常時一〇〇％正しい投資家だけだ」と語っている。

分散化の利点についてまだ疑問を感じている人がいたら**図3.1**を見てほしい。この図は「投資リターンの順位推移表」と呼ばれているもので、これを載せたのは世界のさまざまな市場の成績が順番に変化する様子を示したかったからだ。

図3.1で分かるように、市場のなかの一頭の馬だけに馬車を引かせた場合、何年も連続してアンダーパフォームする恐れがある。逆に投資対象の資産をもう少し広げれば成績も上がりバランスも良くなる。世界のさまざまな市場間のこうした関係を理解するうえで機会コストという考え方が役に立つ。機会コストは経済学でも金融論でもよく知られた概念で、何らかの行動を選ぶたびにそれ以外の行動による利益を放棄していることを表す。この例に即して言えば、米国（S&P五〇〇によって達成できる成果と考える）だけに投資した場合の機会コストが非常に大きくなることがある。たとえば、二〇〇二年にあなたの投資したファンドがS&P五〇〇だけに投資していたとすればリターンはマイナス二二・一％で、あなたもS&P五〇〇並みの

図 3.2　テンプルトン・グロース・ファンドと S&P500 のリターン（1955 ～ 1992 年）

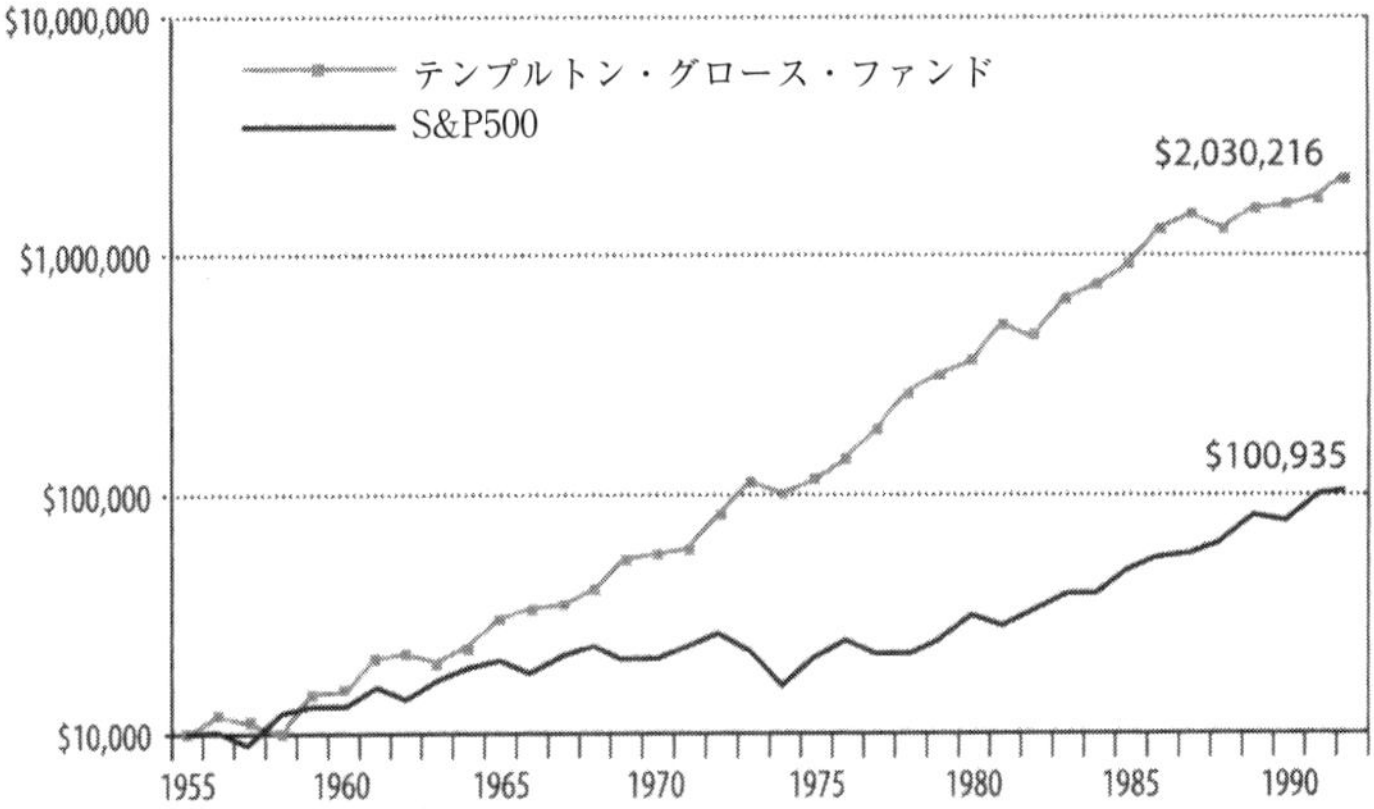

出所＝テンプルトン・グロース・ファンド Ltd、ブルームバーグ

結果に終わるだろう。だが図3.1の市場全体に等分に投資していたとすればリターンはマイナス一四・五％にとどまる。たいていの投資家は損失を減らせてもたいしてうれしくないと考えるかもしれない。しかし退職や子供の教育費の資金を作ろうとしている投資家にとって損失を回避することは長期的に非常に大きな意味をもつ。こんなふうに考えてみたらどうだろうか。つまり二〇〇二年にS&P五〇〇だけに投資していたら資金の一〇％の利益を上げる機会を失ったと考えるのだ。以上の例である程度はお分かりいただけたと思う。だが、投資アイデアが現実世界でどれほどの成果を上げるかを実際に検討したほうが間違いなくずっと分かりやすい。

一定戦略に基づくバーゲンハンティングと分散化を組み合わせた場合の利点をはっきり

示す現実世界の例を検討しよう。この例では、実際の資金の投資によってほぼ四〇年にわたって実在の投資家の資産を増やしてきた実在の資産運用者を取り上げる。図3.2に示したのは私たちが知っている最高の投資商品のひとつテンプルトン・グロース・ファンドの例だ。ジョン叔父さんは一九五四年から一九八七年までの間このファンドの運用に当たってきた。

図から分かるように、幸運な投資家が一九五四年の設立時に一万ドルをテンプルトン・グロース・ファンドに投資したとすれば、一九九二年にジョン叔父さんがそのファンドをフランクリン・リソーシズに売却したときにはそのお金が二〇〇〇万ドル以上に増えていた。このファンドは第二章で述べたバーゲンハンティングと本章で簡単に触れたグローバル投資の基本前提を基にして運営されていた。言い換えれば、図に示された一万ドルの投資の成長は世界中の市場で最高のバーゲン商品を発見して投資してきた結果なのだ。この例には分散化の実際の効果がはっきりと示されている。

もちろん投資家は安全な道を選んでその期間米国市場だけに投資する方法もあり得た。だがその場合には投資口座は一〇万九三五ドルにしかならない。機会コストの考え方を適用すれば、当初資金をテンプルトン・グロース・ファンドに投資することで稼げたはずの一九〇万ドルの追加利益を失ったと言える。ここから分かるように、投資先を米国に限定することは高くつく習慣であり、この例では七桁の金額に相当する。常識ある投資家ならば、生涯の投資で証券口座がさらに一九〇万ドル増えるのを拒否することはまずないだろう。だが一九五四年にジョン

図3.3　テンプルトン・グロース・ファンドとMSCI世界指数に投資した1万ドルの価値の推移（1970～1992年）

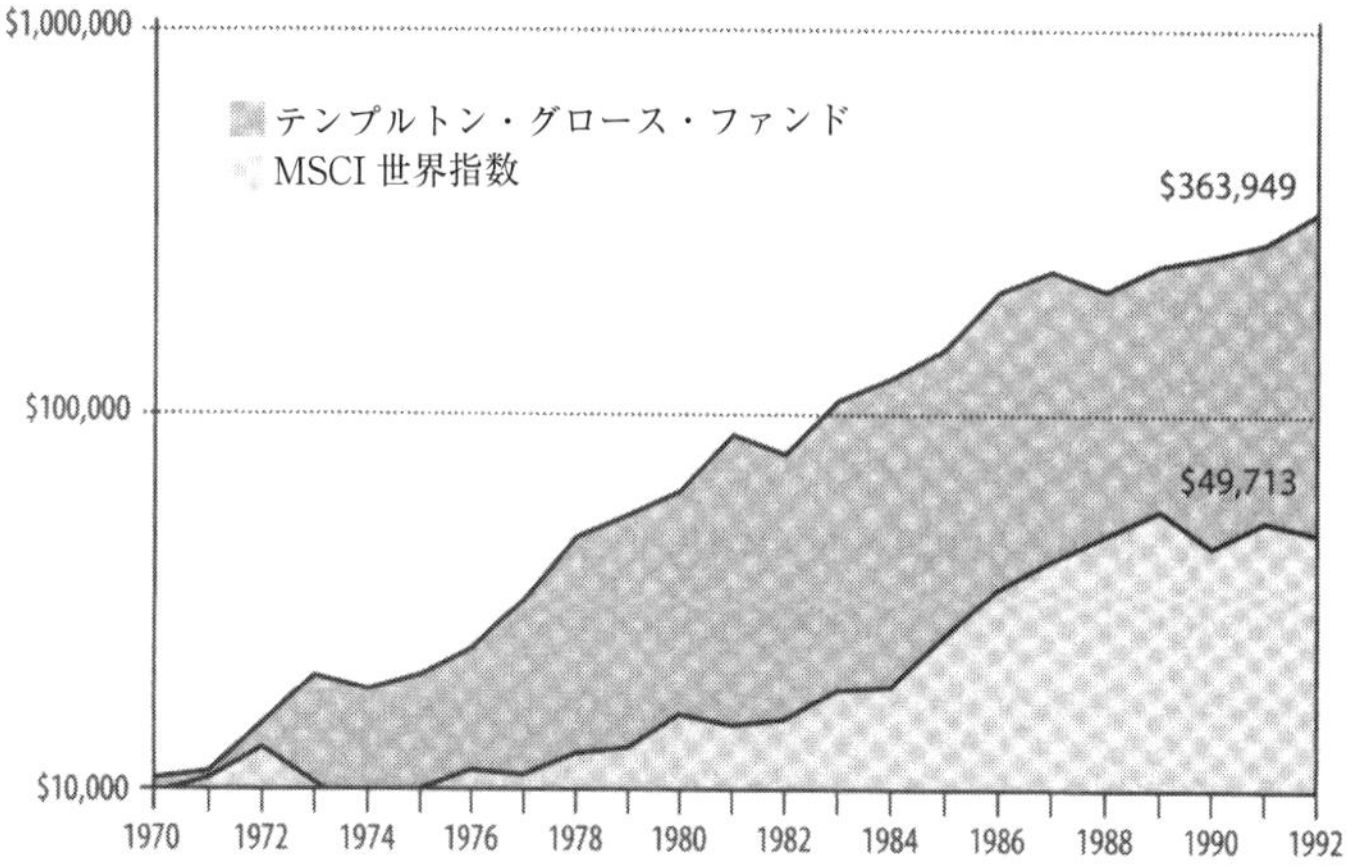

出所＝テンプルトン・グロース・ファンドLtd、ブルームバーグ

叔父さんとともにグローバル市場に投資しなかった人は、S&P五〇〇への投資一万ドルにつき一九〇万ドルを放棄したことになるのだ。

テンプルトン・グロース・ファンドに投資した一万ドルの成長力を見てグローバルな分散化が有利であることを納得してもらえるとしても、市場で最高のバーゲン商品だけを買うという戦略についてはどうだろうか。もしかすると投資家のなかには、分散化には賛成できても、不人気で、退屈で、バカにされ、平凡で、単に皆に知られていないだけの株式銘柄を買うのは嫌だと思う人がいるかもしれない。そこで、グローバル投資による分散化だけでなくバーゲンハンティングも加味することでどれほど報われるのか証拠をお見せしよう。

グローバル投資の優れたベンチマークで一九五四年までさかのぼれるものは存在しないが、広く知られたMSCI世界指数は一九六九年以降のデータを基にしている。図3.3には、MSCI世界指数など世界的な総合指数への投資に比べ、世界市場のバーゲンハンティングには明らかな優位性のあることが示されている。

MSCI世界指数などの総合指数に投資した一万ドルとテンプルトン・グロース・ファンドに投資した一万ドルの結果を比較してみるとその成果にはやはり大きな違いが現れる。一九六九年にテンプルトン・グロース・ファンドに一万ドル投資したとすれば一九九二年には三六万三九四九ドルに増加する（分配金や配当は再投資すると仮定）。一方、単純にMSCI世界指数に対応する株式に投資した場合には、資産は四万九七一三ドルとなる。ここで重要なのは、バーゲンハンティングの選別戦略を採らなかったり、そうした方法を用いる投資運用者に投資しなかったりした場合に何を放棄したことになるのかを考えてみることだ。ジョン叔父さんのファンドに関して言えば、自分の資産から三一万四二三六ドル没収されることを自発的に願い出たのに等しい。もちろん、この答えは、叔父さんのように銘柄を選んでアルファと呼ばれる指数以上のリターンを生み出せることが前提となっている。以上のことを踏まえて、世界に目を向けたバーゲンハンターとして投資することの是非を考える場合、問題は世界市場でバーゲン商品を探すべきかどうかではない。真の問題はそうしないで済ませられるかどうかなのだ。あなたが常識どおりそれにノーと答えたとすれば、グローバルなバーゲンハンターの視点を身につける資格が十分あると言える。

図3.3をざっと見ただけでは見過ごされやすいのは、一九七〇年代にテンプルトン・グロース・ファンドが好成績を収めている点だ。一九七〇年代はほとんどあらゆる点で投資に逆風が吹いた時代で、危険な要因がたくさん重なり合っていた。ニフティフィフティと呼ばれる優良株が乱高下して投資家をひどく迷わせ大きな損失を負わせた。そのうえ、インフレの加速、エネルギー危機、経済成長の鈍化が投資家を苦しめた。その一〇年はバーゲンハンティングと分散化のコンビがもつ優位性を実際に裏付ける強固な根拠となっている。不安定な経済環境が続き、明瞭な上昇トレンドが欠けるなかで、一九七〇年代の株価指数はスタート時と同じ水準で一〇年を終えた。一九七〇年代の初頭にダウ平均の銘柄に投資したとすれば、一〇年が過ぎた時点で見るべき成果は何も得られなかったはずだ。インフレ率を考慮するなら、購買力が大きく損なわれたその時期に資産が目減りしたことになる。

図3.4はその期間の米国株式市場の動きを示している。ここで、利益を上げるために株式市場が上昇する必要があるかという重要な問題が提起される。答えは簡単で、その必要はまったくない。バーゲンハンターとしての戦略――自分が推測した企業価値に比べ最も割安な銘柄のみを買うという戦略――を正しく実行するなら、実質的に、手の届く最良の収益機会だけに投資することになる。この方法を用いているかぎり市場のパフォーマンスを追いかける必要はない。ただし、本来の価値に比べ最も割安な銘柄がたまたまダウ工業株平均やS&P五〇〇やナスダ

図 3.4　ダウ平均（1969 ～ 1979 年）

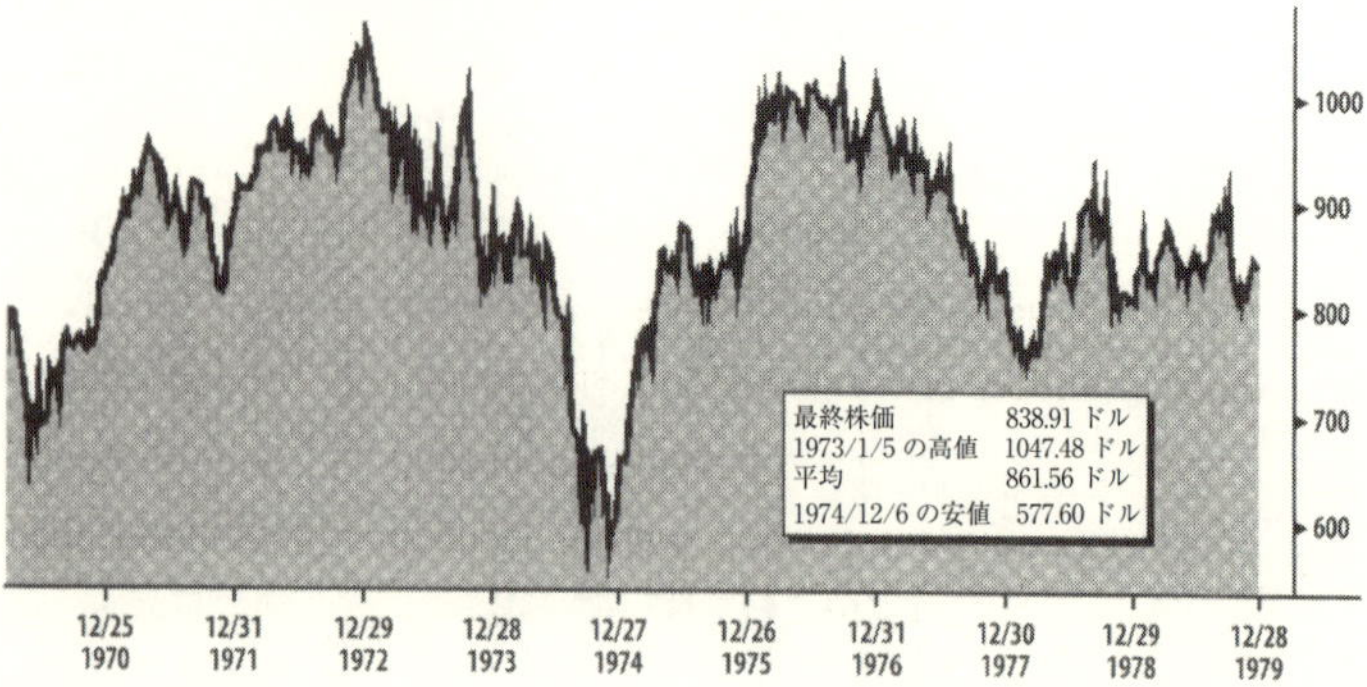

出所＝ブルームバーグ

ック指数など一般的な総合指数の採用銘柄と一致した場合なら話は別だ。このことは実際にたとえば一九八〇年代初めに起きた。当時、米国の「有名株」のPER（株価収益率）が大きく下がって長期平均の半分以下になったのだ。ジョン叔父さんはその種の銘柄をたっぷり買い付けた。だが、バーゲンハンティングでは大半の人が知らない銘柄や手を出そうとしない銘柄を選ぶことのほうが多い。そのとき肝要で応用範囲の広い考え方は、ひとつひとつの銘柄に当たりながら市場で最も魅力的なバーゲン株のポートフォリオを作り上げていくということだ。

　自分が推定した価値のおよそ半分以下で取引されている銘柄のなかから買い付けを終わった段階で初めてその全体を眺め、結果的に大部分が日本など特定の国の銘柄になったかどうかを考えるとよい。「日本株が割安」という結論はこの時点で下すようにするわけだ。一定の国に対するマクロ経済的予測はこのようなプロセスを通じて実行する。ジョン叔父さんはその生涯を通して投資対象として有望な国を選ぶ才能で有名だった。だが一国に対する見解が常に企業レベルで銘柄を徹底的に検討するプロセスを通じて形成されていたことはほとんど理解されていない。このプロセスは「ボトムアップ」分析としてよく知られている。つまり投資対象を探すときに市場のボトム（底）レベルを出発点とするわけだ。この点に関して恐らくジョン叔父さんは誤解を受けていた。叔父さんはあの国よりもこの国のほうが有望だという勧方をよくしたため、二つの国をマクロ経済レベルで比較してその結論を出したと多くの人が考えていた。しかし実は、最初に割安な銘柄を探したあと、たまたまそれが一定の国に集中する結果となり、それに従ってその国が良い投資対象だと結論づけるのが普通だった。要するに国レベルでの見解はＧＤＰ（国内総生産）や雇用見通しなどから出発するトップダウンのプロセスではなくボトムアップ分析の積み重ねの結果だった。バーゲンハンターは一定国に対する見方は個々の企業の評価から始まるのであって、その逆ではないことを理解しなければならない。

「株式市場」をとらえる方法として適切なのは平均株価で代表させるのではなく、個別株の集合とみなすことだ。個々の銘柄を基礎として市場をとらえるようにすれば、一定時点の株式市場に個別的な強気相場や弱気相場が数多く含まれていることに気づく。実際、各銘柄はそれ自体がひとつの株式市場と言っていい。各銘柄には大勢の買い手と売り手がいるからだ。こうした視点に立てば、平均株価が弱気相場を示唆するときでも好調な銘柄をたくさん発見でき、逆に平均株価が強気相場でも低調な銘柄をたくさん見つけることができる。

この種の分析に従うと、時には自分の成績がダウ平均やS&P五〇〇やMSCI世界指数などの総合株価指数からかけ離れることがある。これは素敵なことのように思えるかもしれない。実際、平均株価が下げたときに自分の選んだバーゲン銘柄が値上がりしていれば本当に素晴らしいと感じられる。だが反面、持ち株の成績が市場平均に及ばないときはストレスを感じることもある。これは心理的な消化不良であり、熟練者を含めほとんどの投資家がそれを平然とは我慢できない。だが長期投資で成功するためにはどうしてもそれを乗り越える必要がある。過去を見ても、全体としては自分の投資成績が市場平均よりも優れていても時期によっては市場を下回ることがあるという例は枚挙にいとまがない。時にはその差が大きく開くことさえある。そんなときバーゲンハンターとしての強みは、前もって研究を重ねた結果、時は自分の味方だと確信できることにある。最終的には自分の予測が市場によって裏付けられるとしても、数年ほど市場をアンダーパフォームする場合のあることは**覚悟**しておかねばならない。

最初からこうした基本的な現実を受け入れていれば、短期的に思いどおりにならない時期があってもあわてて撤退しないだけの忍耐力をもてる。損の出ている投資対象から「もっと良い」投資対象――たいていは値上がりしつつある銘柄――に乗り換えたいというあせりに負けそうになることもあるだろう。だが最初の分析とリサーチが健全であるかぎり、そのあせりを乗り

図 3.5　テンプルトン・グロース・ファンドとダウ平均の年間リターン（1970 ～ 1979 年）

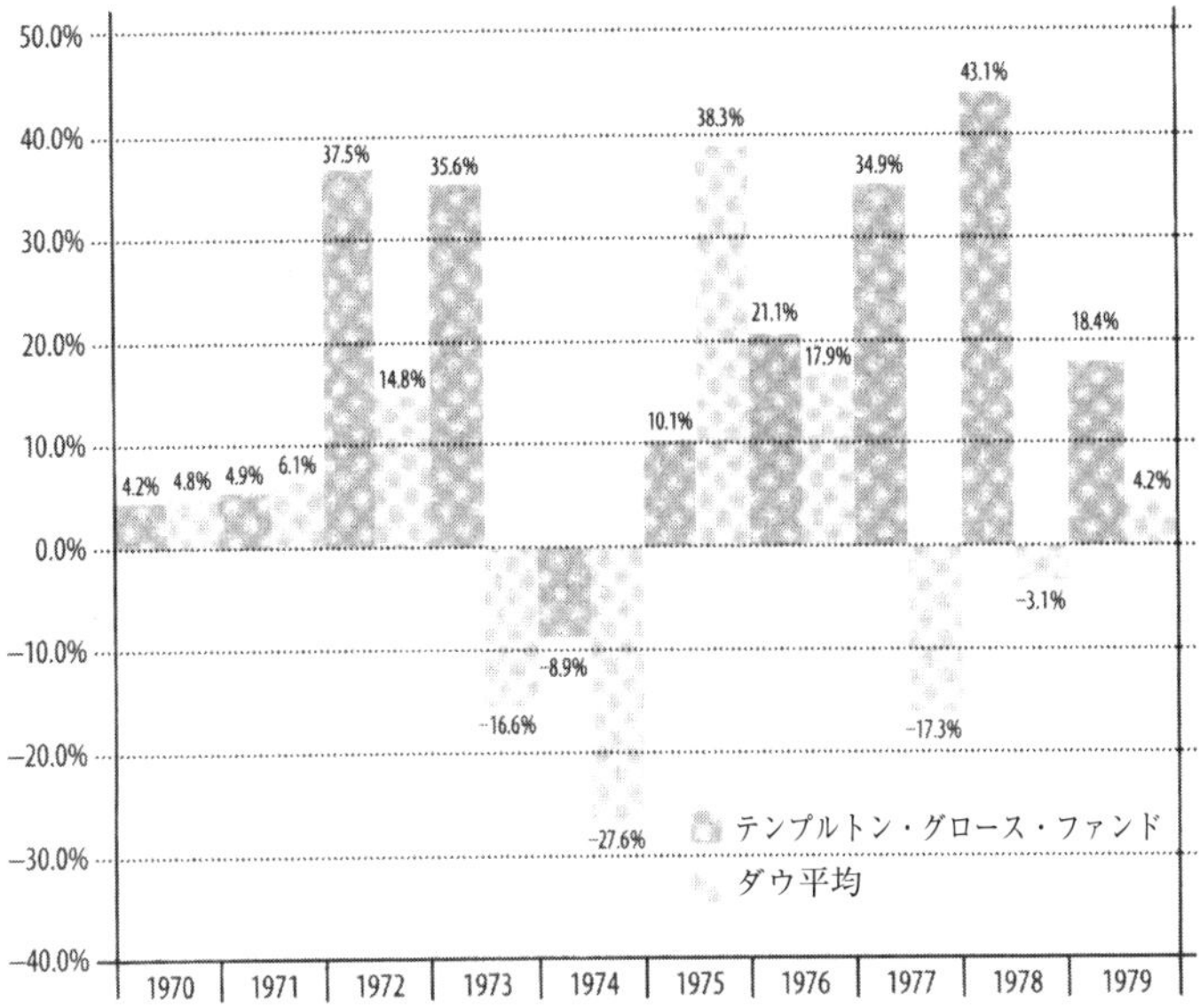

出所＝テンプルトン・グロース・ファンド Ltd、ブルームバーグ

越えることが肝心だ。十年以上投資信託を運営している素晴らしい投資家であっても実績を調べてみると、長期的には市場を上回る成績を残しながら、時にはアンダーパフォームの時期があることに気づくだろう。

短期的なアンダーパフォーマンスに動揺しない効果を示す好例が、テンプルトン・グロース・ファンドとダウ工業株平均の年間リターンをグラフ化した**図 3.5** に示されている。ファンドの成績は一九七〇年、一九七一年、一九七五年にダウ平均を下回ったが、それに動揺して撤退した投資家は大きな誤りを犯したことになる。というのも、ファンドがこの10年に上げた成績は複利ベースで二二％となり四・六％のダウ平均を上回っているからだ。だが株式のバーゲンハンターか投資信託のバーゲンハンターかを問わず、あらゆる背景の投資家が短期的なアンダーパフォーマンスを理由に最悪の時期に投資対象を乗り換えてしまう。投資に伴うこうした心理的落とし穴をよく理解していたジョン叔父さんは次のようなアドバイスをしている。「自分の投資方法について反省すべきときは最大の誤りを犯したときではなく、最大の成功を収めた時だ」

ここまで実際の例を基にして、世界に目を向けてバーゲンハンティングを行うべき理由を説明してきた。だが今の時代にあってもグローバル市場を無視して相変わらず米国にしか投資しない投資家がいる。その考え方は、一九三〇年代のジョン叔父さんのエール大学時代に学生たちの間で広がっていた考え方にほとんど劣らないバカげたものと言っていい。当時は米国だけが特に重要な国であり、したがって投資に最適の国だというのが一般的な認識だった。一方現在では海外投資は全般に情報が不足しているという嘆きがよく聞かれる。問題を複雑にしているのは否定論者のこの主張にも一理あることだ。特に新興国市場への投資を計画する場合などに外国企業の情報が手に入れにくいのはおおむね事実と言える。しかし、こうした現実に対する態度次第でグローバルなバーゲンハンターとしてのあなたの運命が決まる。あなたはコップの水が半分しかないと考えて、情報不足に恐れをなして身を引いてしまうだろうか。それともコップの水が半分もあるととらえ、**情報不足を生かして**人に先駆けて投資するチャンスとみなすだろうか。ジョン叔父さんはどんなときも楽観的であり、いつもはつらつとして予習復習に取り組んだ。バーゲンハンターならば、情報不足の銘柄に出合ったらミスプライシングを見つける良いチャンスととらえるのでなくてはならない。

そうした情報のギャップとジョン叔父さんが実際に行った対処法の好例として一九八〇年代半ばにおけるメキシコの電話会社テレメックス株の買い付けがある。当時叔父さんはテレメックスの業績発表は信用できないと考えていた。そこで叔父さんはメキシコ全体の電話数を数え上げ、その数に使用者が支払う電話料金を掛けた。この作業と調査には膨大な労力を要したが、その結果として、推定される企業価値に比べ株価が非常に割安であるとの判断に至った。この例はやや極端と受け取られるかもしれないが、それでもバーゲンハンターが真実の調査のためにどれほどの労力をかける必要があるのかをはっきり示している。

第二章では市場の認識が企業の価値を支配する経済的現実から大きくかけ離れてしまう場合のあることを述べたが、この章の話もそれと奇妙なほど似ていると感じられるかもしれない。株式や株式と企業間の関係についての誤解はいろいろな形をとって現れる。グローバル市場、特に新興国市場の場合には情報不足がそうした誤解の大きな原因となる。先の電話会社の例では情報不足のせいで投資家はその銘柄に手を出そうとしなかった。単に投資家がその会社についてよく知らないという理由だけで株価が低水準に放置されていた。このような状況からすれば、実態を調査して真実をつかもうとするのはまさに常識と言えることだった。ジョン叔父さんは正しい情報を探り出そうとしない投資家の態度から生み出された収益機会を巧みに活用したのだった。

人よりもほんの少し余分に努力する気になれば正しい答えが得られる場合が少なくない。ジョン叔父さんは投資だろうがほかの仕事だろうが、そうした徹底した労働倫理こそが成功を支える基本哲学だと常に考えていた。人よりも努力することで大きな報いが得られるというこの考え方を、彼は「人一倍の努力の原理」と呼んでいた。この考え方はかつてヘンリー・フォードが語ったという有名な忠告「天才は一％の霊感と九九％の努力の結果である」を思わせる。叔父さんは生涯を通して、並みの成功で終わった人も**最大の**成功を手にした人に**ほとんど**劣らない努力をしたと確信していた。言い換えれば頂点に立った人とそれ以外を分けるのは、人よりも一時間多くの読書、訓練、練習、勉強をしようとする意思の力だった。職業やスポーツや勉強で生まれつきの才能に恵まれながら、手を伸ばせば届くはずの成功を手に入れられなかった人をだれもが目にしているはずだ。このことからすれば、最も賢い学生や最も才能あるスポーツ選手となるためには余計な努力を欠かすことができない。以上のことは投資に限らずどんな日常活動にもどんな職業にも当てはまる。最高のバーゲンハンターは、ひとつでも余計に年次報告書を読むこと、一社でも余計に競合企業でインタビューすること、ひとつでも余計に新聞記事を読むことが過去最高の投資の成否を分けることを心得ている。

ここ三〇年ほどのうちにグローバル投資の成長とともに証券アナリストが増加し、公表されるリサーチの数も増大してきた。このようにグローバルな投資家と彼らにサービス提供するさまざまな証券会社が増加したことによって市場には以前ほど著しい非効率性が見られなくなってきた。それでも私たちの見るところでは、市場には依然リサーチの対象となっていない銘柄やアナリストの対象となることがわずかしかない銘柄に満ちあふれている。投資のために独自のボトムアップ分析を行おうとするバーゲンハンターはそうした銘柄を主要な狩り場ととらえる必要がある。ほとんどリサーチで取り上げられることのない海外市場の株式は関連する事業の現況やその事業に対する市場の認識の点で著しい非効率性を備えている。非効率性に伴うミスマッチを探求し発見することは、グローバルなバーゲンハンティングで成功する折り紙つきのテクニックとなっている。

これまでバーゲン株を世界に求めることや情報不足によって市場に生み出される非効率性を巧みに生かすことなどを述べてきたが、バーゲンハンターがどんな指針に基づいて買い付けを決定するかについては触れてこなかった。ジョン叔父さんが一番よく用いた指針はＰＥＲ（株価収益率）だった。あまりに単純すぎると感じる読者もいるかもしれないが、実際のところＰＥＲ（一株当たり利益を株価で割った比率）は優れた指標であり評価の**出発点**となるものだ。叔父さんは低ＰＥＲに導かれて一九六〇年代には日本へ、一九八〇年代には米国へ、一九九〇年代後半には韓国へと向かった。これら三つの「各国歴訪」はどれも並外れて素晴らしい投資となった。言うまでもなく、手当たり次第に低ＰＥＲ銘柄を買いまくることを勧めているわけではない。基本的前提のひとつとして将来の収益に対して払う代金は少ないほど望ましいということを言っているのだ。

成功の確率を高めるためには企業の全般的な**長期的**収益見通しや**長期的**収益力を基準としたPERが非常に低い銘柄を探すのがよい。この戦略を実行できる公算が最も大きいのは大幅に売り込まれ、人気がなく、あまり知られておらず、市場に誤解されている銘柄だ。銘柄の価値基準についてひとつのヒントを示せば、ジョン叔父さんは五年後の予想収益を現在の株価で割った値が五以下の銘柄を探すことが多かった。つまり叔父さんの計算でPERが五倍以下の銘柄に注目した。また時には来期の予想収益の一倍ないし二倍しか払えないと明言することもあった。当然そんな価格は価値が危機に瀕した極端な状況でしか現れない。だが、そうした**極端なミスプライシング**（価値と価格のずれ）こそバーゲンハンターが求めているものなのだ。

ここで、企業が五年先に上げる収益をどうすれば確実につかめるのかという疑問が出るかもしれない。もちろんそんなことのできる人はほとんどいないだろう。大半のアナリストは、企業や業界に将来大きな変化が見込まれないかぎり、企業が上げた過去の平均実績への回帰を予想することでこの問題を解決しようとする。たとえば過去一〇年の長期的平均純利益率が五％の企業が昨年七％の利益を上げたとする。この場合でも、賢明なバーゲンハンターならば向こう五年の利益率として五％を用いるはずだ。もちろんその企業が永続的に収益力を変える変貌を遂げたような場合には、今後の基準として七％を予想するのが妥当なこともある。だが将来は本来不確実なものである以上、用心のために利益率を五％と予想する保守的なバーゲンハンターがいてもおかしくない。

予想に際して保守的な前提を適用するというこの方法によって「安全域」が生み出される。安全域の考え方はベンジャミン・グレアムが創案したもので、バーゲンハンティングには不可欠な必需品と言っていい。この基本的考え方を適用するひとつの方法は、予測の際に理想からほど遠い状況も視野に入れた前提を用いることだ。つまり通常、約五年続く「サイクル」全体の結果を予測する。このサイクルのなかでバーゲンハンターは順調な時期だけでなく、さほど順調でない時期も想定する。長期的なバーゲンハンターは両方のシナリオを考慮しなければならないことをわきまえている。そうした理想や平均を下回る水準と比べてもなお株価が安い場合に、安全域のある銘柄と出合ったことになる。

五年という中長期的予想を用いることは容易な作業ではないが、それによって、企業の中心的な問題へと自分の思考や疑問や検討を集中させるという効果的な視点が必然的に身につく。たとえばその企業にどのような競争優位性があるのかを考えるようになる。企業が長期にわたり収益力を維持するには競争優位性が不可欠なのだ。また、その企業の生産コストが他企業よりも低いかどうかを問うようになる。また、優れたブランドをもち、したがって品質に定評があるために販売価格を高く設定できるかを問題にするようになる。こうした問いの答えがすべてイエスなら、その企業が将来にわたって利益率を維持できるという予想に対する確信が一層深まる。将来の収益に関する判断の根拠が一層確かなものとなる。端的に言えば、将来の予想を試みるときは企業とその見通しをできるだけダイナミックに把握する必要がある。そのためには企業の長期的見通しを考えなければならない。長期的見通しは四半期単位ではなく年単位で評価される。相当先の収益を算出する試みのなかで生み出される問いと答えのすべてが、市場のほかの買い手や売り手に優る、企業のとらえ方を可能にするのだ。

本章ではこれまでグローバルなバーゲンハンティングの利点を示す論拠を述べてきた。だが明敏な投資家はバーゲンハンティングにはリスクが伴うことを心得ている。多くの「グローバル投資家」がそうしたリスクの存在を意識し、場合によってそのリスクをとる決断が下せないために、たいていは比較的「安全な」大型株のひとつを通じて集中的に外国市場に投資し続けてきた。グローバル投資に伴うリスクの理解と評価はどうしても欠かせない課題と言っていい。大部分の投資家が取り組まざるを得ないそうした重要問題のひとつは、株の買い付けに伴う現地通貨のリスクを受け入れなければならないということだ。

為替に関するジョン叔父さんの助言は、為替のトレンドは何年も続く傾向があるという考え方を基礎としていた。また通貨の優劣に関する見方は「優良」とみなされる通貨よりも「低リスク」の通貨を重視するものだった。さらに言えば、どんな通貨にもリスクがあるが、ジョン叔父さんが常に避けようとしたリスクは政府の超過支出に起因するリスクだった。これまでの章で述べたように、叔父さんの基本的な人生哲学のひとつは倹約と貯蓄の実行だった。この信念がさまざまな形で階段を登って国のレベルにまで達したのだ。つまり、借り入れが少なく貯蓄率の高い国の通貨が一番リスクが少ないと考えるわけだ。この基準を満たす国のリストは次第に短くなりつつあるが、それでもまだたくさん残っている。民主主義の浸透でますます自由度を増す世界への投資に伴うパラドックスは、基本的に、長期的なインフレ加速に直面せざるを得ないということだ。もちろん、だからといって叔父さんが民主主義や自由企業を嫌ったわけではない。それを支持したし、そのために自分のお金も使った。しかし民主主義の浸透に伴うトレンドのひとつは、やたらに多額のお金を消費し、貯蓄に目を向けようとしない政治家を選びたがる有権者の性向によって引き起こされるインフレだ。ジョン叔父さんの考えでは、有権者は常に支出拡大を望み、自分たちが欲しいものを与えない政治家を再選させない。どんな民主主義国にもこのことは当てはまり、とりわけ米国は支出の代表選手となっている。問題なのは、大規模な支出は過剰な借り入れにつながることがあり、最終的には借入国の通貨が下落して破綻寸前にまで至る可能性があるということだ。バーゲンハンターは、アジア危機の渦中にあった一部の国（一九九七～一九九八年）やアルゼンチン（二〇〇一年）の債務支払停止のように、それが極端な状態に達した事例について研究しておく必要がある。

今や政府の超過借り入れが避けるべきものだという考え方を理解していただいたと思う。次の段階としてはこの考え方を基にしてバーゲンハンティングに適用できるもっと具体的な指針を作り上げる必要がある。ジョン叔父さんは為替を扱う投資家がより低リスクの国を発見するための基本的な方法を何年も前に教えてくれている。為替リスクの高い国を避けたいと思ったら、まず第一に、輸入よりも輸出が多い国で事業の二五％以上を行う企業に焦点を絞るのがよい。それは、輸出国は外貨準備つまり貯蓄を増やしており、また他国が商品を買うことで輸出国の通貨に上方圧力がかかることがある（その結果通貨が安定し、場合によってはその価値が上昇することさえある）からだ。第二の判断材料として、その国の政府債務は年間ＧＮＰ（国民総生産）の二五％を超えていてはならない。この尺度はバーゲンハンターにとって、保守的に管理される政府のバランスシートとして望ましい基準を示したものだ。債務超過の国は債権者や投資家が返済不能や価値の低下した通貨による返済を懸念したときに問題にぶつかる。債権者や投資家がそのような懸念を抱くと、保有する債務超過国の債権や投資商品を手放そうとするために、その国の通貨が売られて価値が一層下落するのだ。

バーゲンハンターが考慮すべき別の一連のリスクは投資候補国の政治状況と関連している。先に述べたように、ジョン叔父さんは自由企業や利益追求の個人的自由の絶大な擁護者だった。自由企業を信奉する考え方は青年時代にアダム・スミスの『国富論』を読んだことで形成されたものだった。叔父さんはこの書物を人類史上で特に重要な本と考えており、彼の性向に対する影響は非常に強力だった。

ジョン叔父さんは**規制が少なく**個人が目標を追求する自由が大きい環境で投資することを常に望んだ。投資の意思決定に関する叔父さんの信念は、市場は手を加えられなくてもたいていは自己規制できるというものだった。にもかかわらず現実世界の政府は企業に関与し、介入し、干渉し、役割を拡大しようとする強い傾向をもっている。だからジョン叔父さんは政府や政策に対する姿勢として資本主義と自由市場に向かって進む政府を求めた。逆に制度や政策として社会主義を目指す国は回避した。

現在の現実世界でこうした見方を分かりやすく示す良い例は中国だ。中国は公式には「共産主義」国であるが、実務上はおよそ過去28年にわたり政府と市場が次第に開放され、大きな流れとしては一層自由な市場と資本主義に向かっている。これと対照的なのはベネズエラで、この国は大統領が権限をふるって資産を国有化し、所有権を民間から政府に移転している「民主主義」国である。流れとして政府は急速に社会主義へと向かっている。投資家にとって社会主義的な流れは、特に株式を保有する企業の資産が政府によって奪取され押収されるような場合に打撃となる恐れがある。資産が国有化されるとたいていは海外や大衆の資本投資が減少し、やがて稼働率や成績が低下する。バーゲンハンターとしてはそのような事態は何としても避けなければならない。

ジョン叔父さんは、最終的には個人の創意に任せ、ひとりひとりが経済的目標の自由な追求を認められるべきだと確信していた。市場を放置するというこの着想はアダム・スミスによって自由放任主義（レッセフェール）あるいは不干渉主義として世に広められた。その基本的考え方は、資本家は資源を最良の収益機会に配分して最悪の機会を避けるので、「見えざる手」

に導かれて全体的として望ましい結果に達するというものだ。見えざる手と対照をなすのは政府が行使する強制的な手とでも名付けられるものである。中央計画が中心をなす国や社会主義国では政府の手が市場を導いている。

強制的な手による非常に有害な経済的措置は、所有権を個人から奪って政府支配の公共機関に委ねることだ。この措置は自由企業のシステムと著しい対照をなす。そのうえ、産業の国有化によって競争がなくなると無気力と自己満足の精神がまん延し、その結果成績が落ち込む。経営者は所有権を奪われると資産や資産の活用に自分の利害が絡んでいる感覚をすぐに失ってしまう。そして、運営の失敗が破産を招くという従来のリスクがほとんどなくなったという感じ方が浸透すると、自由な冒険心に基づく競争のなかでたえず向上していないと市場から放り出される状況と比較して、何年あるいは何十年も企業が立ち遅れることになりかねない。したがって資産の国有化は投資の失敗につながるだけでなく、ジョン叔父さんが抱く根本的な哲学的信念にも反する。叔父さんの信念によれば自由企業とそこから生まれる競争こそが進歩をもたらす。進歩は企業にとって非常に大切で不可欠なものだ。進歩はまた、技術や科学あるいはほかの学問などあらゆる分野にとっても非常に大切で不可欠なものと言える。

これまでバーゲン株を見つけだす戦略のほか、さまざまな国からバーゲン株を選び出す際に避けるべき一般的なリスクの一部についてケースバイケースで説明してきた。この二つの戦略的要素の考察を終えた次の段階としてはそれらをひとつの見方に統合することが必要となる。

ジョン・M・テンプル
ンの父親であるハー
イ・マクスウェル・テ
プルトン・シニア（187
～1960年）

ハーベイ・マクス
ウェル・テンプルト
ン・シニア

ジョン・M・テンプルトンと
兄のハーベイ・マクスウェル・
テンプルトン・ジュニア

ジョン・M・テンプルトンと母親のベラ・ハンドリー・テンプルトン

ジョン・M・テンプルトンの母親である
ベラ・ハンドリー・テンプルトン（1907 年、
テネシー州ウィンチェスターにて）

ジョン・M・テンプルトンと兄のハーベイ・
M・テンプルトン・ジュニア（1916 年ごろ、
テネシー州ウィンチェスターにて）

ジョン・マークス・テンプルトン・シニアとジュディス・D・フォーク（1934年ニューヨーク市にて。２人は 1937 年 4 月 17 日に結婚した）

ジョン・M・テンプルトンと３人の子供。（左から順に）ジョン・M・テンプルトン・ジュニア、クリストファー・テンプルトン、ジョン・M・テンプルトン・シニア、娘のアン・テンプルトン（1956 年クリスマス）

セントラル高校時代のジョン・M・テンプルトン（前列左から３番目。テネシー州ウィンチェスターにて）

1934 年にローズ奨学生として留学するため英国に向かう船上のジョン・マークス・テンプルトン・シニア

ジョン・M・テンプルトン卿を迎える女王エリザベス2世

1996年7月27日、北極点に立つジョン・M・テンプルトン卿。数日前のウォール・ストリート・ジャーナル紙を手にして金融の動きに遅れないようにしている

1958年ローマにて。（左から順に）クリストファー・テンプルトン、マルコム・バトラー、アイリーン・テンプルトン、アン・テンプルトン、ウェンディ・バトラー、ジョン・M・テンプルトン・シニア、ハーベイ・M・テンプルトン３世、ジム・テンプルトン、ジョン・M・テンプルトン・ジュニア、ハンドリー・C・テンプルトン

ジョン・M・テンプルトン・シニアとルイス・ルーカイザー

ジョン・M・テンプルトン財団の年次総会（2005 年バハマ諸島ナッソーにて）

つまり、ボトムアップ分析によってバーゲン株の候補を発見したならば、その内容を分析して、投資に伴うカントリーリスクに耐えられるかどうかをトップダウン方式で検討しなければならない。場合によっては企業の株価が自分の推定した本質的価値の五〇％に達していないことが分かるかもしれない。そしてさらに調査してみると、その企業の事業分野を監督する官庁が製品の価格を統制しているために企業が値上げできないという事情が判明するかもしれない。この場合、投資家は恐らくその銘柄の買い付けをやめてリスクがもっと制御しやすいバーゲン株を探したいと考えるだろう。

ここでの基本的な考え方は、バーゲン株候補を探し当てたときはそのミスプライスの原因を発見するために正直に努力するということだ。ミスプライスの原因が短期的、一時的問題にあったとすれば株価に反映されている割安性を引き受けるだけの価値がある。言うまでもなく、企業が事業展開する国とはまったく関係のない原因で株価と長期的価値との間にずれがあることも非常によく見受けられる。とはいえ、目標としては個別的な状況を単独で分析することが肝心である。そうした分析によって、その国のマクロ経済的環境に関する懸念などの一般的な要因のせいで一定の銘柄グループの価格が過小評価されていることを示唆するパターンが明らかになることもある。たとえばある国の大きな銘柄グループが景気減速やあるいは本物の不況の懸念など、過去に投資家が不安を感じた要因によって値下がりしたが、今後についてはそれが当てはまらないことが見いだせるかもしれない。株価が割安になった理由が一時的なものである場合、バーゲンハンターは常にその銘柄を買いに行くべきだろう。

第4章 日出ずる国に最初に注目

「日本に行って人々の生き方を目にするとうれしくなる。五〇～六〇年前にはアメリカのビジネスマンも称賛されていた。人々は必死に働き良い製品を作ることに誇りをもっていた。土曜日にも出勤した。そして勤める会社に誇りを感じていた。日本ではこれらのことがすべて今も続いている。だから日本の産業は米国の倍の速さで成長するはずだ」――ジョン・テンプルトン卿（一九八一年九月）

ジョン叔父さんは、ウォールストリート・トランスクリプト誌で日本についてこのように発言した時点では、日本株に集中投資していた資金をあらかた引き揚げていた。日本株の人気が高まり株価が上昇していたからだった。だがこの引用は、叔父さんが個別企業の分析やその公正価値の評価と、自分が重要視するほかの考慮事項とをどのように結び付けていたかをはっきりと物語る好例となっている。一九五〇年代と六〇年代には日本企業が高成長を続けるなかで、株式のPERは著しい低水準にあった。主にそれを踏まえて叔父さんが日本に集中投資したことに疑いの余地はない。だが腰を据えて株式を保有し、じっくりと株価上昇を待とうとする叔父さんの姿勢の背後には、倹約、焦点を絞った決断力、勤勉など、叔父さんが高く評価するのと同じ特質をじかに目撃したことが明らかな支えとしてあった。日本人はそうした理想を具現しており、その雇い主である企業もそうした特性の経済上の体現者といってよかった。

一九八〇年代の時点では、ほとんどのアメリカ人が日本を世界の経済大国と認識するようになっていた。しかし第二次世界大戦が終わってまもない五〇年代と六〇年代はそれとはほど遠い状況だった。このような認識の落差があったことを考えると、ジョン叔父さんが戦争直後の五〇年代に日本を確かな投資対象ととらえていたことは大きな注目に値する。一九八〇年代の三〇年前に叔父さんが投資を開始したとき、日本は脅威や称賛の対象となることがほとんどなかった。たいていは低賃金のもとで劣悪かつ安価な製品を生産する国として片づけられていた。米国の投資家の目には産業が停滞した国としか映らなかった。ときどき繊維貿易でダンピングの苦情が持ち上がるくらいで、米国にとっては、共産主義に向かいつつある地域における自由主義国としての役割以外に特筆すべきことのない国だった。

アメリカでは日本に対し経済的未発達国との見方が一般的だったにもかかわらず、その行動を入念に観察していた注意深い人たちは、日本が「安かろう悪かろう」の国ではなく、強力な工業国としての復興を目指す大きな野心を抱いていることに気づいていた。実際日本は製造方法の研究と改善のために積極的な施策をとると同時に、米国の販売慣行や米国消費者の好みについての知識を蓄えつつあった。日本が米国の数都市に海外通商事務所を開設していた一九五〇年に、ある日本の政府高官がニューヨーク・タイムズ紙に次のような記事を寄せた。「通商事務所のほかの目的は、日本のビジネスマンの取引方針に関する米国のバイヤーの苦情をなくすとともに、日本製品が安物だとする米国人の認識を改めることにある」

それから六年後の一九五六年には日本の努力や倹約や注力が効果を現し始め、日本は粗悪品の生産国から複雑度の高い工業製品の生産国へとバリューチェーンの階段を着実に上りつつあった。一九五六年にはそうした情報が次のようなニューヨーク・タイムズ紙の記事によって米国に伝えられたが、もちろん反響を呼ぶことはなかった。「かつての日本は安価で劣悪な消費財や低価格の繊維が中心だったが、今では機械や高品質製品を輸出している……。つまり日本は重機や機械類に重点を移しており、その分野では米国、英国、欧州諸国などとアジア市場で競合するようになっている」。その四年ほどのち、日本は工業国の仲間入りをするという戦後の目標の実現に向けて本格的な動きに入っていた。

一九六〇年ころまで、日本の工業化の進展に気づいた米国人はほとんどいなかった。その年の六月、ニューヨーク・タイムズ紙には「メードインジャパンのジレンマ」という題の、特に先見の明のある記事が掲載された。その記事は次のような表現で、米国への輸出という形をとって現れた日本の工業化の発展を伝えていた。

主要工業国を目指した第二次大戦前の日本の野心は戦後の政策となった。日本は高度に専門的な産業を数多く育て上げた――たとえば消費者向けとしてはカメラ、ミシン、トランジスタラジオなど、産業向けとしては科学的機器、重機、金属などがある。

図 4.1　日本と米国の年間 GDP 成長率（1961 ～ 1970 年）

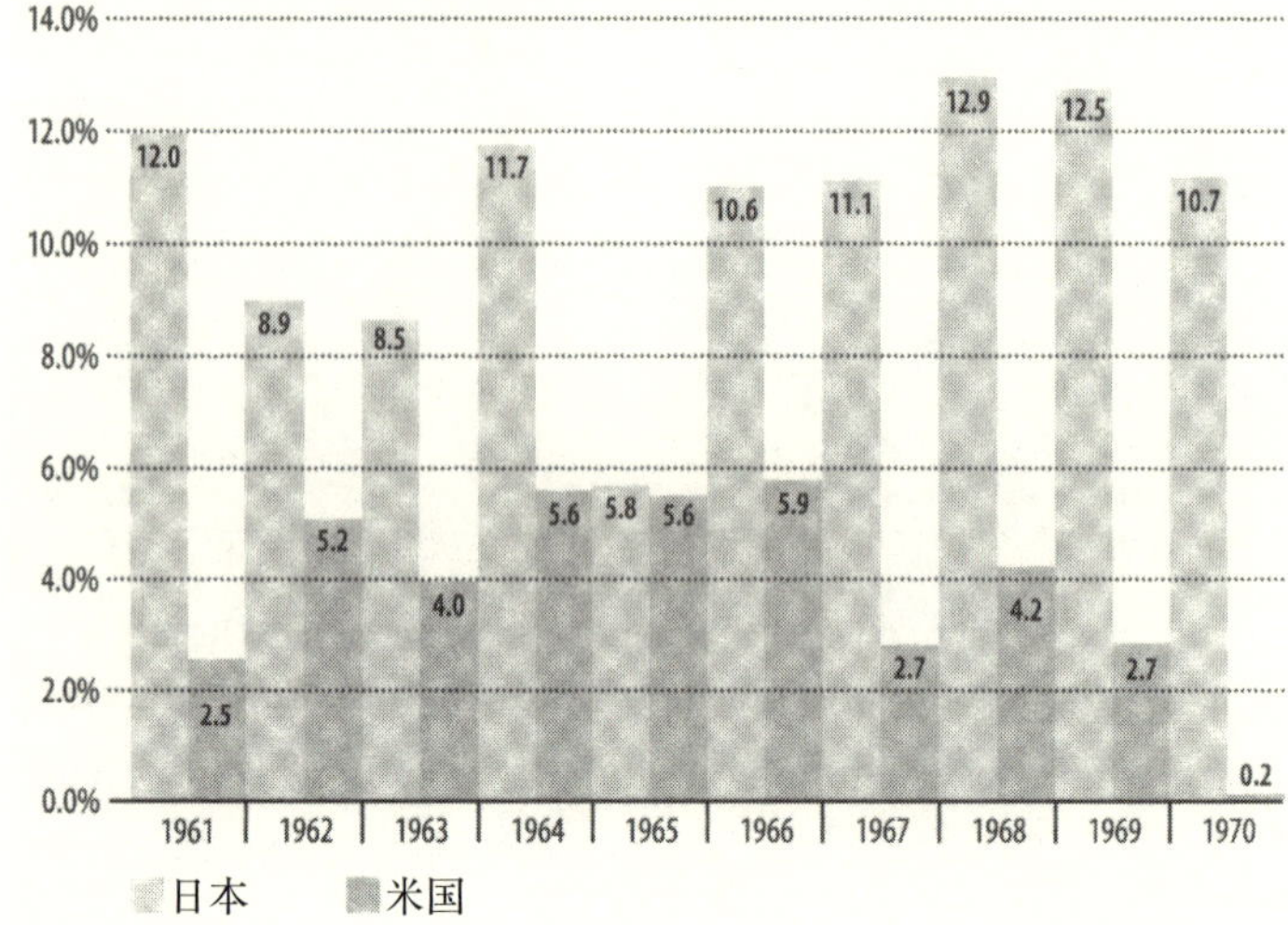

出所＝世界銀行

　日本経済は変身の期間中活況に沸き、目覚ましい成長を遂げる一九六〇年代の準備を行っていた。ここで焦点を一九六〇年代に移し、その一〇年の発展を概括するためにGDP（国内総生産）成長率を見てみよう。GDPは経済全体の財とサービスの最終的な市場価値を示す指標である。一般的に言ってGDPは一国の経済的成長力と生産全体の健全性を表している。**図4.1**に見られるように、日本のGDPは平均一〇・五％という驚くべきペースで成長した。一方、米国のGDPは、日本と並べて示した**図4.1**の図から分かるようにはるかに見劣りのするものだった。

　図に示されたように日本経済は米国経

表4.1　通関ベースによる日本の輸出の内訳

	1955	1960	1968
食料	6.3%	6.3%	3.3%
繊維	37.2%	30.1%	15.2%
非鉄金属、鉱業生産物	4.8%	4.2%	2.5%
化学製品	5.1%	4.5%	6.2%
金属	19.2%	13.8%	18.1%
機械	13.7%	25.4%	43.6%
その他	13.7%	15.7%	11.1%
	100.0%	100.0%	100.0%

出所＝ファイナンシャル・アナリスト・ジャーナル

済の二倍以上のペースで成長していたが、おおかたの一般投資家はこのことを見逃していた。工業大国への日本の変身は、先進国の新聞報道における短い逸話としてだけでなく全体としても具体的に感じ取れるものだった。たとえば**表4.1**に示した一九五五～一九六八年における輸出品目の比率の変化を見ていただきたい。この表では繊維の比率低下と機械の比率増加に特に着目してほしい。機械の増加率は年間二六％で、繊維輸出額の増加率の約三・五倍となっている。ここには、工業国の仲間入りをして「粗悪品」のイメージを払拭しようとする日本の野心が着々と実現されつつある兆候が見て取れる。

ジョン叔父さんは戦後日本を訪れたときの印象から、日本と日本人がその倹約精神と深く根付いた労働倫理によって工業国としての復興を達成すると確信していた。驚くには当たらない。というのも、強い倹約精神とたゆまない労働倫理は叔父さん自身にとって事業成功の秘訣のひとつだったからだ。叔父さんはすでに一九五〇代の初めに英語の話せるブローカーを日本で見つけだして、個人的な資金を日本の株式市場に投資していた。しかしクライアントの資金は当時の日本には投資しなかった。そのころ日本には、投資家に対して資金を日本に残しておくことを義務付ける資本統制があったからだ。つまり投資家は株式に投資することができても、のちに日本からそれを引き揚げることは許されなかった。ジョン叔父さんは自分の個人的資金についてはこのリスクを受け入れても、投資家をそのリスクにさらすことは避けたのだ。

叔父さんが資金を引き揚げられないリスクを進んでとったのは、日本が市場開放を継続的に行って海外投資の自由化を推し進めると確信していたからだった。日本は今後も世界貿易に参加し続けるために政策の一部で妥協する用意があるととらえていたのだ。日本はさらに市場開放を推し進め、いずれは外国投資家による海外資金の自由な移動を認めるはずだった。そのなかには海外株式投資家による自由な資金引き揚げも含まれるはずだった。日本にとっては業界リーダーになろうとする強い野心を実現するために、それがどうしても必要なことだった。

日本が海外投資家の資金引き揚げ制限を一部廃止するというジョン叔父さんの見通しは一九六〇年代初めに現実のものとなった。最終的に海外投資家の株式投資に対する制限が撤廃されたとき、叔父さんはすぐにその機会をとらえてクライアントの資金を日本市場に投資し始めた。叔父さんの見つけた銘柄のＰＥＲ（株価収益率）が予想ベースでわずか四倍だったことを聞けば、すべてのバーゲンハンターが熟練者・初心者を問わず、その機敏な日本株投資に納得できるに違いない。一方、このとき米国株のＰＥＲは約一九・五倍だった。ここでしばらく時間をとって両国の株式をさらに詳しく検討してみよう。

一九六〇年代初頭の日本経済は平均一〇％のペースで成長していたのに対して米国経済は平均約四％だった。つまり日本経済の成長のスピードは米国の二・五倍だった。その一方で多くの日本株は米国株の平均株価よりも八〇％割安だった（ＰＥＲが日本の四倍に対して米国は一九・五倍）。とりわけ、投資家が高成長企業を長期的に選好することを考え合わせてみると、両国のこの落差は極めて大きいと言っていい。資産の価格決定でどうしてそれほどの落差が生じるのだろうか。これについては多くの理由が挙げられている。それらはその時点で広く浸透していた一般通念や単純な誤解に関係している。ひとつの理由としては、海外投資、特に一九六〇年代の日本のようになじみのない国への投資は当時、基本的にあまりに大胆な行為だったということがある。大和証券（日本の大手証券会社）のリサーチ責任者だったサカタ・シンタロウはファイナンシャル・アナリスト・ジャーナルに書いたレポートで、海外投資家が日本を避ける理由として特に多く挙げた例を報告した。バーゲンハンターならそれを読めば、一九六〇年代の日本市場が明らかに成長力とＰＥＲの点で優れていたことのほかに、ジョン叔父さんが非常に大きな魅力を感じた別の理由をほぼ瞬時に理解できるはずだ。報告された理由とは次のようなものだった。

「株価の変動が並外れて大きいこと」
「情報が十分でないこと」

信じられないかもしれないが、これは直接の引用である。お分かりのように、サカタ氏に回答した専門投資家の主な反対理由は、まさにジョン叔父さんが世界のなかでバーゲン銘柄を探そうとする当の理由だった。皮肉なことに、投資家が日本に手出ししない根拠としたその二つの特徴は、叔父さんが投資環境を魅力的と感じる理由そのものだった。ところでこれはプロの投資家が挙げた理由である。それに加え、先進国の一般投資家の間にはまた別の消極的な雰囲気が大きく浸透していた。その雰囲気とは言ってみれば、「日本なんかに投資する理由があるのか。結局日本は戦争に負けたわけだ。日本は低賃金の工場労働者が粗悪品を作っているにすぎず、米国企業のパワーと威力にはとうてい太刀打ちできない」といった感じのものだった。日本に対するそのような偏見は不正確、不公平、かつ傲慢だったと言っていい。だがバーゲンハンターにとって最も重要なことだが、その種の偏見がなければ、それら銘柄の株価が企業の本質的価値に比べてそれほどの低水準になるはずがなかった。ジョン叔父さんの知っていること――入念な分析によればそれらが世界で最も割安な株だということ――を皆が知っていたとすれば、一般投資家が殺到して人気が沸騰し、日本株は割安でなくなってしまったはずだ。

今の時点で振り返ってみれば、日本に対する当時の主力的見方がどれほど近視眼的で独りよがりだったかがよく分かる。哲学者キルケゴールの言葉によれば、「人は前を見ながら人生を生き、振り返ってそれを理解する」。これは投資にもぴったり当てはまる。先に挙げた驚くべき誤解は一般通念のもつ落とし穴である。だが一般通念にはたいていの場合、大多数から支持されているという大きな安心感がある。一般通念に異議を唱えると集団からの離反として非難されるかもしれない。しかし投資戦略として一般通念を採用するようならば、並み以上の成績を上げることは絶対に期待できない。

不人気株の世界こそ歓迎すべきものだ。この世界こそバーゲンハンターにとって最も大切な聖域のひとつとなる。多くの場合、不人気株に手を付ける前提として、必ずしも企業レベルや業界レベルで存在する「大量の」問題を乗り越える必要があるわけではない。むしろ、その銘柄に関する市場全体の大きな誤解や単なる無知と戦うことが必要となる。読者のなかには、一九六〇年代の市場がなぜ日本の状況を見過ごしたり無視したりしたかという理由として、当時の投資家の「素朴さ」を挙げる人がいるかもしれない。そして、そのような事態は現在の市場ではもはや生じないと考えているかもしれない。もしもそのような考え方をしているとすれば、第八章で一九九〇年代後半から二〇〇〇年代初めの韓国市場について検討する際にその論拠を問い直す機会があるはずだ。

ポイントは投資家が銘柄や業界、株式市場、資産クラスに対して有害な偏見を抱いてしまう可能性があるということだ。偏見にとらわれた投資家はバーゲンの着想に目を向けることすらできなくなる。バーゲン株や、あるいはもっと素晴らしいことにバーゲン株があふれた国を見つけたとき、もっと人気のある銘柄に気を引かれ、そちらに投資したいと思うことがあるかもしれない。そんなときはすぐに自分にブレーキをかけなければならない。自分で状況の調査と評価を行うために時間を費やさなかったとすれば、大勢に従って受動的に投資する結果となる。時には最良の機会が自明に思える場合もあるが、それでもほかの投資家がその機会を無視したりけなしたりすると自分もそれに従ってしまう。専門家の証明は強い威力を発揮することもあるが、それに無条件に従って投資決定をしないように努めるべきだ。経済全体が変貌を遂げつつあるとき、単に大衆がそれに目を向けたがらないという理由だけでその変貌が見逃されてしまう事態が頻繁に生じ得るし、一九五〇代や一九六〇年代の日本のように実際に生じることがある。

そのとき日本は変貌を遂げつつあった。現代日本を作り上げた根本的変化は一九七〇年代や一九八〇年代ではなく、荒廃からの復旧を果たした第二次大戦後の二〇年間に生じた。一九七〇年代と一九八〇年代にその結果が目に見えるようになったとき、大衆はジョン叔父さんに大きく遅れていた。叔父さんは投資家のためにすでに富を築き上げており、新たな機会を求めて世界を探求していたのだ。

経済の基本的条件間に見られるこうした関係は津波に例えることもできる。津波は海岸から何百マイルも離れた深海の地下の地震によって発生する。日本の場合、地震は国の再建が始まった一九五〇代に発生した。その後二〇年、地震の波は大洋の水面下を静かに進み続けた。市場の大多数が生じつつある事態に気がついて日本をめぐって騒ぎ始めたときには大波が海岸を襲ってすべてをのみ込んでいた。市場全体が日本を経済大国として受け入れた一九八〇年代まで待ったとすれば、大衆とともに一直線に崖っぷちに立たされることになったはずだ。不人気株ではそうした地震がしょっちゅう起きるが、それを見つけるには、市場の大多数が陽の当たる快適なビーチで次の大ブームを待つ間に何マイルも沖合に出ていなければならないのである。

不人気株の投資家として戦いを進めるためには心理的な武器が必要となる。不人気株投資の問題は成功に**忍耐**が欠かせないということだ。文字どおり数年も待たされることがある。ジョン叔父さんの場合、一九六〇年代の予測が完全に実を結んだのは一九六〇年代後半から一九七〇年代にかけてのことで、このときそのパフォーマンスは米国のファンドマネジャーを大きく上回った。不人気株の買いは魚釣りによく似ている。魚の居場所も用いるべき餌も確実に分かっているのに食いつくのをじっと座って待たなくてはならないときがある。目下の状況のせいで食いついてこないのかもしれないが、状況は変化する。いつ魚が食うかは予測できない。魚に食いつけと命令することもできない。だが最終的に魚が食い始めたら大量につり上げて釣り人全員からうらやまれることになる。

待つべき期間の目安と市場の傍観者が参加し始めるまでの長さを知るために一九六〇年代の

図 4.2　グロスベースで見た海外から日本へのポートフォリオ投資（1961 ～ 1970 年）

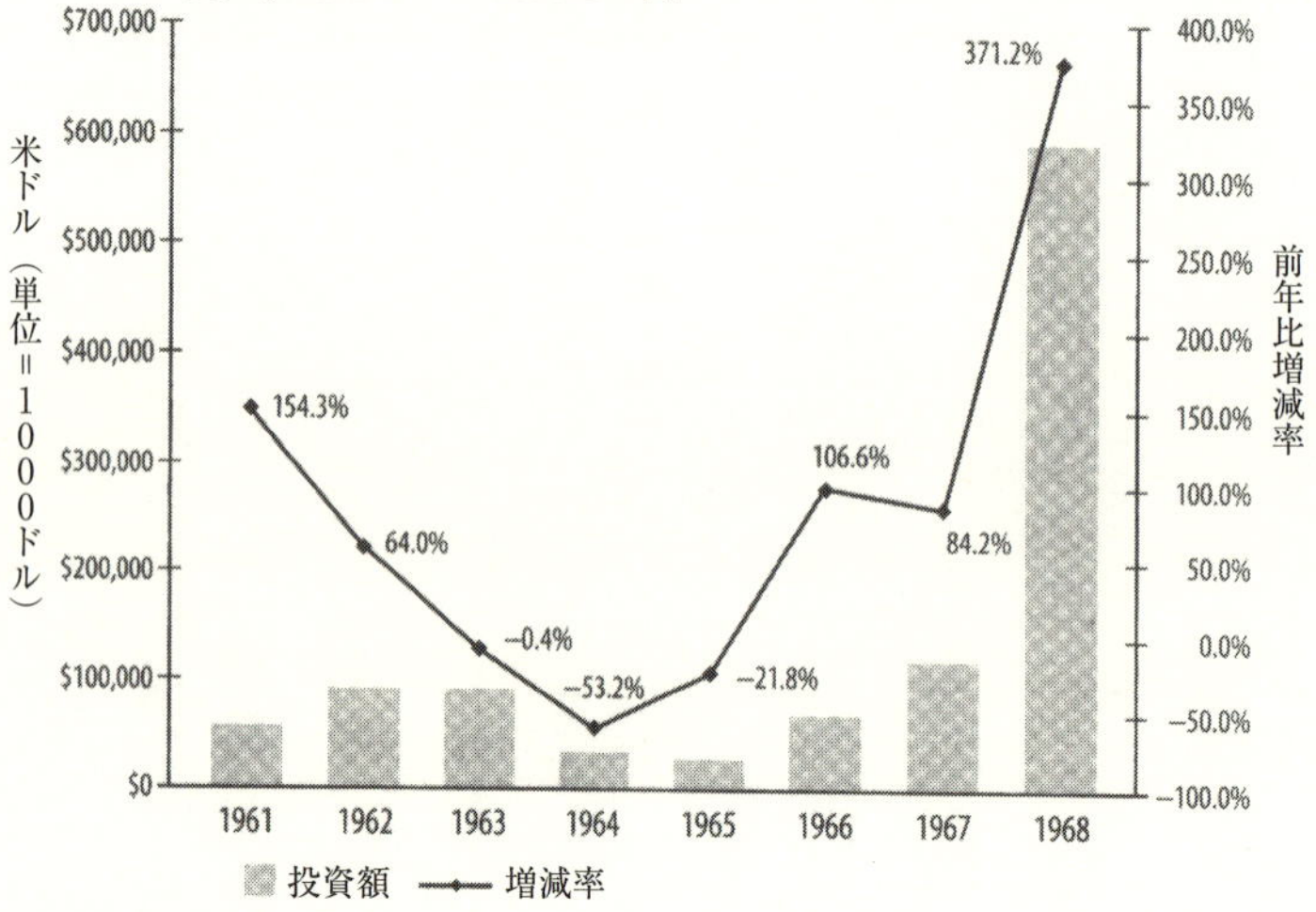

出所＝ファイナンシャル・アナリスト・ジャーナル

日本株式市場における海外投資の伸びを見てみよう。**図 4.2**には日本に投資された米ドル額とその投資額の伸び率という二つの指標が示されている。当時日本株式市場はまだ比較的未発達で国内の投資家や企業の利用も少なかったため海外からの資金流入によって市場が大きく動いた。図に示されているように外国人は一九六八年の一年で投資を三七〇％拡大した。この例は優れたバーゲン銘柄を見つけたあとじっと待つことで報われる強力な例証となっている。資金流入は極めて急激だったため未投資だった人は最終局面でやっと参加し、傍観していたときの大幅な上昇分を見逃すかたちとなった。散発的な証拠によれば投資の大波は米国よりも欧州から押し寄せたようである。

図4.3　テンプルトン・グロース・ファンドの上昇率が1969年にトップになったことを伝える新聞記事

TEMPLETON FUND 1969'S TOP GAINER

Up 19% in Lipper Study—Group Down on Average

By ROBERT D. HERSHEY Jr.

The Templeton Growth Fund, Inc., a small Toronto-based fund that is not currently offering shares to the public, ran away with top prize in the mutual fund performance sweepstakes for 1969, data compiled by the Arthur Lipper Mutual Fund Performance Analysis Service disclosed yesterday.

Templeton, with assets of only $6.7-million, registered a gain of 19.38 per cent in net asset value a share last year and surged from 19th position in 1968 to the top of a list of 376 funds surveyed by the Lipper organization.

The Top 25 Mutual Funds In 1969 (A)
Ranked In Order of Performance

1969 Rank.	Fund.	Total net assets at 9/30/69 (in millions)	% chge. in 1969.	1968 Rank
1.	Templeton Gr. Fd.	$ 6.7	+19.38	19
2.	Loomis-S. C. & I..	21.0	+11.04	89
3.	United F. C. & I..	10.0	+10.76	123
4.	Vantage-Ten-N. F..	0.9	+ 8.62	(B)
5.	Conn. W. Mutual..	0.5	+ 7.60	11
6.	Insur. & Bk. S. F.	2.9	+ 6.22	31
7.	Chemical Fund ..	532.0	+ 5.89	273
8.	Scudder I. Invest.	16.2	+ 5.54	98
9.	Trustees' Eq. Fund	2.7	+ 5.12	34
10.	Natl. Inv. Corp...	735.0	+ 4.38	253
11.	Natl. Western Fd..	0.3	+ 3.93	126
12.	T. Rowe P. G. Stk.	556.9	+ 3.68	251
13.	W. L. Morgan G. F.	14.2	+ 3.30	(B)
14.	Canadian Fund ..	27.8	+ 3.14	145
15.	Boston C. S. Fund.	35.7	+ 2:15	62
16.	Rochester Fund ..	0.4	+ 1.91	(B)
17.	David L. Babson I.	25.4	+ 1.34	118
18.	Johnston Mut. Fd.	129.9	+ 0.53	259
19.	Mass. Inv. Gr. Stk.	1201.1	+ 0.17	301
20.	Investors Sel. Fund	30.9	— 0.13	277
21.	Putnam Inv. Fund.	293.7	— 0.35	190
22.	Horace Mann Fund.	11.4	— 0.38	238
23.	Berkshire Gr. Fd..	1.0	— 0.65	(B)
24.	Pro Fund	18.7	— 0.69	255
25.	Decathalon Fund ..	1.8	— 0.77	(B)

Average size—$149.1.

(A)—Funds covered for the full 1968 year total 309; for 1969, 376.

(B)—Fund not in existence.

出所＝ニューヨーク・タイムズ

その投資で必要だった待ちと忍耐は特にジョン叔父さんにとって見事に実を結んだ。一九六〇年代後半に米国株式市場が低迷していたちょうどその時期にテンプルトン・グロース・ファンドは急成長を開始した。ある意味でその後二〇～三〇年における日本株の上昇は叔父さんが投資の国際舞台に登場したことを告げるシグナルとなった。一九六九年一月には新聞に論評が載った（**図4.3**参照）。

一九六〇年代初めに日本株式市場に着目し投資したことによる利点をより広範かつ長

図4.4　TOPIX株価指数（1959/12～1989/12）

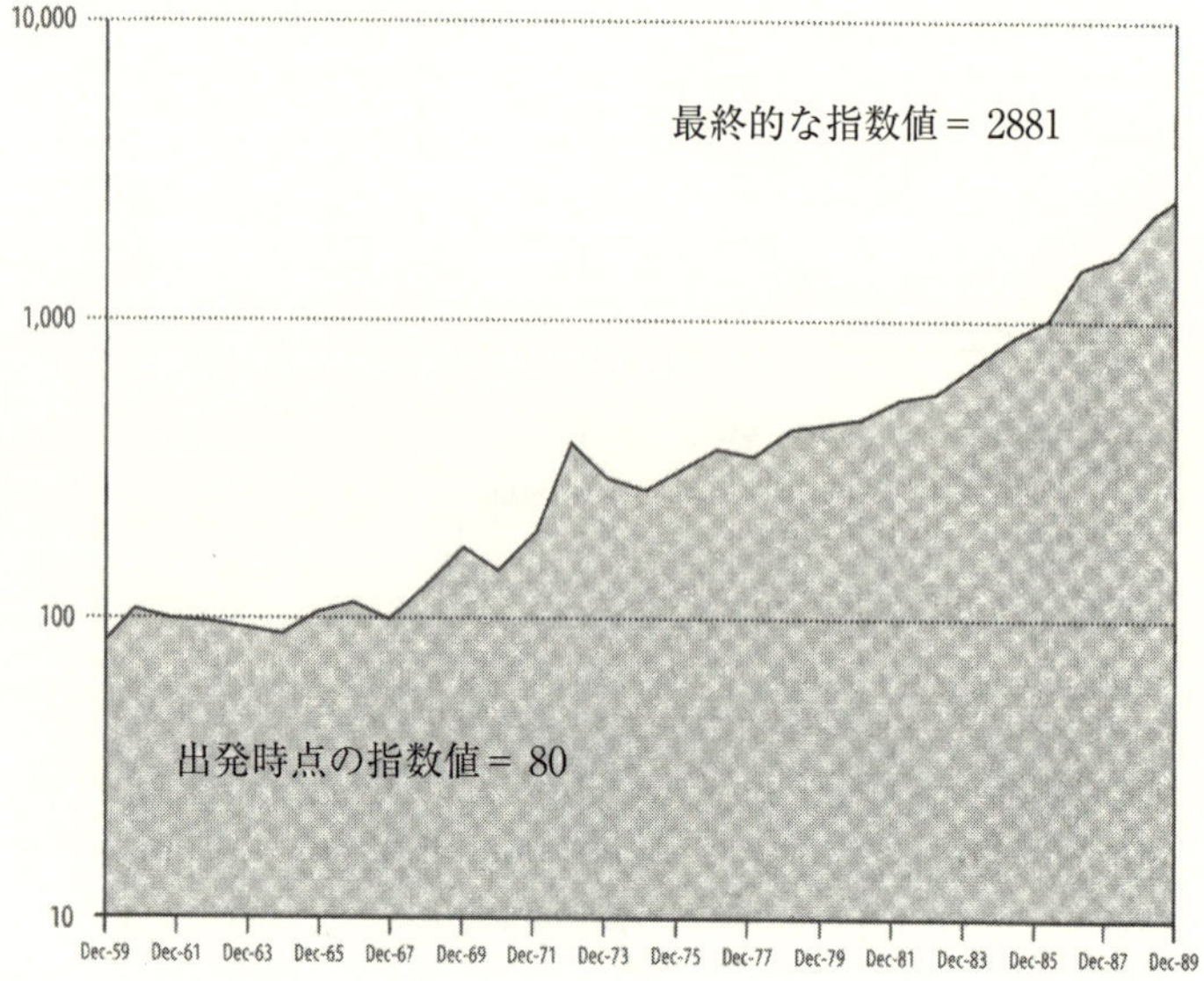

出所＝ブルームバーグ

期の枠組みで明らかにするため日本株のＴＯＰＩＸ（東証株価指数）を示した（図4.4参照）。これを見ると経済実態が認識されたときの市場パフォーマンスの向上がよく分かる。

ジョン叔父さんが最初に日本に投資してから30年の間に株価指数が大きく上昇したことが容易に見てとれる。ＴＯＰＩＸは一九五九年一二月三一日の八〇ポイントから一九八九年一二月三一日の二八八一ポイントまで三六倍になった。市場の大半の投資家や投資に興味をもつ人は買った株の価格が最初の一〇倍になる「一〇バッカー」（ときどき起こる）を夢見る。この例のＴＯＰＩＸのように人気圏外の銘柄に投資したとすれば当初の価値が三六倍に増加することもある。もちろんジョン叔父さんは日本株が天井を打った一九八〇年代末よりも何年も前に投資資金の大部分を日本から引き揚げていた。

人によっては「投資した資金を放っておいて」天井よりもずっと前に回収することに異論を唱えるかもしれない。だが経験豊かなバーゲンハンターなら、早めに保有株を売却すること、特にもっと割安なバーゲン銘柄がほかに見つかった場合にそうすることはバーゲンハンティングに共通する方法であることを理解している。このことは煎じ詰めれば、保有株が自分の推定した本質的価値以上に値上がりしたら、もっと良いバーゲン銘柄に乗り換えるという単純な規律に行き着く。その銘柄を安く買えたのは市場のミスプライスに乗じたからなのだから、市場がその銘柄を選好するようになったら株価が公正価値以上に上昇し得るし、間違いなくそうなることは容易に理解できるであろう。

それでも「早めの」売却という考え方に抵抗感を感じるという人は、推定価値以上に値上がりした株式に執着すれば、**投資**の領域から外れて**投機**ゲームにのめり込むことになるということを肝に銘じるべきだ。よく知られているように、この投機ゲームは「次の愚か者探しの原則」に従って行われる。ゲームの進行は、持ち株が値上がりするまで保有し、その時点で次の愚か者に売りつけるというやり方で行われる。この方法は伝説的投機家ジェイ・グールドの時代ならば、ある程度うまくいったかもしれない。当時はさまざまな「相場師」が株を買い占めて、値段をつり上げておいて、疑うことを知らないお人好しに売り抜けた。だが今日では刑務所行きの危険を犯さないかぎり、その方法で成功する見込みはたいして高くない。いずれにしてもバーゲンハンターは「次の愚か者探しの原則」はどんな点でもバカげていると考える。その戦略は全体として傲慢さとマーケットタイミングという正体不明の着想に支えられている。そのうえ、市場で傲慢になったら一〇回のうち一〇回叩きのめされる。しばらくは、あるいは場合によっては何年も逃げ続けられるかもしれないが、最後はその傲慢さによって追いつめられ、たちどころに痛い目に遭わされることになる。

これまでは、不人気株が市場の大部分を占める大きな地理的領域、つまり株式市場でカントリー・ディスカウント（割安な国）と呼ばれる投資対象を見つけたときに市場から得られるリターンに焦点を合わせてきた。だが前章までに述べたように、私たちは「市場」それ自体に興味があるわけではない。というのも、私たちは銘柄ごとにケースバイケースでバーゲンハンティングを行うのであり、その結果として過小評価された「市場」を代表する比較的大きな銘柄バスケットが構築されることになるからだ。ここからは焦点を企業レベルに移すこととし、それに伴いバーゲンハンターの武器庫にあるもうひとつの重要な手段を検討する。これまでの焦点は、一九六〇年代の日本で株価の決定につながった比較的広範囲の考え違いに置かれていた。つまり投資家が日本企業の株を避ける原因となった偏見や消極的心理を説明してきた。

だがそれに加えて日本企業に関するもうひとつの誤った情報があった。それは投資家の態度とは何の関係もないものだった。それは市場の大多数の企業に当てはまったが、当時そのことを理解していた投資家はほとんどいなかった。投資家がその意味を知って巧みに利用できるようになるまでには何年もかかったのだ。この誤った情報は日本企業が収益を報告する方法を規定する会計基準によって生み出されたものだった。もしかするとこの説明で恐れをなした読者がいるかもしれないが、国際会計基準の学術的検討を始めるつもりはまったくないのでご安心いただきたい。むしろ先を読めば、この誤った情報が賢明なバーゲンハンターなら発見できるはずの単純かつ基本的なずれによって生み出されたことに同意していただけるものと考える。

分かりやすい例としてひとつの有名企業を取り上げよう。ジョン叔父さんはこの企業に投資することで会計上の非効率性から利益を上げたのだった。ほとんどの読者は日本の有名な大手電機会社である日立の名前を聞いたことがあるだろう。実際のところ日立は企業の集合体である。つまり日立を単一企業と考えている人が多いかもしれないが、実は日立という名の親会社によって所有されるグループ企業を指している。日立を傘に見立てて、その下に日立が直接所有するたくさんの独立子会社が入っているイメージを思い浮かべるとよい。

当時の会計基準のせいで、日立が所有する企業の収益は日立の財務諸表には計上されていなかった。そのため、親会社の収益（子会社の収益が反映されていない）に基づいたＰＥＲは実態以上に高くなっていた。ジョン叔父さんは日立株を買ったとき親会社だけでなく、日立が所有するグループ企業全体を買ったことをよく理解していた。叔父さんは全子会社を含めた企業グループ全体の価値を推定してそれを市場価格と比較してみた。すると、その結果と、そうした計算を行わない平均的投資家の目に映る価値との間には大きな相違があった。具体的に言えば、**外見上**日立はＰＥＲ（株価÷一株当たり利益）一六倍で取引されていた。だが親会社だけでなく全子会社が計上した収益を基にして計算してみると日立のＰＥＲは一六倍から六倍へと急低下した。

ジョン叔父さんがこの分析で行ったのは、親会社の名目的な収益と全子会社の実質的な収益を連結することだった。結局のところ、叔父さんは日立株を買うことで日立とそれに伴うすべて（子会社を含む）に対する部分的な所有権を手に入れたわけだ。そして「それに伴うすべて」は日立と呼ばれる親会社よりもはるかに価値の高いものだった。のちに日本は会計基準を改正して、親会社に対して子会社の収益も含めた連結収益を計上することを義務付けた。この改正によってさまざまな上場親会社がもつ隠れた価値が明るみに出され、それに応じて投資家は以前よりも高い価格を付け始めた。

この例は、情報が不十分だからといって日本に投資しない考え方に対する重要な反証となっている。この場合確かに情報は不十分だったが、そのことがかえってジョン叔父さんに役立った。叔父さんが時間を費やして状況を徹底的に把握しようと努力したからだった。肝心なのは、情報が欠けている状況でやみくもに投資することではない。ここで示したかったのはバーゲンの可能性を見逃さず、また少しの手間を惜しまないようにするのが大切だということだ。この場合、利益は巨額だった。同様に、実際はバーゲンでないのにバーゲンのように見える状況で投資し**ない**ことから利益が生じる場合もある。逆に言えば、株式投資ではきちんと下調べをしないとひどい目に遭うことがあるわけだ。

そうした危険な状況は外見上、日本の例のような利益につながる会計処理と似ていることもある。だが調査で発見される項目が資産ではなく、負債の場合には投資家に危険が及ぶことがあり得る。その代表例はエンロン社で、現在の米国で発生した不正会計の典型的事件と言っていい。エンロンの場合、「取引」を財務諸表で報告しないという操作も行われていたが、会社自体が経営幹部にお金を流し込むと同時に恐ろしい真実を投資家の目から隠す隠れみのの役割を果たしていた。会社は価値があるように見えて実は無価値だった。いずれにしてもバーゲンハンターは誤った情報に踊らされてはならず、状況を見極め真実を突き止める必要がある。詳細情報を無視するなら、日本を見逃したりエンロンに投資したりするような誤りを犯すことになる。

以上述べた日本の会計慣行の例ではミクロ的な非効率性と、投資家の態度に関係するよりも大きなマクロ的な非効率性が同時に作用していた。肝心なのは資産価格の決定につながる思考様式を問い直してみることが不可欠ということだ。読者のなかには、会計に関する説明を聞き、将来自分の投資で何か別の不意打ちを受けるのではと考えてやや恐れをなした人がいるかもしれない。だが世の中には会計を重視し、それに夢中になっている人がいっぱいいる。もし「会計」という言葉を聞いて嫌になったりおじけづいたりするようなら、会計が好きな人に任せるとよい。あなたが投資している投資信託は分かりにくい会計処理を理解し、隠された投資機会を発見できるアナリストを数多く抱えているはずだ。それでも、自分の雇った投資専門家が以上述べたような観点から資産を保護してくれているかどうかをきちんと確かめておくのがいいだろう。また銘柄選定のために人を雇うときは、選定方法と避けようとするリスクについてその人物にあらかじめ聞いておく必要がある。

日本に対する外国人投資家の見方や不透明な会計方法によって生み出された非効率性に関する話はここまでとして、次は具体的な銘柄に対してジョン叔父さんが実際に魅力を感じた点について説明しよう。叔父さんにとって魅力の大きい個別銘柄とは高い収益力や真に注目すべき成長見通しに比べて価格が割安なものだった。言い換えれば、一九六〇年代の日本株に対して叔父さんが支払った価格は何年かかってもなかなか本質的価値にまで届かないと考えられるほど割安なものだった。叔父さんは基本的に、だれもまだ日本の株式市場が正当な投資対象だと気づかないうちからトヨタのような素晴らしく有望な企業を見つけだしていた。発見された企業は非常に収益力が高く、特に米国などの平均と比べて極めて急速に売上高と収益を拡大していた。

ジョン叔父さんの日本買いの仕組みと方法を詳しく見る前に、広く見られる用語上の混乱についても触れておこう。特に取り上げたいのは、ほとんどだれもが聞いたり語ったりしたことがあるように、異なるスタイルを用いる異なったタイプの投資家がいるとされている点だ。そうした分類で最も有名なのは株式投資家をバリュー（価値）投資とグロース（成長）投資のどちらかに区分しようとするものだ。一般的な考え方によればおおむね**バリュー投資家**とは成長が緩やかな成熟産業に投資する人をいう。一方、**グロース投資家**とは新興企業に投資し、世界への飛躍的拡大が近く見込まれる企業を買うという理由で株価水準はほとんど気にかけない人をいう。こうした先入観を抱いていたり、こうした分類を用いたりする人がジョン叔父さんをどちらかに区分しようとすると視点の変更を迫られることになる。

叔父さんの主な目的は価値に比べ著しく低い価格で買うことにある。その結果、潜在的成長力が限られた企業を買うことになったとしてもそれはかまわない。向こう一〇年二桁で成長できそうな企業を買えるならなおのこと良い。肝心なのは企業が成長途上にあるとしても成長を買入価格に織り込むのを避けることだ。企業の成長力は素晴らしい効果をもつ。成長企業のなかに良いバーゲン銘柄を見つけたとすれば何年にもわたってリターンが得られる。だからといって過大に支払うことが許されるわけではない。ある企業が近々素晴らしい結果を出し、その後も長期的な成長が見込まれるとしても、成長期待から株価が上昇していたとすれば見送るのがよい。ファンダメンタルズが良くてもそれがすでに株価に織り込まれていたら成果は望めない。バーゲンハンターは株価と本質的価値の間にほんのわずかな差ではなく、大幅なミスマッチがある銘柄に焦点を絞らねばならない。そうしたミスマッチはどんな種類の企業でも少なくとも時折は生じ得る。だからバーゲンハンターとして成功するためにはどんなときもバリュー投資家とグロース投資家という表面的な区別は無視して、バーゲン銘柄発見の妨げとなる偏見にとらわれないようにする必要がある。

前置きは以上としてここから具体的な日本株を取り上げ、ジョン叔父さんが当時どんな理由でそれらが有望なバーゲン銘柄だと考えたかを説明しよう。叔父さんが日本で買い付けた銘柄のひとつは大手スーパーチェーンのイトーヨーカドーだった。日本が成熟した工業国へと発展しつつあるなかでそのPERは一〇倍、収益の伸び率は年間三〇%に達していた。イトーヨーカドーは、将来の収益に対して支払う価格が同種の他銘柄に比べて非常に割安と見られることから有望なバーゲン銘柄と思われた。この結論に到達する手順のなかには、**比較購入**と呼ばれる大半のバーゲンハンターにおなじみの方法が含まれていた。この方法に従って、先進国の著名な大手スーパーであるセーフウエーとイトーヨーカドーとを比較することで、イトーヨーカドーの買い付けによってほかの市場よりもはるかに有利な取引が実現できると推定したのだった。この結論を下すために、将来見込まれる収益一ドルについて支払う価格とそうした収益の長期的な予想成長率との比較が行われた。その比較では、PEGレシオと呼ばれる有名な比率を単純に適用することが必要となる。PEGレシオは単にその銘柄のPERを長期的な予想成長率で割ることによって算出される。この場合は、イトーヨーカドーとセーフウエーそれぞれのPERを将来の合理的な予想成長率で割り、両社の将来的な成長見通しについて支払うことになる価格を大まかに比較することになる。具体的には次のような計算となる。

イトーヨーカドー

ＰＥＲ＝一〇倍
予想成長率＝三〇％
ＰＥＧ＝ＰＥＲ（一〇）÷予想成長率（三〇）＝〇・三

セーフウエー

ＰＥＲ＝八倍
予想成長率＝一五％
ＰＥＧ＝ＰＥＲ（八）÷予想成長率（一五）＝〇・五

イトーヨーカドーとセーフウエーのＰＥＲを比べると後者のほうが低いものの、両社について計算したＰＥＧレシオの比較では前者のほうが低いためイトーヨーカドーのほうが優れたバーゲン銘柄だと判断することになる。ここでの考え方は、イトーヨーカドーのほうが将来予想される成長率がはるかに高いために、実際にはセーフウエーよりも割安とするものである。

この際、非常に重要なのはバーゲンハンターとしてそうした成長の前提の合理性に入念な注意を払うことだ。右のような関係を検討するときは懐疑心を抱いて情報の処理に当たるという強みを保ち続けなければならない。たとえばＰＥＲが三〇倍で将来の予想成長率が一〇〇％の銘柄のＰＥＧは〇・三となる。このときそれが果たして合理的な前提かどうか率直に自問自答すべきだ。収益がそれほど急激に成長することが本当にあり得るのか。不可能なのではないか、あるいは少なくとも障害が大きい可能性が高いのではないか。ＰＥＲやＰＥＧの基になる関連性や前提を積極的に疑問視することは有益な作業と言える。レシオはその前提をすべて調査してその指標が正しいと確信できないかぎり必ずしも投資で全面的に依拠できるわけではない。要するに、本当に対象企業の最も可能性の高い将来見通しについて可能なかぎり最低の金額を支払うことになるかどうかを調べるのは、あなた自身にかかっている。

レシオについては常にその意味をつかむようにする。要素に分けてそれを精密に調べる必要がある。もしかするとＰＥＧに含まれるＰＥＲに欠点があるかもしれない。たとえばＰＥＲが同じように一〇倍でも、予想一株当たり収益（ＥＰＳ。ＰＥＲの分母）が五％で伸びると見込まれる企業のほうが、ＥＰＳが五〇％で伸びないとＰＥＲが一〇倍にならない企業よりも前提の合理性が高いと考えられる。ＰＥＧが低い銘柄をやみくもに買うのは低ＰＥＲの銘柄を手当たり次第に買うのと同じくらい効果が低い。どうしても間違いが避けられないからだ。イトーヨーカドーの場合三〇％という予想成長率はやや楽観的すぎると思われるかもしれないが、同社は何十年にもわたる拡大のスタート地点にあった企業なのだ。ジョン叔父さんは、今後日本では国民一人当たり所得の上昇が続き、それに伴い米国や欧州などの先進国市場の消費者と一層類似した消費パターンが現れるという予測に投資していたのである。

イトーヨーカドーの見通しに関する基本的な解釈よりも大事なことは、バーゲン銘柄に関する比較購入がバーゲンハンターの全ツールのなかでも重要な位置を占めるということの自覚だ。ジョン叔父さんはアナリストにとって銘柄の価値判断のために使える価値尺度は一〇〇ほどあると常々口にしていたが、比較購入は彼が繰り返し用いた技法のひとつだった。またこの技法は投資可能な最高のバーゲン銘柄に常に投資し続ける戦略に最も適したものと言える。相対価値に基づく判断を行うことによって、市場の投資可能な銘柄と比較しながら自分の投資対象の魅力度をたえず評価できるからだ。

この比較手法は恐らく投資で一番難しい問題、つまり売り時の判断にとって非常に有用なツールとなる。ジョン叔父さんは長年この問題に取り組んできたが、最終的に到達し、仕事上の投資や個人投資に適用したその答えは「保有銘柄よりもずっと良い銘柄を見つけたら乗り換えろ」というものだった。この比較手法では、銘柄や企業を単独で考察するときよりも意思決定がずっと容易になるので生産的なやり方と言ってよい。株価が本質的価値の推定値に近づいてきたら入れ替えの候補銘柄を探すべき時期だ。日常習慣として銘柄探索を行っていると、株価が企業に関する自分の評価よりもずっと低い銘柄に出合うことがある。そんなときは保有銘柄との入れ替えを実行するとよい。ただしこの手法には規律が必要であり、行き当たりばったりになったり不必要にポートフォリオを入れ替えたりする口実として用いてはならない。

銘柄の過度の回転や無駄な動きを避けるために、ジョン叔父さんは五〇％以上良い銘柄を見つけたときだけ入れ替えることを勧めている。つまり成功した保有銘柄が一〇〇ドルで取引され、自分でもその価値が一〇〇ドルしかないと判断している場合には五〇％過小評価された別の銘柄を見つけたときに買いを考える。たとえば二五ドルで取引されている別の銘柄の価値が三七・五〇ドルと推定されるような場合だ。そんなときは保有する一〇〇ドルの銘柄（株価以上の価値はないと判断）を売って二五ドルの新しい銘柄（株価よりも五〇％割安と判断）を買うのがよい。

この規律を確実に実行する――つまり現時点の保有銘柄よりも有望なバーゲン銘柄を継続的に探す――なら、保有株の株価を押し上げる熱狂に巻き込まれないようにする手順と心構えを備えることができる。より有望なバーゲン銘柄を発掘するスリルは、最近の成功にただほくそ笑んでいるよりもずっと得るところが大きい。要するに、過去に安住せずに将来を見据えることが肝心という考え方をすべきなのだ。

プロのバーゲンハンターはプロスポーツ選手によく似ている。直近のトレード、あるいはプレーに基づいて評価がなされる。ゲームに出場し続けるためには常に次の機会に集中していなければならない。ところでジョン叔父さんは相対的なバーゲン銘柄を探すという手順に従うことで、日本が最終的に壊滅的な暴落に見舞われる前に撤退できた。日本が大衆投資家に全面的に受け入れられて爆発的人気を集める前にポートフォリオ中の日本株の比率を六〇％から二％以下にまで削減したのだ。お分かりいただけるように、バーゲン銘柄を互いに比較するというこの機械的・定量的手順に従うなら、入手可能な最高のバーゲン銘柄を常時保有し、厄災につながる道を避けることが可能となる。行きすぎた熱狂を回避ないし無視するために必要な視点に立ち、どんなときも大衆の一歩先を行くことが可能となる。これこそがバーゲンハンター必携の方法なのだ。

ジョン叔父さんにとって日本撤退の決定を下すのは簡単だった。カナダ、オーストラリア、米国でもっと有望なバーゲン銘柄を見つけていたのだ。その意思決定は定性的な要因に左右されることはなかった。むしろ企業価値と株価とを比較する単純な計算によって自動的になされた。この意思決定プロセスで定性的な推論を用いたとすれば判断が曇らされたはずだ。明晰な判断力を維持することはバーゲンハンティングで成功するための中核的要素をなす。

ジョン叔父さんがその戦略を実行した方法や日本撤退の意思決定プロセスを促した真の要因についてより良く理解するために**図4.5**を見てほしい。図には日本企業の収益に対する株価倍率が示されているが、その値は年とともに次第に上昇している。**図4.5**を見る際、日本の経済発展と経済力に対する認識が広がるにつれて次第に増していった日本に対する注目や熱狂の度合いとＰＥＲの上昇とが直接連動しているととらえることにしよう。言い換えれば、日本株はバー

図 4.5　TOPIX の PER

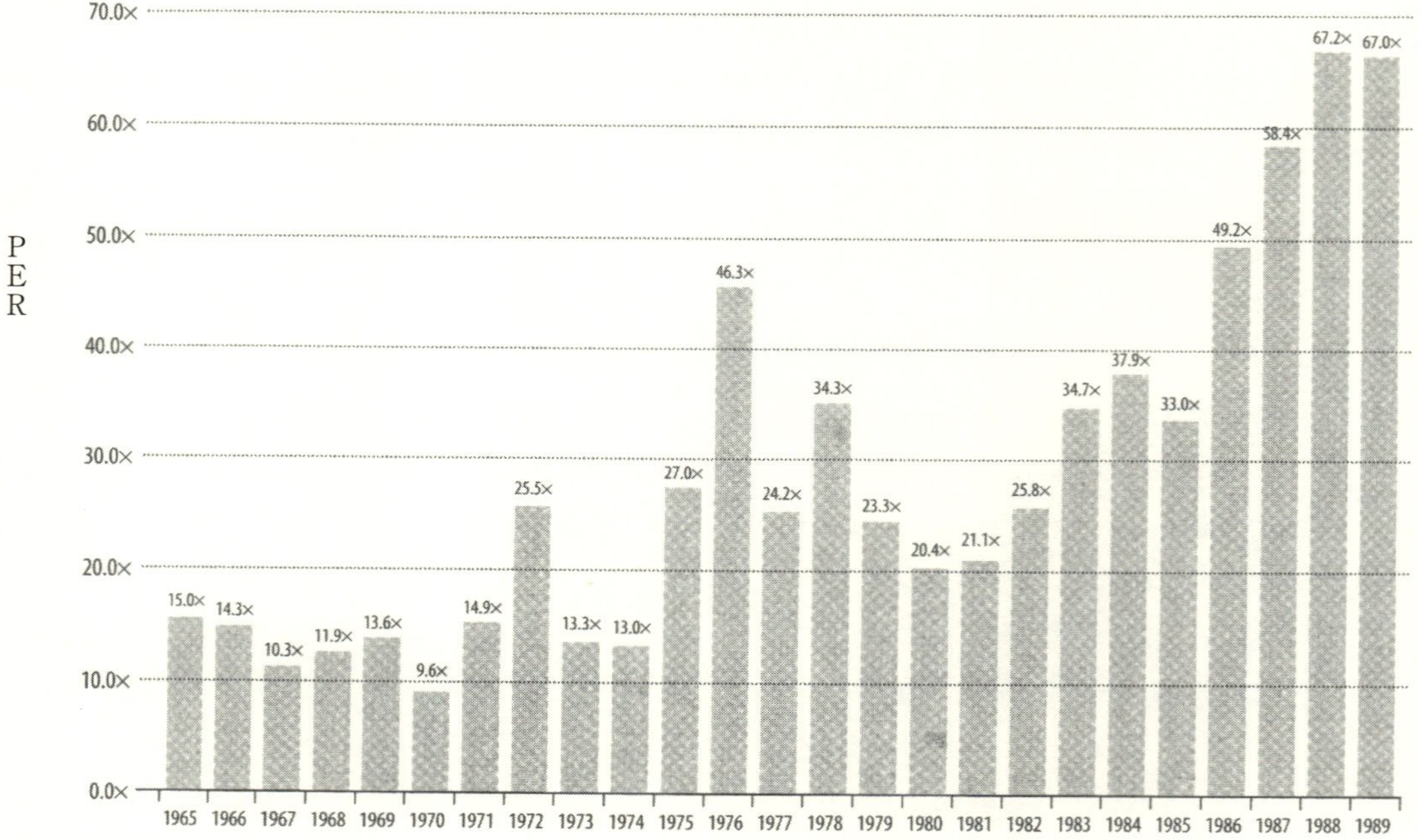

出所＝モルガン・スタンレー

ゲンハンターが危険と考える人気株へと変化していった。

このように年月の経過とともに収益との比較で価格が次第に割高になっていく様相を見るのはさまざまな点で有益である。第一に、初めはほとんどだれにも認識も理解もされなかった市場が一九八〇年代末には大人気化するに至り、その直後に崩壊したことが見てとれる。言ってみればダンスパーティーで見向きもされなかった女性が数年で女王に変身したわけだ。これはディズニー映画の常套手段にとどまらない。株式市場ではよく起きていることなのだ。

さらに図4.5の名目ＰＥＲから適切な情報が得られるとしても、ＴＯＰＩＸが当時、日本企業全体のなかでも情報が入手しやすいという理由から海外投資家によって選好された一部の銘柄を代表するものであることには留意する必要がある。それらの銘柄は市場に厚みがあって売買が容易だったという理由によっても選好された。そうした透明性、情報の豊富さ、流動性の高さが原因で広く人気が高まり、それに伴いＰＥＲを基準として株価が割高になっていった。ジョン叔父さんはＴＯＰＩＸを構成しない銘柄を買うことのほうが多かった。ＰＥＲがわずか三倍とか四倍の企業に対してより大きな魅力を感じていたのだ。認識も理解もされていない市場の「地下」水準での売買に安心感を抱いていた。認識度や理解度の低い銘柄は本質的価値に比べてはるかに低い価格が付けられていたが、これは偶然ではなく状況によるものだった。

バーゲンハンターは非効率性と株価間のそうした関係を念頭に置きながら常にその活用を追求する必要がある。ここで強調したいのは、当初、株価と将来の収益成長の間にずれのある

図 4.6　TOPIX 構成銘柄の REG レシオ

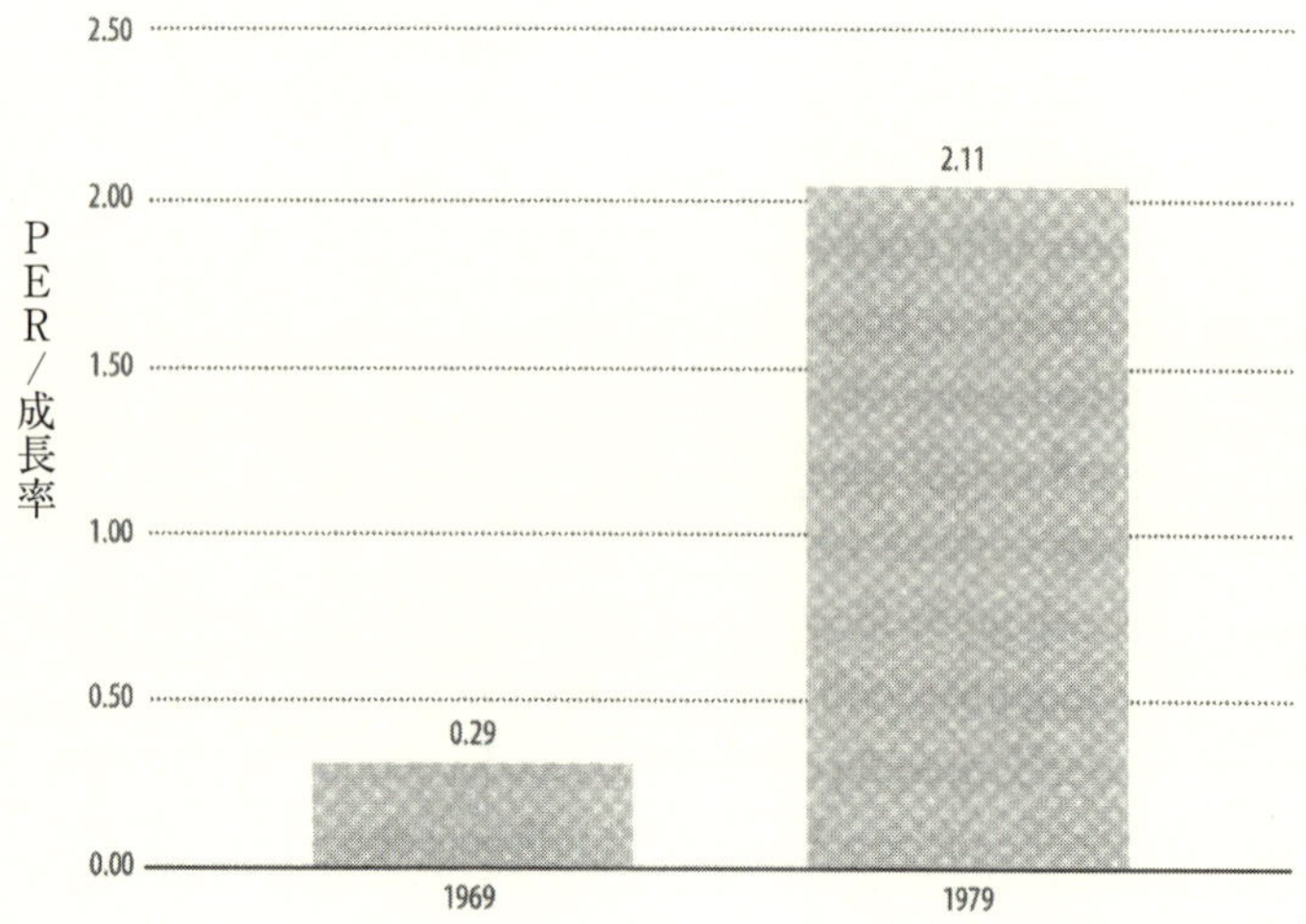

出所＝モルガン・スタンレー、総務省

ことをジョン叔父さんが一九五〇年代と一九六〇年代に初めて発見し、その後日本市場に対する認知度と人気が高まり、最終的には株価が天井を付けて急落したことだ。

　ＴＯＰＩＸのＰＥＲを日本企業全体の五年間の複合収益成長率で割ってみると、株価上昇と一九七〇年代に始まった収益成長の鈍化の重層的な影響を見てとることができる。日本株式市場はこの二つの要因による変化を受けて、ジョン叔父さんが最初に投資を開始した時点に比べ魅力が低下した。またそれらの要因は世界の他市場において魅力の高い**相対的バーゲン銘柄**を生み出した。**図4.6**には、ジョン叔父さんが一九七〇年代に日本から撤退してより魅力的なほかのバーゲン市場へ向かうきっかけとなった基本的現象が数量的に示されている。その一〇年の間に二つの基本的変化が生じて日本株式のＰＥＧレシオが上昇したのだ。その基本的変化とは、日本の人気が加速するにつれて株価とＰＥＲが上昇したことと、ジョン叔父さんの注意を引き付けた目覚ましい収益成長率が劇的に鈍化し始めたことだった。実際、一九七〇年代が進行するにつれて、日本市場に押し寄せた投資家は次第に割高な投資を強いられ利益はますます減少していった。

結局のところ、二〇～三〇年にわたって日本に生じた経済的変貌に気づく人の数が次第に増加することになった。そうした遅ればせの認知に伴って、一九八〇年代の日本株式市場では行きすぎた熱中が広がった。株式や不動産などの資産に対して投資家が支払う価格がどんどん上昇して、あり得ないほどの不合理な水準にまで達した。一九八〇年代後半に生じた資産価格の急上昇の背後には数多くの原因があった。第一に、大勢の未熟な投資家が、株式市場がどこまでも値上がりするという神話を信じて買い進んでいったこと、そして、どんな市場バブルでも見られるように多くの国内証券会社や販売担当者がリスクや損失の可能性を軽視したことがあった。単に前日株価が値上がりしたという理由だけで相場が上昇することもよくあった。株価を押し上げた大部分の買い手は、自分の証券口座が連日生み出す含み益に力を得て買い続けていった。

この現象が特に危険だったのは、増大する含み益によって自分にはこれまでにない贅沢をするだけの資産があると思い込んだ人たちが消費をどんどん増やしたことだった。それらの人々は利上げで市場が急落したとき、株価がいかにもろいものかについて厳しい教訓を教えられることになった。ジョン叔父さんはこうしたすべてのことが起きるずっと以前に日本市場から撤退していたが、もちろん念入りな注意を払って状況を書き留め、目の前で展開する大衆の愚行から学び続けた。そうした状況の観察によって他人の経験を取り入れることが、叔父さんにとっては将来の株式市場のバブルに対する対処に役立った。叔父さんはその経験を活用して目覚ましい利益を上げることになるのだが、この点については以下の章で述べる。

第5章　株式の死と強気相場の誕生？

「株式の死はほとんど永続的な状況のように思われる」――ビジネス・ウィーク誌（一九七九年八月）

「株式の死」とはどう見てもやや大げさすぎるように聞こえる。もし面と向かって株式が廃れつつあるとか、永遠に見向きもされなくなるとか言われたらどう答えるだろうか。バカげた言い草だと思うだろうか。もしそう思うのなら、それは過去を振り返る者の立場に立った見方だ。現在から過去を見れば曇りなく愚行を認識できるし、すべてが目に入る。だがその発言がなされた時点に立っていたとすれば、果たして大げさと感じただろうか。というのも、一九七〇年代末の時点ではそうした意見が一般投資家の間に行き渡っていた。それを裏付ける十分な証拠として米国株式市場は一〇年もの間低迷が続いていた。一九七〇年代を通して株式市場は文字どおり横ばいで推移し、その途中何回もひどい下落に見舞われた。つまり一九八〇年が到来するまでの一〇年には、見るべき成果がほとんどなかったのだ。もしその間のリターンを米国のインフレ率と比較する気になったとすれば、恐らくかなり打ちのめされた気分に陥ったことだろう。

一方コモディティ（一次産品）や不動産や収集品などに投資していたとすれば、少しは自分を賢く感じたことだろう。それらの投資商品はインフレに対抗する価値を有効に保持し、購買力を維持していたからだ。それらの「有形」投資商品から上げたずっとましなリターンを自慢できたかもしれないし、あるいはもっと早く資金を移して投資の新時代を歌い上げる投資家のコーラスに参加しなかったことを後悔したかもしれない。その新時代の予測はコモディティ関連の投資商品によって十分なリターンが生み出されたことが根拠になっていた。通常、かなりの投資家が新たに成果を上げると、その成功が将来に投影される。ただこの場合は、コモディティ投資の人気が永続するという極端な見方がとられた。投資の新時代が大胆な確信の下に宣言されたのだった。そのことは一九七九年八月のビジネス・ウィーク誌の表紙にはっきり示されている。

もちろんほぼ三〇年後の今、その表紙とそのテーマ記事を読むとほとんどジョークのように思われる。その表紙は株式市場の素晴らしい買いシグナルであると同時に、コモディティから撤退する好機を示すものだと指摘する向きも多いだろう。株式市場のバーゲンハンターならその表紙の文言とそれを裏付ける見解を悲観主義の極みと受け止めたはずだ。実際一九七九年とその後三年間の市場はバーゲンハンターにとって至福の時となった。当時、投資家がどれほど悲観的であったかを見るために、その記事を掘り下げてその時点で信奉されていた考え方を探ってみよう。記事は次のような書き出しで始まる。

大衆が株式から高利回りでインフレ抵抗力の大きい投資商品に乗り換えてから長い時がたつ。今や年金基金――市場の最後の希望――も悲観論に染まり、株式と債券を見捨てて不動産、先物、金、そしてダイヤモンドにさえ向かった。株式の死は永続的に続くように思われる――いつかは反転するとしてもずっと先のことだろう。

記事の出だしは、大底で買おうとするときどんな兆候に着目すべきかに関する素晴らしい研究材料だ。賢明なバーゲンハンターなら記事の内容を弱気ではなく強気の兆候ととらえるだろう。最初の手がかりは「大衆が株式から高利回り……の投資商品に乗り換えてから長い時がたつ」という冒頭の文にある。バーゲンハンターは何よりも大衆に従うことを避ける。まったく逆に大衆がいないところへと向かう。それこそがバーゲン銘柄を見つける最高の場所だからだ。二つ目の大きな手がかりは「株式の死は永続的に続くように思われる」という表現にある。ジョン叔父さんは悲観主義の極みをどうやって見つけるかと聞かれて「一〇〇人のうち九九人が降参するまで待てばいい」と助言した。

その時点に至れば残った買い手はあなただけであり、売り手がいなくなっているので株式市場は上昇するしかない。その判断は容易ではないが、「株式の死は永続的に続くように思われる」というのがコンセンサスなら市場を取り巻く絶望と悲観がどれほど大きいかは容易に感じ取れる。さらに右の引用には市場が悲観主義の極みに近づきつつあることを示す非常によい証拠がある。つまり「今や年金基金――市場の最後の希望――も悲観論に染まり、株式と債券を見捨てて不動産、先物、金、そしてダイヤモンドにさえ向かった」というくだりだ。

この文について考えてみると、株式の最後の信奉者が売りの態勢に入っていることが示唆されている。最後の売り手グループが市場に登場する時点にまで達したというのであれば、その売りが尽きたあとの下落はたかが知れているのではないだろうか。最後の売り手の一団が市場を去ったあとは、機敏に買い手側に回るようにしなければならない。売り手が全部消えたとすれば、論理的に言って市場には買い手しか残っていないのだ。逆にコモディティはどうなるだろうか。これまで好調が続き、今や最後の買い手グループが市場に加わろうとしている。その一団が参加したあとはコモディティを買って価格を押し上げる者はもういない。コモディティ市場と株式市場で、一方の最後の売り手グループが他方の最後の買い手グループとなったとき双方の立場が入れ替わる寸前にまで達したというのは偶然ではない。これは逆張り投資の根底にある機械的論理の一例と言える。

右の引用を読んで株式市場にバーゲン銘柄が満ちあふれていると考えた人は正しい見方をしているし、バーゲンハンター流の考え方ができている。しかしこの点について述べる前に補足しておきたい重要なことがある。過去における市場の熱狂者を分析してみると、あらゆる事例で必然的に現れる一定の誤ったイデオロギーがある。そうした人々がなぜそうも大胆に自分の見解を口にできるのか不思議だが、市場がどちらかの方向に行きすぎたときには時計のように正確に姿を現す。そうしたイデオロギーは市場が極端に値上がりしたり、バブル状態になったりしたときのほうが現れやすい。だが株式市場の熱狂が株価を押し上げるのと少なくとも同程度には、市場の悲観論が株価を押し下げることは以前からよく知られている。

その意味において「株式の死」と言われる株式市場の大底で一定の主張が現れることは意外ではない。金融パラダイムが変化して、もはや株価や企業価値が意味をもたない**新時代**へと市場が突入したといった誤った観念を表明するような主張もそのひとつだ。「われわれは金融の新時代に入った。古い原則はもはや当てはまらない」というような言い方がなされるわけだ。

今後その種の主張に出合ったら、バーゲンハンティング魂を揺り起こすあらゆる警報やベルや警笛が鳴るようにしておくとよい。そうした表現やその背後にある近視眼的考え方は賢明なバーゲンハンティングの対極をなしている。その種の主張は、株価が長期間異常な動きをしたときにときどき飛び出してくる。そして資産に十分な注意を払わないことを正当化しようとする場合が多い。この例では、自称専門家は不動産とコモディティに投資する「新時代」を擁護しようとしている。そうした主張を耳にしたときにピンとこないようなら別の説明で補足しておく必要があるだろう。たとえば、その種の推測に必ずついてまわるものとして、「国内の金融市場の変化を理解していないか、それに適用できない高齢者のみが株式にしがみついている」といったような付随的な主張がある。

どこから分析を始めたらよいのだろうか。この主張にはさまざまなレベルで多くの誤りがある。まず指摘できるのは、あとで一九九〇年代後半の米国のハイテクバブルを取り上げるときに説明するように、新時代の投資家は「時代遅れの」古い投資家を非難することが多い。だがバーゲンハンターは市場で多様な経験を重ね、さまざまな行動をとってきた年長者を後知恵で批判したりしない。投資歴の長いことはたいてい長所であり、短所となることはめったにない。バーゲンハンターとしての知識と経験は年とともに深みを増す。ゲームに長く参加すればそれだけ能力が磨かれる。最後に、皮肉なことに「国内の金融市場の変化を理解していない高齢者」だけが、市場の大底で株式を買い持ちする賢明さを備えていたという事実がある。彼らはゲームに乗り遅れているのではなく実際は先を行っていたのだ。

以上に挙げたような主張は何らかの理由でバリュー投資家を標的とし、彼らに冷笑を浴びせかけようとするものだ。バーゲンハンターとしてはその種の非難に対して特に反論する必要がある。だが非難の理由がどんなものであれ、この問題の続きは一九九〇年代のハイテクバブルを扱った第六章に回すことにする。過去を振り返るとどんな時代でもどんな市場でも、その種の主張は愚行の頂点で出現している。資産価格と資産価値の関係はどんな場合にも当てはまるものであり、その関係を無視すると危険に直面することになるというのが紛れもない事実なのだ。

かつてない悲観主義がだれにでもはっきりと分かるように喧伝された事例としては、一九七〇年代末から一九八〇年代初めにかけての株式市場がある。だがジョン叔父さんは一九八〇年代に入る時点では投資資金の六〇％を米国に投入していた。この行動はその時点の市場コンセンサスとは正反対のものだった。市場はインフレの急加速のせいで株式市場が死を迎えつつあると見ていたのだ。投資家は燃えさかる建物から逃げ出すように、米国株式市場から撤退していた。しかしジョン叔父さんは逆に、冷静に正面ドアから入って被害状況を把握していた。叔父さんはほかの人と違ってそれまでの一〇年、絶望の泥沼に落ちていく米国株には手出ししておらず、新鮮な視点で市場を見ることができたのだ。米国株で損するどころか、日本市場の上昇から利益を刈り取ったばかりで、過去一〇年で最大の成功を収めた投資信託の運用者となっていた。

ほかのだれもが手を出そうとしない米国株に、ジョン叔父さんはどうしてそんなに強気で臨んだのか。その答えは簡単なことだった。だれも手出ししないという事実そのものが理由のひとつだった。別の理由としては、市場離れが広がっていたために、米国で最も人気の高い銘柄であるダウ平均採用銘柄がとりわけ収益や純資産と比べて過去最低水準で取引されていたことがある。

ジョン叔父さんは実際に調査を行い、米国市場の歴史のなかで株価がそれほど安い時期がほ

表5.1　ダウ平均の年間PERが低い年の上位10位

順位	年	PER
1	1979	6.8
2	1950	7.0
3	1978	7.3
4	1980	7.3
5	1949	7.6
6	1974	7.7
7	1948	7.8
8	1981	8.2
9	1988	9.0
10	1924	9.2

出所＝バリューライン

かになかったことを確認していた。歴史のなかには大恐慌や一九二九年に始まった暴落が含まれていることに注意してほしい。その証拠としてリサーチ会社のバリューラインが作成したPER（株価収益率）のデータを見てみよう。**表5.1**に示されたダウ工業株平均のPERから、一九七九年の六・八倍というPERが実際に過去最低であることが見て取れる。これに対して、バリューラインの調査によればダウのPERの長期平均は一四・二倍である。つまり一九七九年を通した平均PERは一九二〇年代までさかのぼった長期平均よりも五二％も低いことになる。

一九七九年のPERが六・八倍であることと同じくらい興味深いのは、一九七〇年代末から一九八〇年代初めにかけての一九七九年前後の年がいくつも表に含まれていることだ。

このことから、市場を席巻した悲観的な投資家心理が数年にわたって続いたことが分かる。市場ではインフレ、高金利、石油危機、イランのアメリカ大使館人質事件、日本との競争の新たな脅威などの悪材料が山積していた。投資家はあらゆることに失望し、経済的要因と心理的要因による悪影響が株価に表れていたのだ。

ダウ平均のＰＥＲの歴史的低水準はその時期のバーゲンハンターに用いられていた伝統的な買いシグナルだった。だがそれ以外にもたくさんの種類の買いシグナルがあって、そのすべてが米国株の割安性という同じひとつの結論を指さしていた。ジョン叔父さんが常々強調していたのは、ＰＥＲといったひとつの視点だけでなく、価値をとらえる数多くのさまざまな視点を維持することの重要性だった。「株式市場の死」の例は叔父さんが用いていた技法を説明する良い機会となる。バーゲンハンターはそうした技法を将来採用してみるとよい。

バーゲンハンティングに対する叔父さんのやり方は証券アナリストが使う「一〇〇の価値尺度」を使いこなせるようになることだった。このやり方には二つの利点がある。第一の最も重要な利点は、銘柄評価でひとつの方法しか使えなかったとしたら、自分の方法がうまくいかない時期が時には何年間も続くことがあり得るということだ。この考え方は、投資では最初から最後までひとつの国の株式市場にこだわり続けてはならないという教えとよく似ている。ひとつの国や地域、市場、業種に固執し続けたら、どうしても市場の平均に及ばない時期が出てくる。ＰＥＲといったひとつの尺度で発見できるバーゲン銘柄は限られているので、それだけに頼ったら結果は「大ごちそう」か「飢え」のどちらかになる。つまり銘柄評価でPERだけに依拠したら、その方法では不可能だが株価キャッシュフロー倍率などほかの指標なら見つけられるはずの機会を見逃すことがある。さらに言えば、自分が使うバーゲンハンティングの方法が時代遅れにならないという保証はどこにもないわけだ。

どんな銘柄選定方法も一定期間成功を収めると、だれもがそれを採用して一斉に使い出すようになって結局役に立たなくなる、というのがジョン叔父さんの考え方だった。たとえば時価が正味運転資本や運転在庫よりも低い銘柄を買うという、ベンジャミン・グレアムの『**証券分析**』（パンローリング）に書かれている折り紙つきの銘柄選定方法を採用することをあなたが決めたとしても、その基準を満たす銘柄を見つけるのはなかなか難しいだろう。少なくともその方法がグレアムによって確立され有効だと宣伝され始めた時期ほどは容易でないはずだ。要するにバーゲン銘柄の選択方法がひとつしかなかったとすれば明白なほかの機会を逃す可能性があるということだ。

たくさんの価値尺度を使う第二の利点は自分の発見を異なる方法で確認できるということだ。ある株が五つの異なる尺度に基づいてバーゲンだと分かったら確信はそれだけ強まる。株式市場の変動に直面させられるとき、確信度が高いというのは重要な心理的財産となる。以上を踏まえ、株式が「死につつあった」一九七〇年代末から一九八〇年代初めにかけて登場したほかの価値尺度や価値指標の例についてこの機会を利用して説明することにしよう。

それらの方法は一部の読者には目新しく別の読者には第二の天性になっているかもしれないが、少なくともバーゲンハンティングの精神や有効に利用できそうな多くの見解について何らかの知見をもたらしてくれるはずだ。

一九七〇年代末から一九八〇年代初めにかけての米国株式市場でジョン叔父さんが発見した多くの魅力的性質のひとつは、さまざまな企業の財務諸表に記載された資産価値と比較して株価や時価が非常に割安だったということだ。時価を会計上の資産価値と比較する方法として最もよく知られ実行されたのはＰＢＲ（株価純資産倍率）だった。ＰＢＲとは、簡単に言えば、総資産から総負債を引いた値（純資産）を発行済株式数で割った値でさらに株価を割ることによって得られる（つまり一株当たり純資産で株価を割る）。ＰＢＲを計算するときバーゲンハンターはできるだけ低い値、たとえば一倍以下の値を望ましいと考える。

ＰＢＲの解釈の基になっているのは、財務諸表に計上された企業の純資産額に対してどれほどの金額を支払うのかという考え方だ。株価の支払額が企業の価値として計上された額よりも低ければ、バーゲンと言える可能性が高い。もちろんそうではなく企業が破綻しつつあることに市場が気づいている場合もある。その場合は株価が一株当たり純資産を下回っていても当然と言える。重要なのは、ＰＢＲが一倍以下になるときにはその企業に対する市場の**期待の低さ**が株価に反映されていると心得ておくことだ。逆に、企業が投資リスクを補って余りあるリターンを株主資本から生み出せると市場が見ている場合には、その企業に対する選好度に応じて一倍や、時にはそれを大きく上回るＰＢＲが付けられることになる。ここでＰＢＲのまとめをしておこう。

株価÷一株当たり純資産＝ＰＢＲ
一株当たり純資産＝（総資産－総負債）÷発行済株式数

この倍率はどんなときも用いられるが、一九七〇年代末から一九八〇年代初めの時期には米国経済に特殊な現象が生じていた。それは投資をむしばむほど急激な二桁のインフレ率だった。そうしたインフレ率によってＰＢＲの通常の性質が変化し、投資家にとっては特別な価値が明るみに出されることになった。

たとえばインフレ率が二桁の状況では、ＰＢＲが極めて低く、したがってバーゲンハンターにとって株価が魅力的な水準にあったとしても、ＰＢＲを見ただけではその株がどれほど割安か完全には判断できないとジョン叔父さんは考えた。つまり資産の**取替価値**は企業の貸借対照表に記載された資産の取得原価よりもはるかに高くなると推測したのだ。別の言い方をすれば、五年前に一〇〇〇億ドルかけて建設した工場を持つ企業があったとして、その価値の伸び率――つまりインフレ率――が年一五％だったとすれば、その時点で工場を建て替えるには、当初支払った一〇〇〇億ドルを大きく上回る費用がかかる。一五％のインフレの結果として二〇

○○億ドルほどの建替費用が必要になるかもしれないのだ。このことを分かりやすくとらえる方法として、工場の建築材料を考えてみるとよい。工場が主に鉄鋼でできていたとしよう。鉄鋼の価格が工場を建設して以降毎年一五％以上値上がりしていたとすれば、あとになって工場を建て替えるときにはずっと高額のお金がかかるはずだ。

この論理に従うなら、株価は資産の取得原価と比較して割安なだけでなく、その実際の取替価値と比べて非常に割安だったことが理解できるだろう。ジョン叔父さんの言葉を借りれば、一九八二年後半の株価は資産の取替価値と比較して**過去最低水準**にあった。

図5.1はダウ工業株平均構成企業のＰＢＲを一九二〇代にまでさかのぼって示したものだ。図を見ると一九七八年初めから一九八二年まで数年間続いたＰＢＲ一倍以下の時期の重要性が分かるだろう。さらにその期間のインフレ率が一〇％台半ばだったことを踏まえるなら、取得原価すら下回っていた株価が取替価値と比べてどれほど割安だったかが理解されると思う。そうした関係をより深くとらえるために、グラフのなかでダウ平均のＰＢＲが一倍以下となっているもうひとつの時期である一九三二年までさかのぼってみよう。この年は一九二九年に始まった市場大暴落が大底を付けた年で米国は大恐慌の真っただ中にあった。だが一九七〇年代末から一九八〇年代初めの物価上昇つまりインフレとは逆に大恐慌の最中にはデフレと呼ばれる価格下落が進行していた。つまりダウ平均は一九三二年に一九二九年九月の価値の九分の一まで下落していたが、バーゲンとしては「株式の死」の時代には及ばなかったと言える。

図 5.1　ダウ平均の年平均 PBR

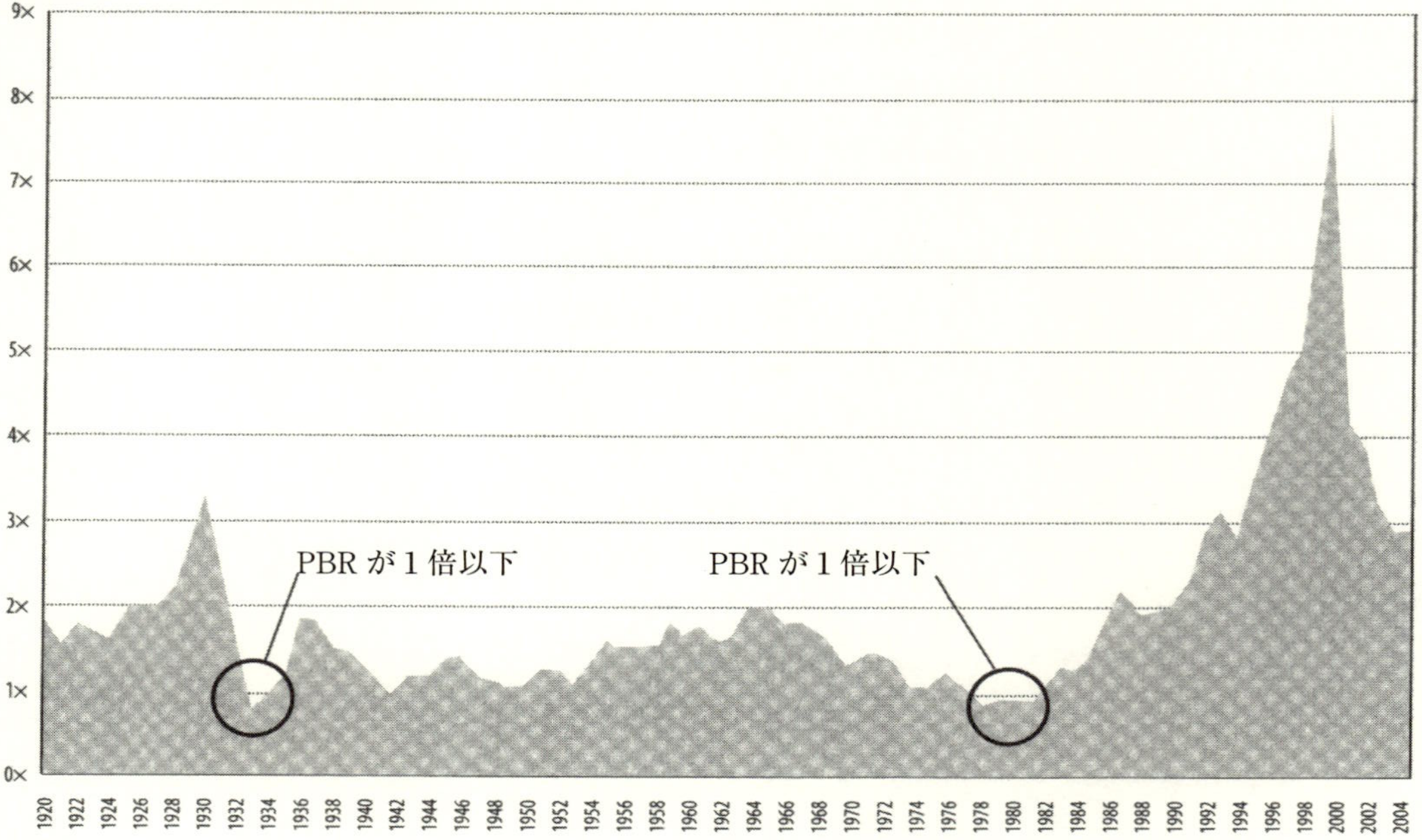

出所＝バリューライン

大恐慌の暴落の底にあったダウ平均構成銘柄がそれほど良いバーゲンでなかった理由は、企業の保有資産の取替価値が帳簿上の価値を二〇％下回っていたことにある。言い換えれば、それらの企業の各経営者が所有資産を取り替えたいと思ったら、物価下落でせいで二〇％安いコストでそれができたのだ。端的に言って、一九三二年の企業資産に付与されていた価値は取替価値の点からいって**過大評価**されていた。

一九三二年のダウ平均のＰＢＲは〇・七九倍だった。しかし資産の取替価値を用いると資産の簿価が引き下げられるため、実際のＰＢＲはもっと一・〇倍に近かったと言うことができる。それとは逆に、一九七〇年代末から一九八〇年代初めにかけてのＰＢＲを取替価値の観点から再解釈するなら、資産の価値が簿価を七〇％上回っていた事実を考慮することが必要となる。これは数年にわたって米国内のあらゆる物の値段を押し上げた激しいインフレによるものだった。したがって一九八二年のダウ工業株平均のＰＢＲが一・〇倍と計算されたとしても、その値をインフレ率で調整するなら、同年までの物価上昇と経営者が資産を取り替えるのに要するコストが考慮されるため七〇％増しの価値があると評価される。この論理に従い、一九三二年のＰＢＲの計算と同様に資産の取替価値を基準とした価格を用いるなら、一九八二年のＰＢＲは一・〇倍から〇・五九倍にまで低下する。つまり当時の株価は標準的なＰＢＲだけを調べた無頓着な投資家の推定よりも四〇％も割安だったのだ。

以上のような関係を表にすると理解に役立つことがある（**表5.2**参照）。伝統的な方法によっ

表 5.2　PBR の比較

ダウ平均	1932	1982	純資産調整後のダウ平均	1932	1982
純資産	81.8	881.5	取替価値	65.4	1,498.6
株価指数	64.6	884.4	株価指数	64.6	884.4
PBR	0.79	1.0	取替価値に基づく PBR	0.99	0.59

て計算されたPBRを、物価変動を考慮して計算されたPBRと比較してみると、表面的な観察では気づかない隠された価値を発見できる。

この表から二つの重要な教訓が得られる。第一は、バーゲンハンターにとって特に実践上役立つ教訓であるが、どんなときも財務比率を積極的に解釈する必要があるということだ。表面だけを観察すると一九八二年後半のダウ工業株平均のPBRが約一・〇倍だという結論にすぐに飛びつくことになる。もちろん歴史的に見ればそれはそれで低い倍率だ。だが数値の積極的な解釈を行うなら、貸借対照表に記載された資産の取得原価は現時点の物価との関係で実際の価値が過大評価されているという事実が知的処理によって見いだされる。ちなみに、このようなインフレに伴う物価調整を行うことによって、**名目**ではなく**実質**の価格が計算される。エコノミストは常に資産の名目価格ではなく実質価格に関心をもっている。数値の背後にまで踏み込もうとするこのやり方はジョン叔父さんの「余分な一オンス」の教義に関する上述の教訓とつながっている。余分な作業と余分な思考を惜しまないバーゲンハンターだけが、取替価値の観点から見て米国市場の株価がかつてないほど割安だという認識に行き着くことができるのだ。

またこの取替価値の分析と、第四章で述べたような日本市場の隠れた価値の発見に用いられた分析との間にも類似性がある。日本の例で、ジョン叔父さんは親会社に計上されない子会社の収益を考慮に入れるために日本企業の収益に対して調整を行った。今回の例では、時価に合わせて米国企業の資産価値を調整することにより隠れた価値を明るみに出した。どちらの例でも無頓着な観察者の目には見えない情報の非効率性を巧みに利用したのだ。

さらにジョン叔父さんはどちらの例でも真実の探求のために推論を用いた。今回の例では、真実とは「それらの資産が持つ真の価値とは何か」という問いに対する答えだった。分析過程の出発点でまずこの問いがなされたとき、叔父さんがしたような調整を行うことによって会計慣行の陰に覆い隠された価値を発見できたのは良識のおかげだった。無頓着な観察者は会計処理についてあれこれ解釈しようとするが、結局は企業活動の計上方法に惑わされてしまうことが多いものだ。これに対してバーゲンハンターはデータを積極的に解釈し深く掘り下げることによって会計用語で表示された中身を正確にとらえ、次に実際の経済的現実としてとらえた内容をそのデータと比較し対照する。現実の世界では、日本企業は財務諸表に計上されていない収益を生み出す子会社を所有していた。また米国企業は発表された財務諸表に記載された額以上の価値をもつ資産を所有していた。一九八二年にジョン叔父さんが語ったように、一九三二年の相場の大底で発見されたバーゲン銘柄について常日ごろ口にする投資家も、その五〇年後の一九八二年の市場にはるかに素晴らしいバーゲン銘柄があるという事実にはまったく気づいていなかった。バーゲンハンターはどんなときも市場で最高のバーゲン銘柄を探しているので一九八二年の米国市場のような投資機会を見逃すことはなかった。

最後に、多くの価値尺度を使う必要があるという最初の話に戻るなら、銘柄の判断にPERなどひとつ以上の指標を用いるのが有利であることは明らかだろう。一九八二年の株式はPERを基にしてバーゲンと判断できたかもしれない。だが取替価値と比較した株価はもっと大きなバーゲンであることを示していた。実際米国株がそれほど割安だった時期はほかになく、最高の投資機会が訪れていたのだ。PERにしても取替価値と比較した株価にしても、バーゲンハンターにとってはそれだけで米国株に飛びつくのに十分な理由だっただろうが、市場には株式の割安さを示すほかの手がかりもあった。

ジョン叔父さんが信頼できると考えた別の手がかりとは当時企業買収の件数が多数に上っていたことだった。企業のリサーチを行うバーゲンハンターに対する叔父さんのアドバイスのひとつは、企業それ自体と同じくらいの時間を競合他社の調査に費やすということだ。企業に関する最高の情報は、その企業自身よりも競争相手から得られる場合が多いというのが彼の口癖だった。その理由は、優良企業は競争相手の企業に注意を払い、競争で優位に立とうと多大な努力を払っているということにある。そうした努力のおかげで競合企業は相手企業の内容とその長所・短所について優れた実際的知識を蓄積してきている。それだけでなく、平均的なバーゲンハンターよりも素早く事業環境を評価することができるし、どんな場合に一時的に不利な状況によって企業の時価が大幅に下落するのかもよく理解している。競合企業はそうしたことすべてを考慮に入れて、しばしば有望な他企業を自社の事業に吸収しようと図る。そのもととなる理由は状況によって異なるが、通常は競争相手の長所を自分に取り入れ、弱点を排除することを目的としている。

このようなわけで、ジョン叔父さんは企業買収の件数が増えつつある状況に気づいたとき、自分が目にしたほかの兆候と並んで、株価が企業の本質的価値に比べて安すぎることを示す市場のシグナルとしてその事実を受け止めたのだった。競合企業が買収のために提示する額が被買収企業の株価による時価総額を五〇％から一〇〇％も上回っている点に気づいたときも、市場にバーゲン銘柄があふれているという叔父さんの確信は一層強まった。こうした叔父さんの観察はバーゲンハンティングではありふれた戦略といっていい。多くの機敏なバーゲンハンターは業界の歴史的な買収水準に比べて価値が安すぎる企業の時価を熱心に注視している。そうした関係を発見するために最もよく用いられる方法は利払い前、償却前、税引き前の収益（頭文字をとってＥＢＩＴＤＡと呼ばれる）と比較した銘柄の「企業価値」に着目することだ。会社の企業価値とは端的に言って株式市場における株主資本の市場価値に債務額を加え、そこから貸借対照表上の現金額を差し引いた額に相当する。この企業価値の背後にある発想は企業全体の買収にかかる費用を計算するということだ。つまり次の式に表されているように、買収者は株主が出資した資本を買い取るとともにその企業の債務を引き受けるか返済する必要があるわけだ。

企業価値＝株主資本の市場価値（時価総額）＋債務総額－現金

この計算の眼目は「現金的な」収益を基準とした企業の買収価値について大まかな目安を知ることである。ＥＢＩＴＤＡが「現金的」というのは現金収益の代用指標として用いられることが多いという理由によるものだが、もちろん一筋縄でいかない場合もある。実際的な例としてある会社の企業価値をＥＢＩＴＤＡで割った倍率が三倍だったとして、同じ業種の競合企業が別の企業をＥＢＩＴＤＡの六倍で買収したとすれば、その会社の株価はバーゲンだと結論づけることができるだろう。つまり、バーゲンハンターがその会社の株を買おうとするか、競合企業がその会社を買収しようとするかのどちらであれ、市場のだれかがその会社をバーゲンと認めることになるはずなのだ。話を一九八〇年代初頭の例に戻せば、企業が株価の五〇％増しや一〇〇％増しの価格で競争相手を買収していたという事実は、ジョン叔父さんが当時次々と見いだしつつあったほかの多くの尺度と同様、非常に論理的な「価値尺度」と言えるものだった。

ジョン叔父さんが一九八〇年代初頭の市場で見つけだしたバーゲンの別の兆候は、営業から生み出された現金を使って自社株を買い上げる企業数が急増しているということだった。この活動に目を付けたのは数百社もの企業が、自社株が非常に割安な水準にあるとして公開市場で買い付けを進めていたからだった。叔父さんの推論によれば、何と言っても経営者はどんな外部の観察者よりも会社の価値をよく知っているはずであり、したがって自社株買いは株価が企業の相対的価値に比べて低すぎる水準まで下落したことを示す良い証拠だった。また企業が市場で自社株を買い付けてこれを消却すれば、ほかの条件が同じなら、収益がそのまま発行済株式数が減少するのだから一株当たり利益（ＥＰＳ）を押し上げることになる。多くの株主が自社株買いを望ましいと思うのはそれによってＥＰＳが高くなり、恐らくは企業の価値の上昇にもつながるからだ。企業が豊富に現金を持つようになったり、余剰現金を使って事業への新規投資を円滑に進めなかったりすると、多くのアクティビスト株主（物言う株主）が自社株買いを求める行動に出る。また投資家のなかには別の理由で配当よりも自社株買いを歓迎する者もいる。その考え方によれば、配当が支払われると課税対象額が増えるため、この形の株主還元では政府への納税によってお金の一部が無駄になるというのだ。

株価が下げすぎており、トレンドがやがて反転するとジョン叔父さんが考えた最後の手がかりは巨額の現金が投資家の手元にとどまっているということだった。「私がこれまでに見たことのない額の現金が今や使用可能になっている」と叔父さんは当時語っていた。豊富な現金の保有者のなかには保険会社、自国の株式市場が米国よりもはるかに高い水準にある外国人投資家、年金基金など大規模な機関投資家が含まれていた。叔父さんの推定では当時米国の年金基金は約六〇〇〇億ドルを保有していた。そのうえ、年金基金の専門家は年金基金の資産が向こう一二年の間に三兆ドルに達すると予測していた。つまり将来年金基金が投資に向けざるを得ない資金が最終的にその時点の五倍になるということだった。そのうちの最低五〇％（過去の平均は五五％）が普通株に投資されるとすれば新たに一・五兆ドルが株式市場に流れ込むことになる。ちなみに一九八二年の株式市場全体の時価総額は一・二五兆ドルだった。

このような推論を進めていけば、そうした資金はどこかに流れ込まざるを得ないという単純な理由で新規の買いによる株価上昇が十分期待できた。この考え方は、収益の成長と本質的価値の上昇に伴う買いによって株価が上昇するという伝統的な考え方とは対照をなす。いずれにしてもジョン叔父さんは年金資金の投入で株価が二倍になるとは見ていなかったが、それでも米国株が素晴らしいバーゲンと考えるもうひとつの理由にはなると認めていた。言うまでもなく、そうしたすべての現金は、機関投資家が株式市場に戻ることはなく、今後は株式よりも不動産やコモディティ、収集品などのほうを好むとする「株式の死」と符号するものだった。

ほとんどの投資家はそうした見方が一見してバカげていることに気づくだろう。たとえば人々の退職基金や保険料が切手などの収集品に投資されることを想像してみればよい。だが当時コモディティや収集品への投資は人気が高く、株式には人気がなかった。その時点では激しいインフレや、収集品によって生み出される素晴らしいリターンや、株式市場を覆う厚い雲に終わりが訪れることを見通せる者はいなかったのだ――少なくともひとりの投資家を除いて。

一九八二年にジョン叔父さんはルイス・ルーカイザーがホストを務める「ウォールストリート・ウイーク」という人気のある投資テレビ番組に出演した。番組では、インフレ、失業、高金利、景気後退などを背景にあらゆる悲観論が米国経済と株式市場を取り巻く状況にあって、叔父さんはコンセンサスの見方を相手に真っ向から反論をぶつけた。そのころはまだ一〇％台半ばから後半に達する高インフレ率と高金利のために株式のＰＥＲが一桁台前半から半ばの水準に永続的に押しとどめられるという見解が優勢だった。だが叔父さんはコップに水が半分も入っているという楽観的な立場に立ち、バーゲンハンターとしての視点から株価が企業価値に比べあまりに低すぎると確信していた。本章で説明してきた価値尺度を武器として使い、株式市場が死んではいないことに強い自信をもっていた。むしろその逆で、市場がまさに再生の間際にあると見ていた。そしてダウ平均がその先一〇年間に三〇〇〇ドル以上に上昇する大強気相場が始まろうとしていると語った。

その予測がなされた状況を見ると当時ダウ平均は八〇〇ドル台前半から半ばで取引されていた。つまりジョン叔父さんは一〇年でダウ平均が現行水準からほぼ**四倍**になると予測したわけだ。これはその時点としては信じられないほど大胆な主張だった。見物人やほかの市場観察者は叔父さんの気が狂ったかと考えた。一見すると当時としてはその予測は現実離れしていると思われたかもしれないが、叔父さんは米国の株価が**生涯で**最高のバーゲン水準にあると確信し、自分の予測を常識的な説明と簡単な計算で証拠立てたのだった。

叔父さんの説明によれば、企業収益が長期平均である約七％で成長する一方でインフレ率が約六～七％の予想範囲に収まるならば、利益全体は年一四％で伸びる。この一四％の伸びを年複利で計算すれば五年後の株価はおよそ倍になる。そして同じ条件が維持されればその後の五年でもまた倍になる。ところでこうした企業収益の動きによる倍化には株式市場でＰＥＲが上昇することが考慮されていない。だがダウ平均のＰＥＲの長期平均が一四倍なのに対してその時点のＰＥＲが約七倍ということからすれば、その倍率が押し上げられて平均に回帰すると見るのが妥当だった。そこでジョン叔父さんは大量の資金が未投入のまま機関投資家の手元にある状況を踏まえ、ダウ平均をさらに上昇させる潜在的な買付力があると考えた。要するにそれほど落ち込んだ投資環境にあってあらゆる悪材料が株価に織り込まれている以上、叔父さんや米国株の全保有者にとって状況が有利に改善する確率は極めて高かった。その後に続いた九年間、彼の予測は的中した。

図5.2に示されているようにジョン叔父さんの予測は一九九一年に達成され、その結果彼は投資の権威として一段と広く認められることになった。だが私たちが振り返って確認しておく必要があるのは、ほかの全員が絶望的とみなした状況のなかへ叔父さんが積極的に足を踏み入れ、予断のない目でそれを調べ、その結果多数派に逆らってでもあくまで自分の発見に従って進むと決心したことだ。このように他人が目を向けようとしないバーゲンに着目し、その後も孤島に独りで立つ力をもつということは、バリュー投資で継続的な成功を収める基本的な秘訣と言

図5.2　1980～1992年におけるダウ平均

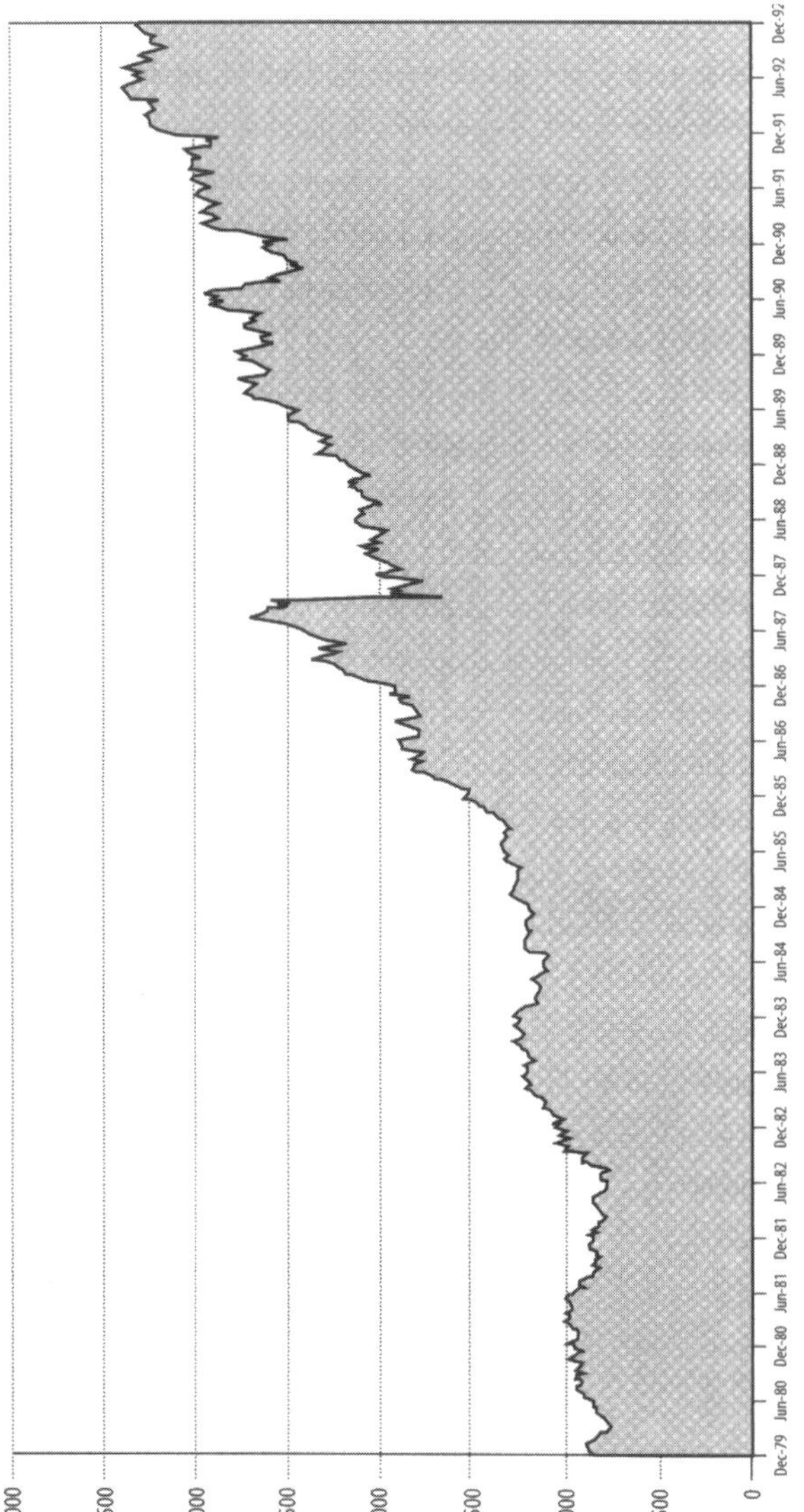

っていい。

ジョン叔父さんが指摘したように、一九三二年の買い付け機会をうらやんでいた投資家は一九八〇年代初めの株式市場のチャンスを完全に見逃した。そこから言えるのは、個別的なスタンスでも、またさまざまな銘柄を含む一国全体の市場を対象とする場合でも、他人が調べようとしないところに着目する姿勢をとることの重要性だ。理由はよく分からないが、株価が落ち込んだときが買い時だと考える投資家でもその実行には抵抗を感じる。これは昔からの現象で、しかも安売りの株を買おうとしないことからすれば矛盾した現象とも言える。ショッピングセンターで全品五〇％の値下げを発表したからといってティーンエイジャーの少女たちが店から（しかもわれ先に）逃げ出すことなど想像できるだろうか――むしろ逆の行動をとるはずだ。だがそれこそが株の安売り時に市場で起きていることなのだ。

人間がもつこうしたハンディキャップを克服するためには定性的推論ではなく定量的推論に依拠する必要がある。ジョン叔父さんは自分の行動が数値を基にしたもので「会社を好きになったことはなく、銘柄だけを選好した」といつも私たちに語っていた。主な投資方法として企業価値を計算しそれとの比較で最も割安な価格を求めようとしているのであれば、「株式市場の死」のなかにある投資機会を見逃すことはない。だが投資の手がかりを市場観察者や新聞や友人から手に入れているようなら、見通しが地味な株に投資することはできない。その逆に独立心を備え、多数意見よりも数値を重視しているのであれば、どんな市場状況でも通用する強力な投資戦略を構築できる。別の言い方をすれば、推定された価値と比較して過去最低水準で取引されている銘柄を発見したとき、ほかのすべての投資家がその銘柄に見向きすらしていなかったとすれば悲観の極みを利用できる。これこそが最高の投資機会となる。

第6章 バブルで空売りするには及ばない

「英語で最も高くつく四語は『今回は違う（this time it's different）』だ」――ジョン・テンプルトン卿

一九九九年初め、私は大学卒業と同時にモルガン・スタンレー・ディーン・ウイッターに入社してジョージア州アトランタの営業所で初歩的な仕事に就き、金融界での第一歩を踏み出した。私が投資に手を染めたのは八歳のときで、今も壁に掛けてあるギャップの株券を所有したのが始まりだった。だがそうした経歴にもかかわらず一九九〇年代後半の強気一点張りの相場に対する準備はできていなかった。私は若かったし、熱気あふれるハイテク株の新規株式公開（IPO）から湧き出す大金には目を見張らせるものがあった。その大金は投資銀行、証券会社、そしてもちろん「ニューエコノミー」を形成する企業を経営する二〇歳そこそこの新入り実業家のふところに流れ込んでいた。

この業界でスタートを切るには絶好のタイミングだった。というのも二〇〇〇年に株式市場の熱狂がピークに達したのち絶望的な売りが続くのを直接目撃することで、二～三年のうちに一生分の投資経験が得られたからだ。また二〇〇一年夏に立ち上げたヘッジファンドは初心者が経験を積む場所としては相当のものだった。本章は一九九九年と二〇〇〇年の目くるめく時代を舞台とし、父と私が一九九九年初めにバハマ諸島のジョン叔父さんを訪ねたところから幕が開く。

父と私はその朝バハマのナッソーに着いたばかりだった。私たちは、ジョン叔父さんが住むライフォード・ケイ・クラブのプールサイドのダイニングコーナーで昼食を食べていた。私は話題に困って自分からついこんな質問をしてしまい、すぐに後悔した。「叔父さんはハイテク株を買ったことがある？」。彼は静かに私のほうに目をやり、手にしていたコーラをそっとテーブルに置くと、気づかないほどわずかに微笑んでこう言った。「少し話をさせてくれ」

私はテネシー州ウィンチェスターで少年時代を過ごしたが、今でも覚えている出来事がある。ある夏の夕暮れ時、兄さんと私は通りを走って行ってある家のポーチの前に集まっている大群衆に加わった。ほとんど町中の人がそこにいてわくわくしながら待っていた。ついに家の主人が笑いながら玄関に現れて、すぐに始めると合図した。主人は家に入った。するとスイッチが入って家中の明かりが灯された。集まった群衆は大声を上げ、喜んで拍手した……。これが電気の始まりで、その後の世界を永遠に変えた。だがその株から撤退すべき時期はその何年も前のことだった。

その話を皮切りに叔父さんは金融市場のバブルの例をたくさん話してくれた。話は一六三〇年代にオランダで起きたチューリップバブルを含め何世紀にもわたるものだった。そのなかにはフランス人投機家によるミシシッピーバブル、イギリスの南海泡沫事件、そしてもちろん鉄道ブームと破綻が含まれていた。もっと時代が下っても無線ラジオ通信、自動車、テレビをめぐる投機バブルがあった。叔父さんは常にそうした行動に魅了されており、ついにはテンプルトン財団出版社に『**狂気とバブル――なぜ人は集団になると愚行に走るのか**』(パンローリング)の復刻版を出版させたほどだった。民衆の熱狂をもたらした経済活動に関する叔父さんの話で特に興味を引いたのは経済環境と人間行動の点で各事例に共通する特徴があることだった。何世紀前のものであってもそうした事例を十分に調べてみると必ずおなじみの要素が浮かび上がってきた。インターネットバブルをご存じの読者が一八世紀のイギリスで発生した南海泡沫事件を研究してみたら、恐らくデジャブの感覚を味わわされるはずだ。

自動車産業の例を取り上げてみよう。一九〇〇年代初めの揺籃期には業界への参入障壁はほとんどなかった。一九九〇年代後半から二〇〇〇年代にかけてドットコム企業がほとんど爆発的に増えたように、一九〇〇～一九〇八年の米国では自動車の初期商用化に伴い五〇〇社もの自動車会社が市場にひしめき合っていた。初期の自動車会社は大規模な製造会社というよりも部品の組み立て会社にすぎず、初期のドットコム企業の多くがアイデアとウエブサイトしか持ち合わせていないのと同様の状況だった。どちらの場合も事業を立ち上げるのに大した資本は必要なかった。また初期段階の大量の企業がどんな運命をたどるかは予想がつかず、単に競争の淘汰力によってのみ最終的に勝者と敗者が分離された。

人々は通常スタート時点にある業界を大きく過大評価するものであり、そうした状況は当然と言える。ほぼ一〇〇年を隔てて同じように活況と熱狂を経験したそのどちらの産業でもブームが去ったあとは、最初の参加者のほとんどすべてが姿を消した。競争が激しさを増し、企業が投資家からの資金調達ではなく自力で収益を上げる能力によって生き延びることが必要になると、つられて参加した者は消えていった。ゼネラル・モーターズの陰にはたくさんのニュー・イアラ・モーターズがあり、イーベイの陰にはたくさんのウエブバンがあったわけだ。大衆が流れに参加して熱狂が次第に高まっていく段階では新産業のどんな企業も支援しようとする人々の意欲は最高潮に達する。投資家はしばしば非常に怪しげな生まれたての企業にも資金を出す。そうした企業は資金が尽きるとたちまち破綻し、支援した浅はかな投資家は大損を受ける。

どんな株式バブルにも共通するもうひとつの特徴は下振れリスクをほとんど無視した楽観論が横行するということだ。通常この楽観論はその業界の法外な成長予測によってあおり立てられる。またその成長は大した中断もなく一直線に拡大するものとされる。一九一〇年代に自動車業界の急成長の時代が始まったとき、終わりなき成長という野放図な楽観論は単純な事実として受け止められた。そうした終わりなき成長という考え方と並んで、成長には中断がなく一直線に拡大するという暗黙の前提が存在していた。

インターネットによってニューエコノミーの概念が導入されたのと同じように、自動車の発達は「新時代」をもたらすものとされた。投資家の称賛を集めたこの新時代は高速交通の時代を指していた。この例から、二〇世紀でも二一世紀でもハイテクバブルが生じると必ず「新時代」が宣言されることが分かる。一九九〇年代後半から二〇〇〇年にかけてのニューエコノミーでもそうだったし、一九一〇年代の高速交通の時代でもそうだった。この両バブル期の新聞記事を調べてみるとその類似性がはっきりと浮かび上がってくる。以下に示したのは一九一二年のニューヨーク・タイムズ紙からの抜粋だが、そこには暗黙裏の中断なき成長の予測と高速交通の新時代への突入という考え方が表れている。

自動車を一時的流行や熱狂と見る人が大勢いるがこれは誤っている。それほど的はずれなことはない。自動車が高速交通の時代をもたらすものであり、また自動車に対する実際のニーズは非常に強く幅広いので、需要の減退が起きるとは考えられないことをだれもが理解する必要がある。

「需要の減退が起きるとは考えられない」――もしこれが一方的見解でないとすればほかに

どんな一方的見解があるだろうか。次に一九九九年後半のワイヤード誌の記事を見てほしい。以下の抜粋はテクノロジー業界に関するニュースレターを発行していたハイテク強気論者であるジョージ・ギルダーのインタビューの一部だ。この引用の根底にも非現実的な一直線の急成長の見方がある。

私はインターネットの評価がむちゃくちゃだとは思わない。巨大な投資機会に対する根本的な信念の表れだと考える。ほとんどすべての予測が向こう五年でインターネットのトラフィックが一〇〇〇倍ほどに増大すると見ている。つまり現在のインターネット企業はこの二年間で潜在的なトラフィックの一〇〇〇分の一しか取り扱っていないことになる。そのペースでいけば一〇年後には一〇〇万倍に拡大する。

「一〇〇万倍の拡大」とはまさに手放しの楽観主義だ。公平に見て、確かに自動車やインターネットは世界を永遠に変えた。だが私たちはバーゲンハンターであり、株式市場全体がこぞってそうした意見に同意しバブルが膨れ上がった段階では自動車もインターネットも著しく過大評価された高リスクの投資になっているという事実に懸念を覚える。ここで、株価とその背後にある企業を区別するという株式のバーゲンハンティングの第一原則を思い出してほしい。そ取り上げている例では投機家が楽観的な見通しに立って株価とは無関係に株を買っている。その企業は世界を変えつつあり、何者もその成長を止められず、株価はどこまでも上がり続けると思い込んだら株価水準は無視される。投機家はそうしたアイデアに魅了され、間違いなく成長が続くと思い込むので、その種の投資に必ず引き込まれてしまう。何年にもわたって続いた自動車株に対する熱狂のなかで株式市場が永続的な成長と利益という魔法にかかっていたことが明らかとなった。次に引用した一九一六年のウォール街の取引に関するレポートには、自動車業界の成長に関する野放図な予測を背景とした株式市場の雰囲気がよく表れている。

昨今、証券会社の営業所にしばらく入ってみると自動車株が熱狂状態にあることがよく分かる。自動車株で儲けたばかりでまだ自動車を持っていない投機家はその利益で自動車を買う算段をしている。同じように成功して自動車をすでに保有しているトレーダーは、もっと大きな自動車を買うことを計画している。

投機的熱狂に付随するひとつの特徴は資産効果と言われるものだ。この効果は新たに増えた（持続的な）富を意識することから生じる。この心理的変化によって、成功した投機家の心に新資産を使いたいという新たな衝動が生まれる。右の例では自動車株の投機で当てた証券マンは儲けを使って新車を買おうとしている。一九九〇年代後半のインターネットバブルでは、新資産の魅力に引かれたデイトレーダーや趣味としてインターネット株を手掛け始めた人たちが熱狂のとりことなった。多くのデイトレーダーが強気相場を自分の才能と取り違えるという恐ろしい過ちを犯し、仕事を辞めて一日中トレードするようになった。もちろん彼らの計画は株式市場で儲け続け、その利益をさらに大きな金銭的成功と個人消費のために使うということだった。次に挙げた一九九九年のウォール・ストリート・ジャーナル紙からの抜粋では、デイトレードを始めた小学校の先生が富を増やして消費を拡大するという似たような事例が取り上げられている。

ミシガン州ブルームフィールドヒル出身のある小学校教師はウイット・キャピタルとイートレードの証券口座を通して新規公開株を買い、しばらくしてそれを売ってかなりの儲けを手にした。

プリンスライン・ドット・コムやウエブメソッドなど大人気の新規株式公開に短期投資することで、彼の株式ポートフォリオは約二〇〇〇ドルから約九万ドルへと膨れ上がった。彼は復活祭休日に家族をマウイ島に連れて行く予定で、またＤＶＤレコーダーを買い、家のリフォームを行うことができた。

一九〇〇年代初頭の自動車株トレーダーは儲けで自動車を買い、一九九〇年代のデイトレーダーは素晴らしい旅行に出かけ電気製品を買った。時代は違うがパターンは同じだ。そのような行動は投機家がさらに大胆に含み資産（トレードで失うおそれがある）を使うようになると悲惨な結果につながりかねない。同じように相当数の民衆が株価の値上がりを前提として消費するようになると、株価下落による消費落ち込みで経済に悪影響が及ぶおそれがある。株価上昇に伴う消費拡大が長い間続いた場合にはその悪影響はさらに深刻なものとなる。そうした作用は一九二九年の米国株式市場の暴落で生じており、また一九八九年に生じた日本の株式・不動産バブルの破綻でも見られた。さらに株価上昇と消費の関連性は一七二〇年の南海泡沫事件で露呈された経済的仕組みの一部でもあった。

南海泡沫事件はあらゆる階層の人々が巻き込まれたことから一八世紀以降広く知られることとなった。この株式バブルがほかの大部分と異なるのは、多くの場合何年も続くことのある全体の過程が劇的な数カ月の期間に圧縮されていることだ。この事件の発端は英国議会が貿易会社の南海会社と取引を結んだことに始まる。その取引とは南海会社が英国国債の大部分を引き受け、その保証（実質的な支援）のために同社に南北アメリカのスペイン領との独占的貿易権を与えるというものだった。以前からの国債保有者は永久に六％の配当が支払われる南海会社の株式を提供された。株主はまた株価の値上がりから利益を得ることもできた。最初の取引が締結されてからしばらくして、イギリス国王は国民に向かって演説して国債発行高を減らしたいという希望を表明した。

チャンスをつかんだ南海会社の経営者は、まもなく株式の売り出しに似た方法によって英国債を全部消却する計画を考え出した。この計画が承認され株式が売り出されると、南米に眠る無尽蔵の金鉱や銀鉱のイメージや収益が伸びるという予想が大衆の心をとらえた。そのうえ、会社の取締役たちは株価をつり上げるためにそうしたうわさを自ら広めた。新世界から富を引き出すというイメージは強烈な威力を発揮し、英国民は夢中になって南海会社株を売買するようになった。一九九〇年代後半のデイトレーダーを見て首をかしげた人は、一七二〇年に南海株式会社株を売買する一匹狼のデイトレーダーにも違和感を覚えるに違いない。デイトレーダーはバブルに付きものの存在で、少なくとも一八世紀イギリスにまでさかのぼる。どんなバブルの事例でも、人々はすべての社会的義務を放り出して株式市場の富をつかもうとする気持ちを抑えきれなくなるのだ。一七二〇年のポールモール・ガゼット誌に載せられた次の私信を読むと、南海会社株のバブルが疑うことを知らないあらゆる階層のお人好しをどれほど引き付けたかが容易に想像できる。

地主は先祖伝来の土地を売った。取引所の常連投機家ばかりでなく、牧師、哲学者、大学教授、非国教派の大臣、上流階層の人々、貧しい寡婦などまでが全財産をその新しい株につぎ込んだ。

南海泡沫事件はインターネットバブルと同じようにあらゆる社会階層の人々を巻き込んだ。

時代や場所が変わっても濡れ手で粟の儲けの魅力はいつも絶大なのだ。どんな社会的地位の人も例外ではなかった。当時最も良識の高い人も餌食となった——アイザック・ニュートン卿もこのバブルで大損した。ある貴婦人はロンドンから親戚に宛てて出した手紙のなかで南海会社株に関する自分の経験を次のように語っている。

皆、南海会社で大騒ぎしています。ご婦人方は株を買うために宝石を売り、株を買えて喜んでいます。ジェミーは大儲けにいたく満足で、いつものいかめしい顔が笑顔に変わっています。人の顔を見るたびににやにやするのです。ホワイトワース氏は二カ月後に五〇〇ポンドで南海会社株一〇〇〇株を入手できる先買権のために私に二〇〇〇ギニーをくれました。彼はその株を受け取ることはないと思います。これで私も金持ちの未亡人になるわけです。こんなふうにお金を増やせる時代は初めてのことです。

またその夫人の親戚のひとりは投機のことも含めその日の出来事について次のような返信を書いている。彼もまた市場で簡単に得られる利益を天の恵みと感じている。

みるみるうちに金持ちになれるので株の取引を大いに気に入っています。南海会社が年金受取人に与える中身を発表して以降株価は大幅に値上がりしています。今日の株価は四六〇ポンドでした。会社は売り出し時点で四五〇ポンドの先買権について五〇％の割り増しを付けています。株価は下げる前に五〇〇ポンドまでいくと思います。

南海泡沫事件やその後起きたほとんどのバブルでは、熱狂を問題視する悲観論者に対する大衆の反感を示す例がよく見られる。一七二〇年には賢明な財務家で前大蔵大臣のロバート・ウォルポールが南海会社の株式発行に反対し、その計画に対する反論を率直に表明した。株式発行に反対する彼の論拠の一部は次のとおりだ。

株取引は危険な行為であり、この国の賢人たちを商業と工業から遠ざけてしまう。株取引は無分別な人を破滅へおびき寄せる危険な魅力を提示している。労働による所得を捨てて想像上の富へと向かわせるからだ。今回の計画はとてつもない規模の邪悪さが根本をなしている。社会全体の熱狂をあおり立て続けることによって、また目的にはふさわしくない資金からの配当を約束することによって株価を人工的につり上げようとしているのだ。

金銭に関するウォルポールの見解は正しい。彼はゲームが始まってもいないのにそれに引きずり込まれる判断力不足のデイトレーダーについて懸念した。だがその懸念と警告は雑音として無視された。この例から分かるように、熱狂を支える一般通念に異を唱える者は大衆によって排除される。このことはドットコムの熱狂の時期にも当てはまる。そのとき、デイトレーダーが大勝利で称賛を浴びる一方、保守的なバーゲンハンターは巨額の利益に手を出そうとしないといって世論から非難された。特に目立ったのはバブルが過熱するなかで、投機家の自信が強まって自信過剰にまで陥ったことだ。

ドットコムバブルの最中にはジュリアン・ロバートソンとウォーレン・バフェットという大成功を収めた二人のバリュー投資家が、高騰したハイテク株を買わなかったために市場をアンダーパフォームしたとして世論から不当と思われる批判を受けた。たとえば一九九九年一二月二七日には金融週刊紙のバロンズが「ウォーレン、どうした?」という特別記事を掲載した。記事は一九九九年の市場でバフェットのリターンが低調だったことを取り上げ、新タイプの投資家に置いてけぼりにされたと示唆した。

しかしバークシャー（バフェットの会社）の影が薄くなったのには単に営業成績や投資成績が振るわなかった以上のことが絡んでいる。率直に言って、二〇〇〇年に七〇歳を迎えるバフェットについて保守的すぎる、あるいは時代遅れとさえ見る投資家が増えている。

一九七九年の「株式の死」の記事と同じようにこの記事も今の時点で振り返ればジョークに見えるが、当時はそうではなかった。有名な金融評論家や大勢のデイトレーダーがこぞって長期スタンスのバーゲンハンターを嘲笑し、その成績不振に嫌悪感を示した。この時期の雰囲気を特によく伝えているのは一九九九年一二月のウォール・ストリート・ジャーナルに掲載された次の記事だ。この記事では元ソーシャルワーカーのデイトレーダーが自分の株取引の腕前をバフェットと競っている。

カリフォルニア州レドンドビーチに住むあるソーシャルワーカーはそれまで株を買ったことがなかった。市場が自分に向いていないと考えていたのだ。「でも間違ってたわ」と彼女は言う。ある日車の運転中、彼女はラジオである地元企業が「興味深そうな契約をロシアと結んだ」という話を聞いた。電話してさらに詳しい情報を聞いたあと、彼女は生まれて初めて証券口座を開設して一〇〇株の株を一二ドルで買った。その銘柄は現在のMCIワールドコムだった。投資した一二〇〇ドルは今では一万六〇〇〇ドルになっており、レッド・ハット、ヤフー!、ゼネラル・エレクトリック、アメリカン・オンラインなどとともに六桁台半ばのポートフォリオの一部となっている。

「二年で資金が倍になったわ。信じられないような話ね。すごいわ。ソーシャルワークの仕事ではとても不可能よ」

一九九〇年代にはウォール街のプロと並んで一般投資家が有力な金融勢力として浮上し、夢に見た最高の金額以上に正味資産を増やすとともに相場を過去最高値にまで押し上げるのに貢献した。実際今では個人投資家がニューヨーク証券取引所（NYSE）の出来高の三〇％以上を占めており、一九八九年の一五％以下から大きく拡大している。どんな職場をのぞいてみても――事務所に限らず自動車販売店、居酒屋、工場などどこでも――たいていは投資について冗談を言い合っている人々を見かけるだろう。

先のソーシャルワーカーは銘柄選択が非常に好調なことから仕事は週末だけに減らして週日は一日中自宅でトレーディングに励んでいる。「毎日数銘柄を買って数銘柄を売ってるわ」と彼女は言う。目標は年間一五万ドルのトレーディング益を達成することだ。そうすれば退職後に夫とともに暮らしていく資金の蓄えができる。

彼女はこれまでの投資のなかで投資哲学を築き上げてきたが、それを聞くと投資家がどれほど深く「モメンタム」投資に染まっているか――そして「バリュー」株を重視することがどれほど流行遅れになっているか――がよく分かる。「彼らは皆『買ったらずっと持っているのがいい』と言うわ。でも、株が下がり続けるようならどこかで手放したほうがいいはずよ」と彼女。

教訓は何か？　彼女は続けてこう言う。「損の出た株は売ったほうがいい。株が上がるのは私が名人だからじゃない。そしてチャートを見て先が望めないようなら処分するわ。損切りは一〇％と決めてるの」

バフェットさん、分かった？

何という言いぐさだろうか。彼らがバフェットを目の敵にするのは、彼のバリュー投資が長期的に成功を収めているからに違いない。ちなみにMCIワールドコムは会計上の不正を働き、その数年後には米国市場最大の倒産に至った。ソーシャルワーカーの例はデイトレーダーがハイテク株に対して抱いていた底なしの自信を示す一例である。彼らの銘柄選択はモメンタムトレーディングを基にしたものだった。最も単純化して言えば、上がっている株を買い、下げている株を売るのがモメンタムトレーディングだ。要するに、売買計画全体が大勢に従うようになっている。熟練したバーゲンハンターの目から見れば、ハイテク株に対するそうした飽くなき信頼感は砂上の楼閣が崩れ去る前兆だった。

ハイテクバブル期におけるMCIワールドコムの例は人間行動と株式バブル間の変わらぬ関係を示すもうひとつの好例と言っていい。資産バブルの不幸な特徴のひとつはだまされやすい大衆を無慈悲に食い物にする例が後を絶たないことだ。電気通信業界の巨人であるMCIワールドコムは、ハイテク株の上昇を利用して次から次へと買収を重ねてきた。あの悪名高い（獄中にある）バーニー・エバーズCEO（最高経営責任者）の指揮の下で一九九〇年代後半に一連の買収を通じて大きく事業を膨らませたのだ。その計画は単純なものだった。高騰した株価を武器に競合他社を買収することで電気通信業界を統合しようとしたのである。その頂点となるはずだったのが一一五〇億ドルのスプリント社買収だった。だがこの取引は独占禁止法違反として当局によって中止させられた。この中止措置のあとまもなくハイテクバブル全体が破綻し、エバーズはＭＣＩワールドコム株を担保とする四億ドルの借入金を使った個人的投資に危機感を覚え始めた。株価がさらに下落すれば、巨額の借入金の担保が不足して債務返済に追い込まれるのだ。

インターネットバブルの破綻を受けてＭＣＩワールドコムの株価が下がり始めると、彼は株価操縦に走った。落ち込みつつある事業状況を隠すために不正会計を行い、株式市場をだまして高水準にある株価を維持しようとしたのだ。それまで同社は買収によって拡大した事業を通じて成長と収益増大を計上してきた。しかしスプリント買収の失敗のあと買収が滞ると、収益増大を計上するための手軽な会計上のてこがなくなってしまった。監査法人がアーサー・アンダーセン社からＫＰＭＧに代わると監査の過程で不正会計が発覚し、とうとうエバーズは年貢を納めることになった。結局投資家は一八〇〇億ドルを失った。これは古くからある策略で、エイブ・ホワイトだったらその自慢話をしたことだろう。エイブ・ホワイトとはだれか？　次はその話をしよう。

一九〇四年の無線電信バブルは大衆が偽物への道に誘い込まれたもうひとつの事例だ。二〇世紀初頭のハイテクバブルでは無線電信による通信形態（ラジオのメッセージ）がアメリカ民衆の想像力を、そして当然財布もとりこにした。このバブルはマルコーニによる無線電信の発明に始まり、熱狂につけ込もうとする物まねたちで終わった。

グリエルモ・マルコーニはイタリア人とアイルランド人を両親として、醸造会社（ジェームソン社）と不動産を所有する名家に生まれた。母親はボローニャ大学の教授を物理学の家庭教師につけたが、その教授は偶然、送信側と受信側で同じ周波数を使う信号の伝送の実験を行っていた。マルコーニは入念な研究と忍耐心のおかげで電話の進歩と電磁波の研究を結合して、メッセージの無線伝送を実現することができた。

学会でも類似した研究が行われていたが、マルコーニは本質的には資本家で、商業化に向けて応用を追求した。そしてさらに研究を重ね、特許権を申請し、またイタリア海軍を相手にシステムの有効性を実証してみせたあと、その成果を基にいとこから財政的支援を受け会社を設立するに至った。その後しばらくしてマルコーニ無線電信会社が誕生した。マルコーニは、自分の新技術に対して次々と財政支援を集めたエジソンの手本にならって技術の公開実験を行った。ドーバー海峡を越えてイギリスからフランスに電波を送り、ヨットレースのアメリカス・カップの結果を共同通信に放送したのだ。彼の技術はこうした宣伝活動や新聞の支援もあって大きな反響を巻き起こしたが、あらゆる新技術と同じように短所もあった。メッセージの届く範囲が三五マイルほどに限られていたのだ。

その宣伝活動は気づかれずにすむはずがなく、ゲームに割って入り無線技術を商業化して金持ちになろうとする将来の競争相手の注目を招いた。そうしたライバルのひとりが、エール大学の博士号を持ち、級友の支援を受けてアメリカ無線電話会社を設立した若者リー・ド・フォレストだった。彼は一九〇一年（マルコーニが放送してから二年後）のアメリカス・カップを出版報道協会に放送を流すことで華々しくデビューを飾ろうとしたが、それに対してマルコーニはＡＰ通信へ放送を流した。その際両社が同じ周波数を使ったために放送波に少し干渉が生じることになった。ところで両社のほかに三番目の無線会社としてアメリカ無線電話電信会社という会社があった。この会社はヨットレースの放送を流すメディアを獲得できなかったため強い不満を抱いていた。そこで彼らは不満を晴らすため近くに島を見つけレース中そこに隠れて、ただ競争相手の二社を邪魔するだけの目的でむだ話と卑わいな内容の放送を（マルコーニとド・フォレストに向けて同等に）行った。レースの放送を聞いた人たちは、放送でやっと聞き取れたわずかな部分は文字にするのにふさわしくない内容だったと語った。

技術と先行性の点で基本的にマルコーニが業界リーダーの地位にある状況で、ド・フォレストは資本を増強する必要があり、早急にそれを実現しようとした。その取り組みは初めこそ成功したものの一年もたたないうちに頓挫した。エイブラハム（エイブ）・ホワイトという人物が興味を示したのはちょうどそんなときだった。ホワイトは一八七六年に一五〇万ドルの米国債発行で「切手代だけの入札」に成功して一躍金持ちになったことでウォール街の悪評の的となっていた。その経緯は次のようなものだった。ホワイトはウォール街で国債を物色しつつ、同時に多くの投資家から買値の提示を求めた。次に一連の国債入札でワシントンＤＣに郵便を送って申し込みを行い、必要な預託金もないまま入札に勝った。するとすぐさま買値の提示を受け入れ、預託金の資金援助者を見つけ、一五〇万ドルで買った国債をプレミアム付きでウォール街で売った。それは証券売り込みの才能のある者がウォール街に登場した最初の顕著な例だった。ホワイトはド・フォレストとチームを組むと自分が社長となりド・フォレストを副社長に据えた。

社長となったホワイトの戦術は大がかりな宣伝販売とでも言うべきもので、できるだけたくさんの資金を大衆から集めることを目的としていた。たとえば自動車に無線鉄塔を固定してウォール街に止めておいたり、アトランタに作り物の鉄塔を建てたりして人目を引く派手な宣伝活動を展開した。しばらくしてホワイトは五〇〇万ドル、現在の価値で言えば約一億一六〇〇万ドルの資金を集めることに成功した。その後まもなく、同じように怪しげな集団であるインターナショナル無線会社を吸収合併した。この会社は、以前アメリカス・カップの放送を妨害したアメリカ無線電話電信会社が株価操縦と疑われる方法による一連の買収を通じて変身を遂げたものだった。合併後の会社は一五〇〇万ドル（二〇〇六年の価値で三億五〇〇〇万ドル）の規模になったとされている。

主な目的は無価値の証書を大衆に売りつけることだった。特にホワイトが完全な支配権を握ってド・フォレストを会社から追い出すとそれに拍車がかかった。ド・フォレストもその企みをまったく知らなかったわけではなさそうだ。その証拠には彼の日記に「すぐにカモが餌に飛びついてくると思う」というくだりが見える。ド・フォレストはホワイトに追い出されたあと、米国海軍に特許侵害の機器を売ったことから米国を離れざるを得なくなった。一方、ホワイトは会社の株価つり上げを狙った一連の戦術に全力を注いだ。そのために偽の財務報告書を報道機関に発表したり、バラ色の目論見書を投資家に送りつけたり、カーニバルのように派手な宣伝を行ったりした。ある講演では聴衆の前で次のような空約束をした。

今、ド・フォレスト株に数百ドル投資すれば生涯にわたって独立した生活が送れます。巨大な開発が進行中です。会社が配当の支払いを開始すれば株価はほとんど無制限に値上がりするでしょう。二年寝かしておけば現在の価格の一〇倍以上で売れることはまず間違いありません。株を買った人は驚くほどの利益を受け取れます。今お子さんたちのために一〇〇ドルをこの株に投資しておけば、成人したときにはそれだけで生活できるほどの金持ちになれるでしょう。

大衆に株を売って得た資金はあとで収益として財務諸表に計上された。収益を増やす唯一の方法はさらに多くの株を売ることだった。それが滞ったら計画全体が崩れるのだった。ホワイトは株の売り出しが滞らないように一層強力に販売活動を行った。

出回っている株はそう多くありません。状況をよく考えてください。目の前にチャンスがあります。それをタイミングよくつかんで、しばしば老齢に伴う生活苦とは無縁の豊かな土地、夢の国へと乗り出そうではありませんか。そこでは富に限りはなく、あらゆる希望がかなえられ、安心が喜びにつながり、富によってあなた自身と愛する人にとってのチャンスが広がります。迷いや疑いでこのチャンスを逃せば、他人の慈悲にすがって生きる老後が待っています。考えて見てください。結論を下すのはあなたです。よく考えてください。買ってください。買うのは今です。

ホワイトはピッチを極限まで高めただけでなく、会社の技術の将来性を前面に押し出すことでゲームを別のレベルに押し上げた。たとえばルーズベルト大統領に電報を打って一八カ月後にはマニラに無線送信ができるようになると約束した。サンフランシスコとニューヨーク間の回線や東海岸から中国への即時通信も約束した。それからしばらくして彼はプレスリリースで会社の再編成を発表し、マルコーニの会社も含め世界の無線通信会社すべてをひとつに統合する目的でユナイテッド無線電話会社を設立したことを宣言した。当然のことながらマルコーニ側の人々は激高し、実際ホワイトが特許侵害を犯しているとして提訴に踏み切った。

エイブ・ホワイトの運命は一九一〇年に尽きた。その年、素晴らしい成長と鉄壁の財務状況をうたった大量の文書の送付に関して警察がニューヨークの彼の事務所を捜索した。ユナイテッド無線電話会社の営業所から大量の根拠のない郵便や勧誘文書を送付したという郵便詐欺の疑いがかけられたのだ。警察は発見した事実に驚いたに違いない。会社が保有しているはずの一四〇〇万ドルの資産は存在しなかった。資産の価値はわずか四〇万ドルそこそこにすぎなかった。取締役たちは一般株主に対して一九一一年まで株式の譲渡を禁じる売買禁止期間を設けて株式を好きに操った。その間に株価を五ドル刻みで値上げする（実際には損失を与えることになる）新契約を基にして株価のつり上げを図ったのだ。株式は最初一・五〇ドルで取引されたのち徐々に値上がりして五〇ドルにまで達した。値上がりの間に、取締役たちは譲渡禁止で身動きのとれない一般投資家に次々と高値で持ち株を売り抜けていった。この詐欺には無線通信会社株に夢中になった二万八〇〇〇人の株主が巻き込まれた。警察はエイブ・ホワイトが保有する一五〇〇万株を押収した。その私有株は捜索前の株価五〇ドルを基準とすれば、一九一〇年の価格で七億五〇〇〇万ドル、現在の価値に換算すれば一六二億ドルに達するものだった。

バーニー・エバーズとエイブ・ホワイトの話には、株式バブルの醜い側面が浮き彫りにされている。どちらの場合も詐欺師が未熟な投機家の欲望に乗じて偽物を売りつけた。だが株式バブルでは、完全に合法的で道徳的にも許される状況のなかで、投資家が初歩的な考え違いから次から次へと新規発行される株式をとんでもない価格で買っているのだ。

大部分の株式ブームでは、新会社が株式を初めて一般投資家に売り出す新規株式公開（ＩＰＯ）を目にする。バブルかどうかにかかわりなく、市場がどんな状況でもＩＰＯに出くわしたら、バーゲンハンターとしては常に警戒心を抱く必要がある。けっして熱狂に巻き込まれてはならない。それは株価をできるだけ押し上げて、大衆からできるだけ多くの資金を集める狙いがあるからだ。企業は資金を最大限集められそうな時期を選んでIPOや増資を実施することが多い。つまり株価が割高だと思ったときに株式を発行するわけだ。したがって当然バーゲンにはなり得ない。しごく単純な理屈でしょう？

一九九九年には株式市場のテクノロジーセクターで欲望に駆り立てられたバカ騒ぎが起きた。バリュー投資家はあまりに野暮ったくて、そのパーティーには招かれなかった。バリュー投資家はPERやキャッシュフローを気にするし、投資収益率を計算したりする。安定したバランスシートがお気に入りだし、おそらくキャッシュバーンレート（企業の資金減少速度の指標）なるものをマスコミや投資分析で聞いたことはないはずだった。そのうえ、企業の戦略や経営者の経験を問題にする。古いものは消え、新しいものが栄えるというわけだ。昨日の投資の英雄も今や膝を屈することになった。

そのとき、あるひとりの「古強者」がいて、恐らく市場の騒ぎを楽しげに見つめながら、いつもどおりその展開を注意深く研究していた。そして、市場の歴史でおなじみの話であることを確認し、新たな投資機会への準備を着々と進めていた。市場はサーカスさながらになっており、すぐにでも出口を見つける必要があった。

私は一九九九年のクリスマスを両親の家で過ごしたが、あるとき父が部屋にやって来てジョン叔父さんからファクスを受け取ったと言った。そこには叔父さんが空売りを勧めるナスダックのハイテク銘柄のかなり長いリストがあった。

空売りは、株価が下落すると予想する投資家がよく使う手法だ。空売りの目的は、値上がりから利益を得ようとするロング（買い持ち）とは逆に、値下がりで利益を上げることにある。

空売り取引では、投資家は売りたい銘柄を証券会社に伝える。すると証券会社は（その銘柄を所有していない）投資家に代わってほかの保有者からその株を「借りて」きて、すぐさま市場で売る。投資家としては、株価が値下がりした時点でその株を買い戻すことを狙う。

もし値下がりすれば売値よりも安い値段で買い戻せる。その場合、元の売値（五〇ドルだったとしよう）と買い戻した値段（四〇ドルとする）の差額が利益となる。証券会社は四〇ドルで買い戻した株を貸し主に返し、投資家は差額の一〇ドルを手に入れる。要するに、最初に株を売って得た額と、返還のために同じ株を買うのに必要な額の差が利益となるわけだ。だから、予想とは逆に株価が上昇すると損が出る。たとえば六〇ドルに値上がりしたとすると、貸し主に株を返すために一〇ドル多く払ってその株を買い戻さなければならないからだ。

空売りは穏和な投資家には向いていない。空売りは利益という点で考えると最大でも一〇〇％にとどまる。たとえば五〇ドルで空売りした株は〇ドルまでしか下落しないが、そのときの利益が一〇〇％になる。無価値になった株を貸し主に返せばいいので、売って得た五〇ドルがまるまる手元に残るからだ。

その反対に株価には上限がないため、損失が無限に増える可能性がある。たしかに証券会社は損失が巨額になると口座への入金を投資家に要求するので一定の予防措置がないわけではないが、これは安全ネットとはみなせない。むしろ飲みすぎた客に酒を断るバーに似ている。当然バーはもともと客に飲んでもらいたいわけだから、酒を出さないのはよほど状況が悪い証拠だと分かるはずだ。要するに空売り取引ではリスクとリターンの関係があっという間に危険なものとなることがある。空売り志望者は有名な経済学者で熱心かつ優秀な投資家でもあったジョン・メイナード・ケインズの次の警告を心に刻んでおく必要がある。「支払い可能な期間よりも長く非合理的な市場が続くことがある」

暴落に至るまでの数年間、ナスダック証券取引所のハイテク株の空売りを試みたバーゲンハンターはほかにもたくさんいた。だが実際上、その空売りはバスの前に身を投げ出すのに似ていた。以前の章で述べたように、「過熱株」つまり株価が企業の経済価値から離れてどうしようもないほど上がりすぎたために下落するしかない銘柄に手出ししてはならない。

一九九〇年代後半のナスダック市場のハイテク株はまさに過熱株の名にふさわしいものとなっていた。過熱株の背後には通常投資家を魅了する何らかの製品がある。だが当時のハイテク株のなかには裏付けとなる製品すら持たないものもあった。それらの企業の多くは伝統的な意味での企業とはいえず、単に「事業アイデア」でのみ成り立っていた。市場バブルの最終段階に入ると、投機家がそれらの銘柄に支払う狂気じみた価格は、企業を支える途方もないアイデアの膨張とともに上昇していった。事業計画はもはや過去のものとなった。一九九九年に市場に乗り出そうとする起業家が受け取った最高の助言は会社名の先頭に「e」を付けるというものだった。それさえ守れば新興企業に資金提供しようとする投機家の目には素晴らしい成功が約束されているように見えるというのだった。今やニューエコノミーが世界を変えつつあるというわけだ。たしかにこの時期、一部には優良な永続的企業が設立された。だがそれと同時に、空想的とまでは言わないとしてもバカげた仮定によって永続的企業を含めたハイテク株の株価が押し上げられたという側面があるのだ。このことはナスダックのＰＥＲが一九九九年一二月に一五一・七倍まで跳ね上がったこと（図6.1参照）を見ればよく分かる。バーゲンハンターの目には、そうした銘柄は過熱株というだけでなく、単に想像力のみで価格が支えられていることは明白だった。

ＰＥＲの急上昇が示すように一九九九年のナスダックは暴走列車となっていた。こうした状況はナスダック株の空売りを目論んだバーゲンハンターに厄介な問題を引き起こした。近づいて来る車両に衝突しかねなかったのだ。自動車は交通量が多く、猛烈なスピードで走りながらたえずレーンを変えていた。いわばニューエコノミーに駆り立てられた無法状態の州間ハイウエーだった。空売りしようとして時期と場所を間違えて道路に足を踏み入れた不運なバーゲンハンターはひき殺された。一九九九年後半のナスダック株は毎日ではないとしても毎週新高値を更新していた。株が上がると見た大勢の投資家が買いに出るから株価が上昇した。単に昨日値上がりしたという理由だけで株価が上がった。まったくの初心者が一回の売買だけで天才に

図 6.1　ナスダック総合指数の月次 PER の推移（1995 ～ 1999 年）

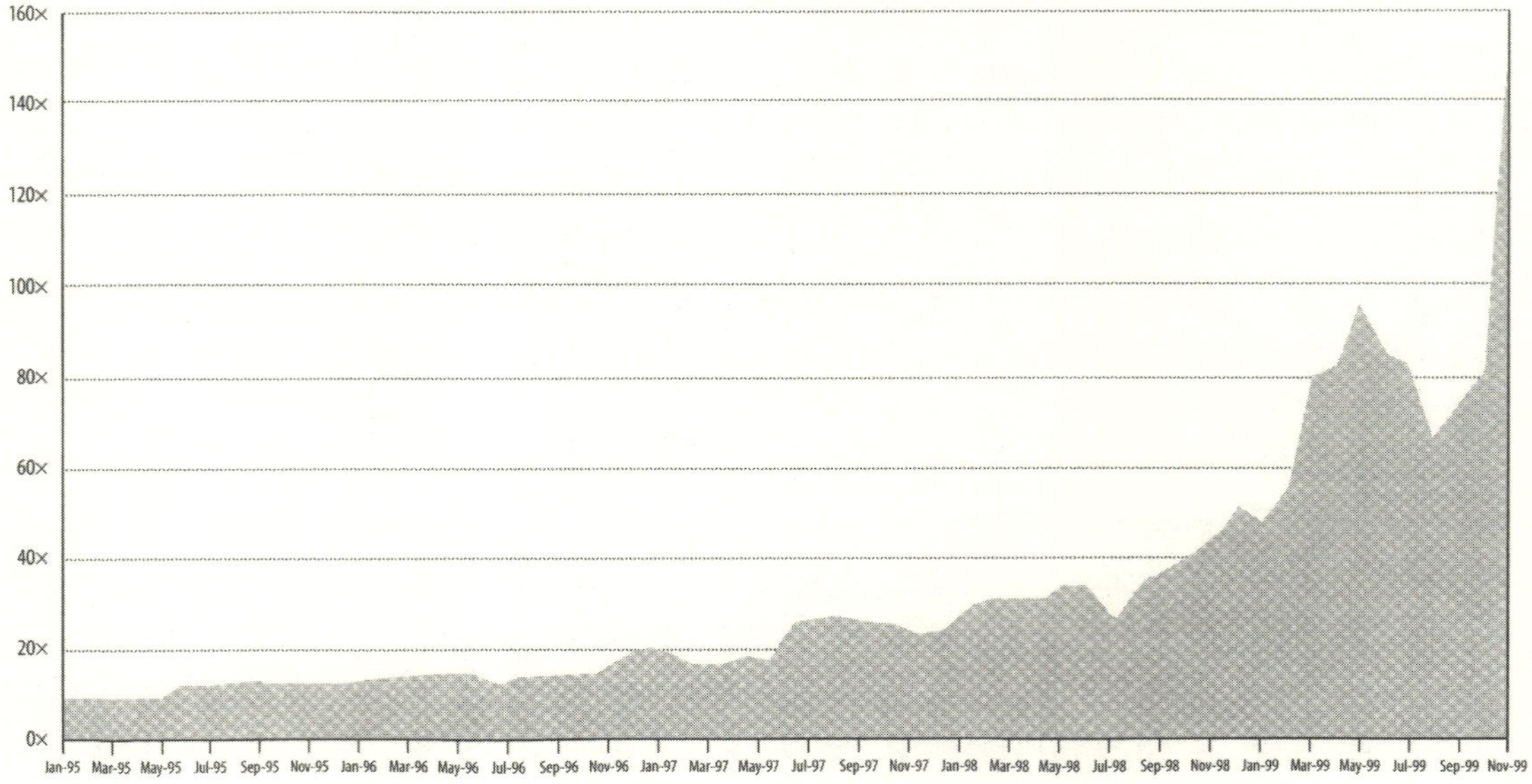

なった。デイトレーダーがショーを演出し、主演はモメンタムだった。演目はそれだけで、それが気に入らなくてもほかに劇はなかった。株式のバリュエーションや、株価はもととなる企業の制約を受けるはずだという考え方は、パーティーのハイテクドリンクの陰に隠されてしまった。あまりに多くの投資家がそのドリンクに酔いしれていた。

これまでの説明のなかでバーゲンハンティングの罠に触れてきた。そうした罠のひとつは、大衆よりも先に見つけたバーゲン銘柄が大衆の継続的な売りによって一層下落するというよくある状況だった。人よりもやや早めに投資した株の売りが止まず、株価が下げ続けるのは珍しいことではない。

この逆の関係を考えてみればよい。適切な見通しと空売りの手段をもっているバーゲンハンターは早く仕掛けすぎる傾向がある。その場合なかなか買いの勢いが衰えないし、あるいは買い続けてきた買い手はなかなか過ちを認めて売りに転じようとしない。そのため、バーゲンハンティングの方法による空売りは、危険でないとしても不安に満ちたものとなる。ほとんどの場合、バーゲンハンターは損失の痛手が耐えられないほど大きくなる前に買い戻しを余儀なくされるが、その後まもなく株価が急落したりする。買い戻して株を返したあとに株価が下落しても残念賞はもらえない。損失は損失のままだ。

空売りではどんな投資家も仕掛けが早すぎて急速かつ大幅な損失に見舞われるという基本的なリスクに直面する。このことを念頭に置きながら、一九九九年末にジョン叔父さんが歴史的にも特に動きが激しかった株式市場で空売りを仕掛けることでぶつかった難題を考えてみよう。

過熱株の下落のきっかけとなり、二〇世紀の市場の歴史のなかでも最大の急落をもたらすはずの要因を見つけだす方法が必要だった。そしてその方法は存在した。ジョン叔父さんは市場に潜む宝石を発見するためにこの問題に対して人とは異なる見解に立ち、空売りで損失ではなく利益を生み出す可能性が極めて高いアプローチをとった。株式バブルのなかに何らかの心理要素があるとすればそれは貪欲である。貪欲は人間がもつ古くからの欠点であり、株式市場にしょっちゅう顔をのぞかせる。

このときも、獲得した戦利品を換金して市場から抜け出すことを熱望する買い手が市場にいた。それは、日々ＩＰＯを通して株式市場に登場するハイテク企業の老若の経営幹部たちだった。株式市場でＩＰＯを実施した企業はほとんど例外なく報酬として経営者に大量の新規公開株を割り当てる。ＩＰＯ前はそうした経営者の多くが新規公開企業の所有者だったことを考えればそれも当然のことだった。

暴落前の一九九九年から二〇〇〇年のＩＰＯ市場で、若き経営幹部たちは自社株式を一般公開することで大儲けしていた。それは（少なくとも計算上は）百万長者になる電光石火の方法であり、それを支えていたのがハイテク株に対する株式市場の貪欲な欲求だった。こうした状況で、ハイテク企業の経営者には電話で投資銀行に自社の上場を持ちかけ（会社のアイデアでしかない場合もあった）、自社株式を一般投資家に売却しようとする非常に強い動機があった。

ＩＰＯ市場の知識のない人はそこから何かどぎつい感じを受けるかもしれない。ここで少し寄り道をするなら、通常の場合、会社公開は資本市場の重要な機能となっている。というのも、公開によって健全な理由で所有権が移転されるだけでなく、資金調達が必要な企業にとって普通その不可欠の手段となっているからだ。資金調達が必要な理由は数多くあるが、一般的なのは事業拡張の起爆剤とするということだ。企業の所有者は提供される資金と引き換えに、ＩＰＯ時点やそれ以後に株式を買い付ける一般株主に所有権の一部を譲り渡す。もちろん、ＩＰＯ以後は買い手と売り手の間でだけお金がやり取りされ、増資を決定しないかぎり企業に資金が流れ込むことはない。

バーゲンハンターにとって全般的に有用なＩＰＯの注意点として二つのものがある。第一は、経営者は通常、株式に対する熱狂が絶対的な水準で高まったときを狙って株式を公開するということだ。よく言われるように、だれも株式市場の天井と大底を当てることはできない。だが、ＩＰＯの件数の急増は市場の行きすぎを示す兆候として一般に受け止められている。だからこそ、経営者や投資銀行は株式公開で会社のために最大の資金を集められる時期を狙うものだ。だから、公開のタイミングは株式市場の水準の高い時期、もっと言えば強気相場の末期と一致することになる。第二の注意点として、ＩＰＯが実施されると、たいていは株式に対する熱狂で需要が急増するため、公開価格が本質的価値以上に押し上げられるということがある。だからＩＰＯから数カ月がたって熱狂と需要が沈静化して常態に戻り、株式が上場市場で自由に売買されるようになると株価が下落することが珍しくない。

以上の理由からジョン叔父さんは投資信託を管理しているときでさえ、IPO株の買いに動くことはめったになかった。公開から数カ月後（数年後になることもあり得るが）にはずっと手ごろな値段で買えることを承知していたのだ。要するに、バーゲン株を求めるならIPOは得な取引でないと考えていた。投資家の大多数に当てはまる昔からの常識は、IPO銘柄が入手できるならば、その株は避けるほうが賢明ということだ。トップクラスの人気のあるIPO銘柄は大口の客に流れるものだからだ。

一九九九年から二〇〇〇年にかけてのIPO市場は、企業経営者にとって大きく膨れ上がった利益を実現してリスクを一般投資家に押し付けるまたとないチャンスであり、多くの場合公正とは言えないものだった。ハイテクバブルの全参加者のなかでもそうした経営幹部の株主が売却の最も強い動機をもっていることをジョン叔父さんは見抜いていた。そのような経営幹部、つまり「インサイダー」は自分の手札が弱いことをよく心得ており、何としても持ち株を処分して早く儲けを手にしたいと考えていた。ズバリ言えば、インサイダーたちは公開企業に対する自分の分け前を最初のチャンスで一般投資家に売り抜けようと狙っていた。

しかし通常は、IPOが実施され、公開株の募集に応じた投資家が買い付けを行ってから一定期間はインサイダーの活動を禁止する市場規制が設けられていた。具体的には、インサイダーは普通六カ月間何もせず持ち株を抱えていてからでないと売却ができなかった。この期間は一般にロックアップ期間と呼ばれる。ジョン叔父さんは予定されるすべてのハイテク株のIPOとそのロックアップ期間を調べていた。そのデータからインサイダーが市場で持ち株を売却し始める時期の見当がついた。叔父さんはその種の売却が行われることに確信をもっていた。またその売却が株式に対する広範な売り圧力のきっかけになることも確実視していた。というのも、その時期のハイテク株の買い手や売り手は保有株の株価の日々の動きだけを見て売買の決定を下していたからだった。つまりデイトレーダーたちは株価が上昇すればその動きから利益を上げるために買いに出る、という具合だった。

こうした状況のなかでハイテク株の買いが続き、毎日株価が上昇していた。だがいったん株価が下落に転じると、ハイテク株の保有者は過去に株価が上がったということ以外に保有を続ける根拠をもっていなかった。だから下落が始まると、その株に執着する理由はほとんどなかった。要するに、インサイダーは株価下落の主因になるわけではないが、大量の売却の引き金となり、売りの連鎖反応を引き起こす導火線に火を付ける役割を果たす。この連鎖反応によってハイテク株全体の暴落が引き起こされるはずだった。

ジョン叔父さんはロックアップ期間終了の一一日ほど前にハイテク株を空売りする戦略を立てた。市場での売却が可能になると、インサイダーが大量の売りをだすと読んだのだった。狙ったのは新規公開価格の三倍にまで値上がりしたハイテク株だった。そこまで価値が膨れ上がった銘柄では、インサイダーが持ち株を処分して現金化しようとする動機が特に強く働くと推

図 6.2　ナスダック総合株価指数（2000 年 1 月～ 12 月）

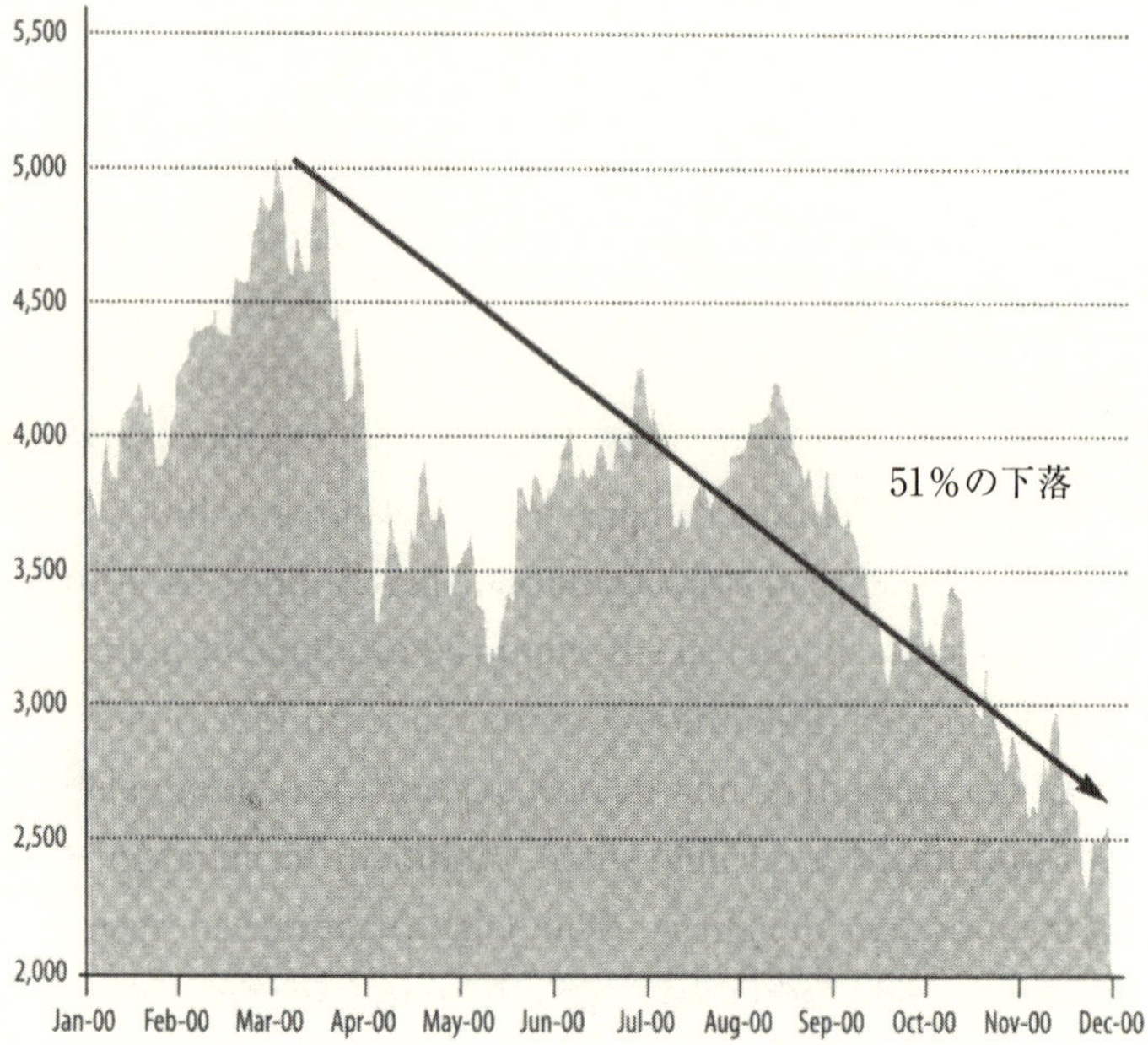

測したのだ。基準を満たすものは全部で八四銘柄見つかり、叔父さんはその各銘柄について二二〇万ドルのポジションをとることにした。

全体で一億八五〇〇万ドルの自己資金を用いて、ハイテク株がバブルの頂点から急落するという予測に賭けたことになる。そして実際、二〇〇〇年三月第二週にはその急落が生じた（**図6.2**参照）。

先に紹介したように、ジョン叔父さんは、どうやって悲観の極みを見極めたらいいかという質問を講演中に受けたことがある。最後の保有者が降参して持ち株の売却を決めたときというのがその答えだった。その時点では当然売り手がひとりもおらず、買い手しか残っていないからだった。二〇〇〇年のハイテクバブルについてその論理を逆転させてみれば、買い手がひとりも残っておらず、売り手がまさに主導権を握ろうとする時点が楽観主義の頂点となった。二〇〇〇年三月一〇日にナスダックが五一三二ポイントの市場最高値を付けたのがその頂点だった。ナスダックが天井を打ったその日、ウォール・ストリート・ジャーナル紙には「保守的な投資家の間にハイテクセクター人気の永続性に備える動き」という題の記事が掲載された。最も厳しいバーゲンハンターならば、この記事を勧善懲悪主義の行きすぎと断じたかもしれない。そこでは長年保守的投資を続けてきたあと最後の瞬間に船に飛び乗ってハイテク株のカジノに手を染めた投資家の姿が報じられていた。

昨年の夏小さな電球がともった。四一歳のそのプロジェクト管理者は一九八〇年代半ばに大儲けしたあと、デュポン、ジョンソン・エンド・ジョンソン、プロクター＆ギャンブル（Ｐ＆Ｇ）といった堅実で安全な優良銘柄から成る保守的な株式ポートフォリオを慎重に構築してきた。ＰＥＲ（株価収益率）が三〇倍を超えるような超人気ハイテク株は自分には「無用」と思っていたと彼は語る。だがある日天啓が訪れた。

彼はレッド・ハットという新しいソフトウエア会社の株価が上場日に三倍になるのを目にした。同じような会社が十数社もあった。彼は過去を後悔し始めた。

「そのとき初めて皆が基本姿勢を変えたことに気づいたんだ」。経済が大きく変動し、おむつや化学製品やバンドエイドを作る会社はもはや市場の中心にないことが分かり始めたと言うのだ。

だが息子たちだったら「くそっ」と言ったはずの状況だった。パーティーに遅れてしまったのだ。それでも今彼は踊り始めていた。

かつての保守的投資家は今ではこう語る。「シスコシステムズ、ルーセント、オラクル、ワールドコム、ボーダフォンなどは将来に向けて保有すべき中核銘柄だと思う。言ってみれば、鉄道が敷かれてアメリカ中が変わった時代のようなものだ。子供に説明するなら一年前には携帯電話が一台もなかったという話をするだろう。今では三台、いや、大学に入学した娘も入れれば四台もあるわけだ。一九九四年に私がＭＢＡ（経営学修士号）をとったころにはコンピューターなどなかった。それが今では四台もある」

投機に走るつもりはなかったので、彼は新銘柄をじっくりと調べた。そして秋に入って動き始めた。四月だったらインターネットのチャットや掲示板などは鼻の先で笑い飛ばしただろうが、それを調査の道具に使いながらハイテク株を買い集めていった。今では七桁のポートフォリオの大部分をハイテク銘柄が占めるまでになっていた。

彼以外にもアメリカの堅実な投資家がこぞってその数カ月間に心変わりした。彼らは長い間「ニューパラダイム」の話をたわごとと冷笑し、ハイテク株を目いっぱい抱えて有頂天になった初心者をいずれ報いを受ける投機家としてこきおろしてきた。その慎重な投資家たちが自分を間抜けと感じ、もっと悪いことに置いてけぼりを食ったとあせっていた。彼らはハイテク株を買い始めた。こうした地滑り的な変化によって、ホットなハイテク株のホームグランド、ナスダック総合指数は八月以降一〇〇％上昇した——一一月に三〇〇〇ポイント、一二月には四〇〇〇ポイントに乗せたあと、この木曜日には初めて五〇〇〇ポイントを突破した。これに対し、P＆Gやデュポン、イーストマン・コダックを含むダウ工業株平均は鳴かず飛ばず、S＆P五〇〇は小幅な上昇にとどまった。

この数カ月間に大勢の投資家が優良株の定義を変えた。コカ・コーラ、フィリップ・モリス、AT＆Tなど何世代にもわたってポートフォリオを構成してきた銘柄がその座を追放された。代わって登場したのはシスコやインテルで、果てはこれまで無名だった光ファイバーの人気株JDSユニフェーズまでがそれに加わった。

先のプロジェクト管理者のポートフォリオにはオールドエコノミー銘柄がまだ残っていたにもかかわらず、九月一日以降四〇％も値上がりした。ハイテク株指数そのものには及ばなかったが、八・五％下落したダウ平均に比べたら雲泥の差だった。

さらに一歩を踏み出す人もいた。八〇代の保守的な投資家たちがファイナンシャルアドバイザーのところに押しかけて、自分の投資信託や一任運用口座に高騰するニューエコノミー銘柄を加えるよう要求したのだ。乗り換える人が増えるにつれ熱狂はますます加速した。

この記事が掲載された日に、ナスダックは史上最高値を付けた。言い換えれば、まさに最後の買い手がとうとう市場に姿を現した。残った最後の抵抗者がついに降参して熱狂の渦に飛び込んだのだった。時にはバーゲンハンティングの方法が見向きもされなくなることがあるが、そんなときまさにこの種の圧力にさらされることになる。そして、目の前の興奮に自分も飛び込みたいという衝動にアナコンダのようにがっちりと心をつかまれてしまう。これまでたくさんの例で示したように、これこそ誤った動きなのだ。ナスダックが史上最高値を付けた日の記事には、おまけとしてバフェットとロバートソンに対するあてこすりが挿入されていた。

バフェット氏は骨の髄までオールドエコノミーで、ポートフォリオにもそれが現れている。同氏のバークシャー・ハサウェイの発表によれば、規模で上位五位までの同社保有上場株は最高値から少なくとも一五％値下がりしている。個々の下落率はジレットが五一％、ワシントン・ポストが一九％、コークが四七％、アメリカン・エクスプレスが二七％、フレディーマックが四二％といった具合だ。株式市場のお手本とみなされることもあるバークシャー・ハサウェイ自身も四八％下落した。

長年ウォール街最高の賢者のひとりとされてきたヘッジファンドマネジャーであるジ

図 6.3　ブレイカウエー・ソリューションの株価

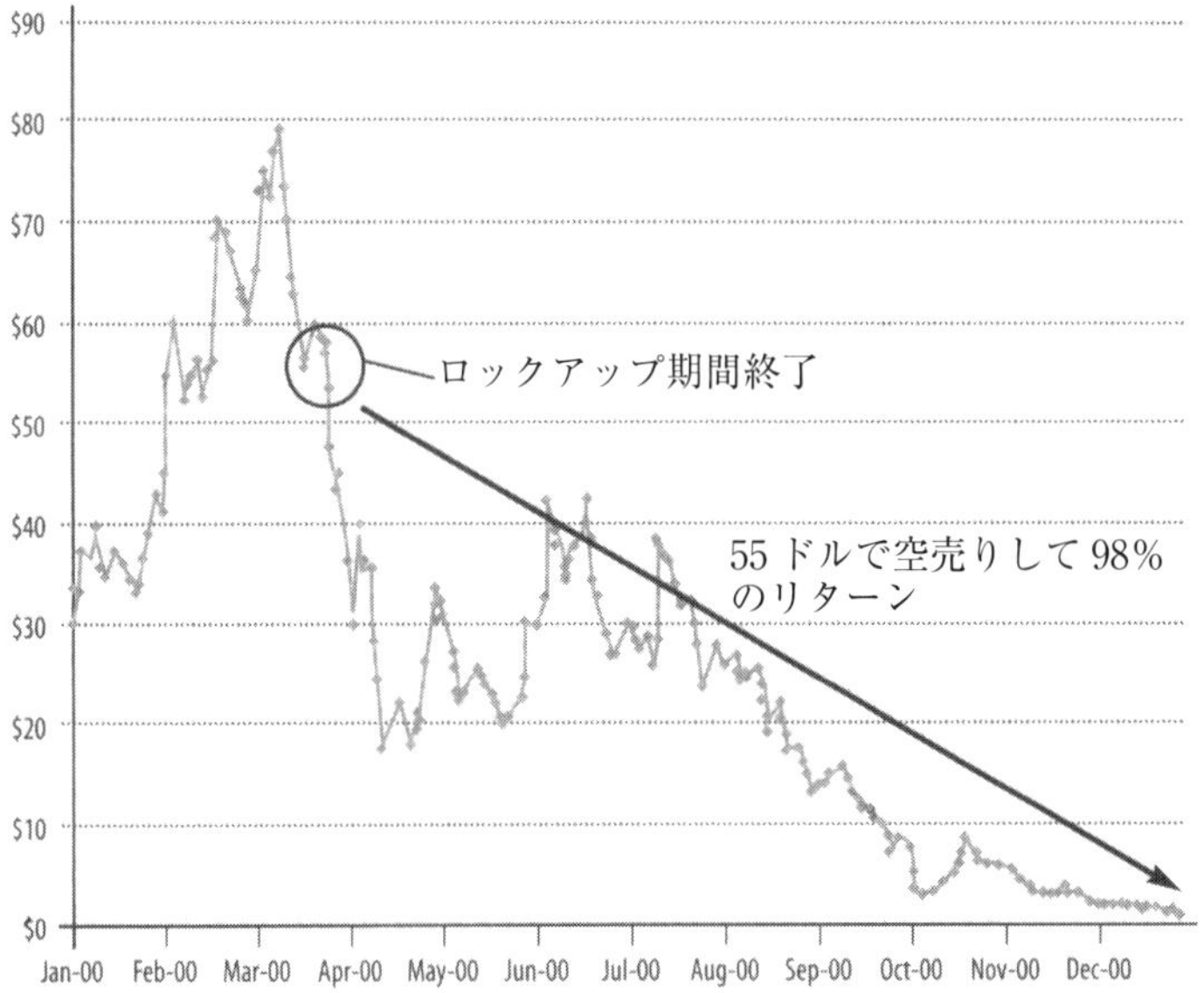

ユリアン・ロバートソンの例を見てみよう。これまで米国でも有数の富裕層投資家の資産を運用して数百万ドルの報酬を稼いできたが、今回はひらめきが働かなかったようだ。運用するタイガーファンドは昨年一九％下落したあと、一月に入ってさらに六％沈み込んだ。オールドエコノミーのUSエアウエーズに大金を投入したが、これまでのところそれが裏目に出ている。

一年もたたないうちにナスダック指数は急落し三月の高値から五一％下げた。もちろんこの劇的な

図 6.4　ファウンドリー・ネットワークスの株価

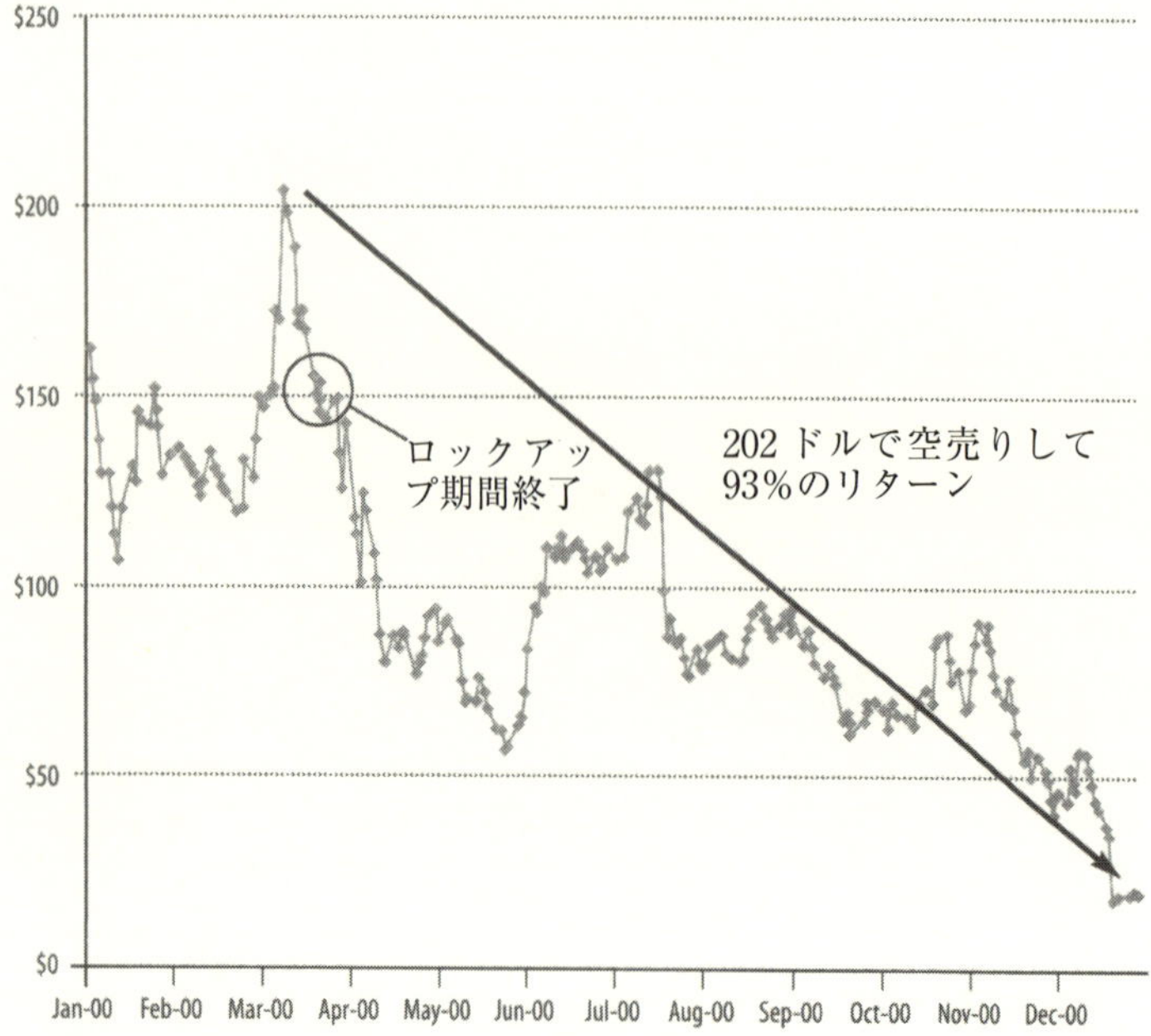

下落による影響は個々の指数構成銘柄によって異なっていた。ジョン叔父さんが空売りしたハイテク株はその多くが仕掛けた時点から九五％以上値下がりした。その二〜三の例を**図6.3**〜**図6.5**に示した。図にはロックアップ期間の終了時点、空売り時の株価、買い戻し時のリターンが示されている。

図に示されるように、叔父さんの仕掛けがバブルの頂点と一致したファウンドリー・ネットワークスのような例がある一方で、二〇〇〇年一一月に空売りしたバイヨーのように最初の急落からずっとあとに仕掛けた例もある。このことから分かるように、熱狂から悲

図 6.5　バイヨーの株価

観論までの道のりは長く、少なくとも数カ月、たいていは何年も要する。一方、悲観論から熱狂への期間も、数年と言わないまでも数カ月が必要となる。

　これまでナスダックバブルの頂点での空売りをめぐる状況について詳しく説明してきたが、その執行の方法にはほとんど触れなかった。今後、法外に値上がりした有価証券を空売りしたいと考えているバーゲンハンターにとっては、ジョン叔父さんが使ったテクニックが参考になるだろう。

　最初の原則は損失をしっかり管理するということだ。二つ目の原則は第一の原則を忘れないようにすることだ。損失管理のためには、空売りを仕掛けたあと必ず守るべきルールの一覧を作っておくのがよい。たとえば、ジョン叔父さんはナスダック銘柄を空売りしたあとの意思決定プロセスで指針とすべき少数のルールを定めた。

最も大切なルールは損切りの決断を下して買い戻しを行う水準をあらかじめ決めておくことだ。ジョン叔父さんはナスダック銘柄の空売りに当たって、ロックアップ期間終了後の急上昇を特に警戒しており、そうなった場合すぐにポジションを手仕舞った。この点で、ポジションをとったのち株価が一定割合まで値上がりしたら空売りを解消するというルールを決めておくのが有効だろう。その株価水準は主観的なものであり、バーゲンハンターが許容できるリスク量をもとに決める必要がある。損切りすべき株価水準の方針を決めることなく空売りを仕掛けると、危険な心理ゲームに巻き込まれることになる。株価がこれ以上上がらないと思い込んでいるとしたらそれは間違っている。「支払い可能な期間よりも長く非合理的な市場が続くことがある」というケインズの警告を忘れてはならない。

同様に、バーゲンハンターは前もって決めた基準に従って利益を確定するのがよい。ジョン叔父さんもナスダック銘柄を空売りしたとき手仕舞いの方針をあらかじめ決めていた。空売り時点から株価が九五%下げるか、直近一二カ月の一株当たり利益に基づくPERが三〇倍以下になったら利益を確定することにしていたのだ。この利益確定のルールは貪欲の行きすぎを防ぐためのもので、損失確定とほとんど同じくらい大切といえる。冷静さを失うことなく明瞭で客観的な精神を保ちながら貪欲を制御しようとするのだ。

　貪欲が二〇〇〇年のナスダック急落を引き起こした主な要因のひとつだったことは容易に見て取れるであろう。同年第1四半期だけでもIPOによって七八〇億ドルが市場に流れ込み、加えて直近のIPOで投入された一一〇〇ドルのロックアップ期間が明けた。ある意味でハイテクバブルは、それに伴う貪欲と大衆相手に持株を売り抜けようとしたインサイダーの試みの重みに耐えかねて崩壊した。

　上述のポーカーの例を引き合いに出すなら、ハイテクバブルは過去最大のブラフ（はったり）だったことが今では明らかだ。賢明なプレーヤーはブラフだと気づいていたが、莫大な賭け金がかかっていたため、ゲームを続けるよりは生き延びて次のゲームを始める方が得策と考えて勝負を終わらせた。ベテランにとってはチャンス到来を待つだけで良かった。そして貪欲というほかのプレーヤーの弱点をついて最後には賭け金を全部自分のものにした。

　ジョン叔父さんはそのようなプレーで九〇〇万ドル以上を儲けた。デイトレーダーはきつく思い知らされたことだろう。

第7章 危機はチャンス

「中国語では『危機』という単語は二つの漢字でできており、ひとつは『危険』、もうひとつは『チャンス』を意味している」――ジョン・F・ケネディ

「ウォール街に血が流れているときが最高の買い時」というのが、ジョン叔父さんが生涯繰り返し口にしていた金融市場の格言だった。何も血なまぐさい事件のことを言っているわけではなく、危機後のパニックで生じる株式市場の売りを指しているのだ。二〇〇一年九月一一日の同時多発テロも、株式市場に関して言えば、何世紀もの間金融市場で発生したほかの危機的事件と何ら変わらなかった。パニック的な売りという同じ結果が生じたのだ。二〇〇一年九月一七日に市場が再開されたとき、耳慣れたバーゲンハンターは待ち望んでいたおなじみの曲をまた耳にした。

経験を積んだジョン叔父さんはこのとき、市場のパニックを将来のリターンに変える方法を十分に心得ていた。戦争に関係する危機がまたとない投資機会となることも理解していた。こ

の経験ははるか昔にさかのぼるもので、一九三九年に欧州で第二次大戦が勃発したときも有価証券を買って成功していた。バーゲンハンターだったら、価値と無関係に見境なく株が売られるのがどれほど魅力的な投資機会となるかをよくわきまえていることだろう。危機直後に売り手がおびえ恐怖に駆られたときに絶好の機会が訪れる。経済的影響が不透明だったり過大評価されていたりすると、その成果は一層大きくなる。

危機時に株を買う戦略を実行するひとつの方法は、普段の市場条件のなかで日常的に用いるのと同じ戦略を目の前の危機のなかでも活用することだ。バーゲンハンターは第一に、株価が下落して本質的価値に比べ非常に割安となった銘柄を探す。多くの場合、そのようなバーゲン銘柄を見つける最良の機会は株価のボラティリティが高い時期に訪れる。第二に、企業の短期的苦境（一時的なものでいずれ乗り越えられる状況）などに伴う大きな誤解によって株価が急落した銘柄を探す。つまり、近視眼的な売り手が引き起こす一時的変動によるミスプライシングを追求する。第三に、どんなときも市場で見通しが最悪（最高ではない）とされる銘柄に目を向ける。

危機時にはあらゆる出来事が行きすぎの状態になる。言い換えれば、パニックや危機のときの投げ売りでは、バーゲンハンターが望むあらゆる市場の現象が短期間（たぶん一日、数週間、数カ月、場合によってはもっと長いこともあり得る）に凝縮される。通常、そうした出来事やそれに対する反応は長く続かない。パニックや危機に直面した売り手はすっかり取り乱してしまうため、バーゲン銘柄を拾う絶好のチャンスが到来する。皆が出口に殺到しているときに、じっと席に座っている胆力があれば、バーゲン銘柄は自然に手元に転がり込んでくる。

要するに、バーゲンハンターは株価の激しい変動のなかにチャンスを見いだす。パニック的な売りは、たいてい過去に例を見ないほどの非常に激しい変動を生み出す。バーゲンハンターは考え違いを歓迎するが、パニック的な売りは圧倒的な**恐怖**に支配されるため、考え違いが最高度に達する。危機時には投資家の恐怖が極端に高まり、それにつれて反応も極端になる。危機時の典型的な反応は売りであり、売り圧力も極端に強まる。売り手は目先のことしか考えないため、一時的問題を誇張して受け止める傾向があり、バーゲンハンターはその傾向を自分の利益につなげる。歴史を振り返ると、危機は必ず最初に最悪の印象を与えるものであり、どんなパニックも時間とともに沈静化する。パニックが沈静化すれば株価は上昇に向かう。

バーゲンハンターはそうした市場の出来事から利益を上げるために、正しい大局観をもたねばならない。市場が熱に浮かされたような売り一色になったときに買うことで、生涯にわたる投資成績が向上する。このことは経験者にも初心者にも当てはまる。長期的観点に立って投資をとらえるなら、一九八七年一〇月一九日の再暴落のような出来事に適切に対処すれば、その後の数年に大きな成果を実現できることが分かるだろう。投資を正しくとらえていれば、そうした出来事が授かり物として目に映るだろう。

ここで非常に単純な例としてステディ（堅実）氏とワイズ（賢明）嬢という二人の投資家の

行動を考えてみよう。二人とも一〇万ドルの貯金があり、その資金を一九八七年一〇月第二週に証券会社の株式口座に投資したとする。二人はその週の初めに証券会社を訪れ、書類に必要事項を記入し、お金を預け入れ、投資の準備を整えた。二人とも経験が少なく慎重に投資しようと考えた結果、偶然同じようにゼネラル・エレクトリック（GE）など歴史ある優良企業の株を買うという結論に達した。ステディ氏は一九八七年一〇月一六日金曜日に証券会社に電話して一〇万ドル分のGE株の買い注文を出した。一方、ワイズ嬢は週末を使ってこの投資について熟考したいと思い、月曜の朝に電話をかけることにした。一九日月曜日、二人の投資家は株式市場が一日としては史上最大の暴落になったことを知って大いに動揺した。その日はブラックマンデーとして歴史に名を刻まれており、ダウ工業株平均は一日で二二・六％下落したのだ。ステディ氏はダウ平均が急落して一瞬のうちにGE株で一七％以上の損失が出たことに気落ちしたが、パニックのさなかに売るのはバカげていると考えてそのまま様子を見ることにした。しっかりしてますね、ステディさん。

一方、急落に興奮気味となったワイズ嬢はGEの買い注文を出すことに決めた。間違いなくGEが大幅に下落して素晴らしいバーゲンハンティングができると見たからだ。そこで、電話をひっつかんで証券会社に連絡しようとした。だれも出ない。かけ直しても電話はつながらない。その日のうちにどうしても買おうと考えた彼女は注文を出すため車で証券会社に乗りつけた。証券会社に入ると自信に満ちた足取りで担当者のところまでやって来た。しかし姿が見えない。いったいどこにいるのか。机の向こう側に回り込んで下をのぞいてみると目指す相手はそこに隠れていた。耳をつかんで引っ張り出し、電話をかけて買い注文を出すように言った。動作は弱々しく顔色は幽霊みたいだったが相手は何とか注文を出した。お見事、ワイズ嬢。

ステディ氏もワイズ嬢もその後ずっとGE株を持ち続け、価値が膨らんでいくのを見守った。二人ともブラックマンデーの一九周年にあたる二〇〇六年一〇月一九日にその株を売ることにした。ステディ氏が当日の株価を用いて一九年間の年複利リターンを計算したところ配当を除いて一一・八％となった。ワイズ嬢も同じように一九年間の自分のリターンがどれほどになるか興味があった。その間彼女は投資の研究を重ね、素晴らしく優秀な投資家に成長していた。熟練したバーゲンハンターが運営する投資信託も買い、大きなミスプライスを発見して買い付けた二～三の銘柄が倍になっていたので、目算では株式口座の年間リターンは一四％になっているはずだった。そんなことを考えながらGE――一九年前の最初の株式――のリターンを計算すると年率一三・〇％だった。悪くない数字だ。というよりも、株式市場の最初の買い物としてはうらやむべき成果だった。

ステディ氏のリターンが一一・八％、ワイズ嬢が一三・〇％――二人とも一九八七年の自分の行動にかなりの満足感を抱いたことだろう。だが二人のリターン間の一・二％というわずかな相違が、一〇万ドルから出発した投資成果に大きな差を生み出している。ステディ氏のほうは当初の一〇万ドルが売却日には八三万二五一九ドルになっていた。一方、幸運にもブラックマンデーのパニックのおかげでより有利な価格で株を買えたワイズ嬢の成果ははるかに良いものだった。年複利リターンがステディ氏をわずか一・二ポイント上回る彼女のほうは、当初の一〇万ドルが一〇一万一二〇三ドルにまで増えていたのだ。

ポイントは、年間リターンの差が小さくても長年にわたる複利効果が現れると、最終的な金額に非常に大きな差が生じるということだ。これが複利のマジックと言われるものだ。大半の投資家がはっきり理解していないことだが、三～四％ほどの小さな差が世界の偉大な投資家とその他大勢を分ける結果につながる。市場のパニックをうまく活用することは、投資アプローチの点でもその成果の点でも大勢から突出する重要な方法となる。だれもが売っているときに買うのは群衆に従わないことであり、その成果も群衆と異なる（より良い）結果となる。市場のパニックに関して自覚しておくべき最も重要なことは、**どんなバーゲンハンターも**その機会をとらえる能力を身につけていなければならないということだ。株式の評価法をまったく知らなかったとしても投資信託を買い増さない理由にはならない。将来パニックが起きたときに投資を増やす心理能力があれば、それだけで優秀な投資家として人に負けない結果が出せる。状況が最も暗く見えるときに買いに動く決断ができれば、株式市場で優位な地位に立てる。

買いの好機となるような株式市場のパニックには強力な歴史上の前例がある。そうしたパニックはさまざまな原因で発生している。政治事件（脅威、暗殺）、経済事件（原油輸出禁止、アジア金融危機）、戦争（朝鮮戦争、湾岸戦争、同時多発テロ）などだ。原因となる出来事が何であろうと、ネガティブサプライズをきっかけに市場が一斉に売りに走ったときは、バーゲンハンターは皆が売りたがっている株を買うことを考えなくてはならない。ジョン叔父さんの言葉を借りれば「売り手に快く応じてあげる」のだ。

表7.1には過去五〇年強の間に起きた株式市場の急落が示されている。表には事件名とその日付のほか市場が最安値に達するまでの日数も表示されている。それを見れば事件後売りが沈静化するまでに要する期間のおよその見当がつく。時には危機に端を発する売りが五〇日続くこともあるし、一日で終わることもある。「一〇万ドルの成長、危機前」の欄には、事件前日にダウ工業株平均に投資した一〇万ドルが五年後にどれほどの額になっているかを示した。「一〇万ドルの成長、危機後」の欄には、事件後の最安値でダウ工業株平均に投資した一〇万ドルが五年後にどれほどの額になっているかを示した。

このデータから二つのことが明らかとなる。表の左端を見るとさまざまな事件やシナリオによって株式市場が混乱に陥り大量の売りが発生することが分かる。戦争の勃発や国家首脳が危機に陥ったときなどの場合、バーゲンハンターは比較的容易に冷静な行動をとることができるだろう。株式市場の反応から心理的プレッシャーを感じるかもしれないが、バーゲンハンターの本領発揮のためにはそうしたプレッシャーをはねのけて、その状況で買えた場合の結果に精神を集中することができなければならない。

成果は目に見える形で現れる。どんな場合でも、長期投資を目指す投資家なら、そうした突

表 7.1　最近の危機

危機	発生日	持続期間（日数）	下落率	10万ドルの成長（危機前）	10万ドルの成長（危機後）
真珠湾攻撃	12/7/1941	12	−8.2%	$146,633	$166,767
朝鮮戦争	6/25/1950	13	−12.0%	$200,262	$231,698
アイゼンハワー大統領の心臓発作	9/26/1955	12	−10.0%	$120,036	$134,239
ブルーマンデー――1962年の暴落	5/28/1962	21	−12.4%	$149,929	$162,778
キューバ・ミサイル危機	10/14/1962	8	−4.8%	$146,593	$160,313
ケネディ大統領暗殺	11/22/1963	1	−2.9%	$131,733	$135,918
ブラックマンデー	10/19/1987	1	−22.6%	$141,287	$183,380
ユナイテッド航空のLBO失敗	10/13/1989	1	−6.9%	$140,451	$151,421
ペルシャ湾岸戦争	8/2/1990	50	−18.4%	$162,122	$200,219
アジア金融危機	10/27/1997	1	−7.2%	$107,781	$117,910
9.11同時多発テロ	9/11/2001	5	−14.3%	$118,596	$140,039

発的な売りが生じたときに投資資産を積み増すことで利益を増やせるはずだ。たとえば**表7.1**の右端の欄を見てほしい。ここには危機が過去の話となった数年後に生み出される金額が示されている。この時点では市場が急落した状況はぼんやりとしか思い出せないかもしれないが、買いの効果は目の前に現れている。ここでさらに二つの点を指摘しておきたい。まず、株式市場の広範な急落を引き起こす危機的事件は歴史の流れのなかで途切れることなく発生することが表から見て取れる（あまりに長くなるので、もっと昔にさかのぼる数多くの有名なパニックは省いてある）。だから投資家は今後も危機やパニックに起因する株式市場の急落が発生すると確信できる。だが当然その

ような事件は毎日起きるわけではない。実際、一〇年に二～三回というのがいいところだろう。投資期間の設定にもよるが、以上説明したような株価急落が貴重なチャンスであることを理解しておく必要がある。言い換えれば、将来そうした出来事に遭遇したときはすかさずそれを生かすという心構えが欠かせない。一年おきに遭遇できる可能性は少ないからだ。真実を明かせば、大半の熟練したバーゲンハンターはそうした出来事を心待ちにし、それに伴うチャンスをたえず期待している。株式市場で売り急ぐ売り手に出会ったらすかさず買いを考えるバーゲンハンターの感覚を身につけたいものだ。

市場が恐怖で売り一色になっているときに買う魅力が常識として分かっていても、その実行は容易ではない。問題はやはり、株式市場全体が引き起こす圧迫感が直接肌に迫ってくるということにある。

まずひとつ考えるべきこととして、運良く全額がキャッシュポジションになっているか、確実な予知能力がないかぎり、恐らく自分自身も投資の損がかさんでいるということがある。どうしても損失から身を守ることを考えてしまい、まずその問題の解決に追われることになる。当然、それまでの投資を心配することに貴重な時間を費したら、本来なすべきこと、つまり売りに買い向かうことに集中する時間がなくなる。売りの手配や思案をしていたら大勢に従うことになってしまう。この場合の基本的原則は、ウォール街に血が流れているときこそ最高の買い時ということだ。たとえ自分の血が混じっていてもこの原則は変わらない。自分の利益縮小や損失拡大に目をやっている暇はない。市場の大勢に足並みをそろえて防御に走ってはならない。逆に、目の前に現れるバーゲン銘柄を見つけるために攻撃の任務を続行しなければならない。投資の目的は長期リターンを増やすことであり、売りに走ることではない。自分の目標を堅持しなければならない。

また、投資の損失という現実に直面するなかで、出来事によって引き起こされるマスコミの暗いニュースの洪水を乗り切ることも必要になる。マスコミの単純な真実のひとつは、暗いニュースは明るいニュースよりも人目を引きやすいということだ。バーゲンハンターが大幅な急落を夢見ているのと同じように、報道記者はその急落の原因となる不幸な事件を間違いなく夢見ている。悪いニュースが公表されれば、たくさんのチキン・リトル（同名のディズニー映画の主人公）が現れて、空が落ちてくるとわめくに違いない。テレビにも新聞にもインターネットにも登場して大勢の注目を集めるはずだ。賢明なバーゲンハンターは懐疑的だが偏りのない姿勢を保ってその種の情報を処理する。本当に空が落ちてくるだろうか。そうでないことを歴史は繰り返し何回も証明している。

バーゲンハンターの役割はむしろ、大騒ぎを自分に都合良く利用するフォクシー・ロクシーに似ている。キツネのフォクシー・ロクシーはチキン・リトルだけでなく騒ぎに乗せられたその友達も食べてしまった。だが、その役割を演じるのはそう簡単ではない。事件を報道するジャーナリストにとって、足元の問題に狙いを定め、大衆をあおるように誇張して伝えるのはお手の物だからだ。危機による株式市場の急落を報道する際、恐怖をあおる手段としてよく使われるのは、過去の有名な事件と比べた目の前の展開の類似点を書き立てることだ。足元の危機の状況によっては、そうした記事によって一九二九年の大暴落、一九八七年のブラックマンデー、大恐慌に関連した出来事など市場の恐ろしい過去の亡霊がよみがえる。歴史を知り、その知識を背景に目の前の展開に対処する必要があるため、類似性のほのめかしも時には有益なことがある。だがマスコミの行う比較は、考えられる最悪の結果に目を向けさせることに狙いがある。たとえばブルーマンデーとして知られる一九六二年の市場急落時には、ニューヨーク・タイムズ紙は追証をきっかけとする大量売りについて触れ、一九二九年の大暴落を取り巻く状況との類似性を書き立てた。インタビューされた証券取引所の見学者が、「ちょうど一九二九年の暴落直前にもここに来たことがあり、今回も現場を見たかった」と語る記事も掲載された。

読者はブルーマンデーについて聞いたことがないだろうが、聞いていなくて幸いだ。一九二九年の大暴落とは何の類似点もないからだ。ブルーマンデーの急落は、ケネディ政権が野心的な政策を計画していることに対して投資家と経営者が懸念を抱いたことが原因だった。市場はその後数週で一二・四％下落したものの、大恐慌に先立つ暴落とは似ても似つかないものだったし、恐慌も発生しなかった。また、一九八九年一〇月一三日には資金不足のためにユナイテッド航空の親会社の買収計画が挫折したとの報道で株式市場が六・九％下落したが、このときも似たようなことが起きた。報道を受けてパニック的な株価急落が生じたのは、その買収挫折の連想から、以前市場で発表された取引案件も資金調達不能になるのではという恐怖感が広がったためだった。それにもかかわらず翌一〇月一四日のニューヨーク・タイムズ紙にはブラックマンデーを引き合いにして「一九八七年の再来か」という記事が掲載された。しかしそれはまったく見当違いだった。

実際、記事に引用された一九八九年の急落と一九八七年の暴落の類似点はどれも単なる**偶然**だった。最後の例としてその一九八七年の暴落について言えば、恐らく読者も想像したことだろうが、マスコミが一九二九年の再来説をすぐさま持ち出した。新たな大恐慌が始まる脅威について勝手に憶測を並べ立てたのだ。当時の見出しを見ると「株価が五〇八ポイント、二二・六％の急落」「六億四〇〇〇万株の出来高は過去最高のほぼ二倍」「一九八七年は一九二九年になるか」とある。記者にとって幸いなことに、インタビューを受けたウォール街関係者はこの暴落が新たな恐慌につながる可能性を即座に退けた。

マスコミには市場に恐怖を吹き込み、投資家に安値で株を売らせる力があるが、このことがバーゲンハンターの役に立つ。悪いニュースで新聞が売れるという単純な事実がバーゲンハンターにとってはありがたい働きをしてくれる。大衆は悪いニュースに翻弄されやすく、しかもマスコミは好んでそれを大衆に提供するため、株式市場は周期的に大きな不安にさらされる。株式はその不安のせいで常に突出安の脅威に直面している。こんなふうに考えるなら、「手遅れになる前に株を手放せ」と株主をそそのかしてくれるマスコミはバーゲンハンターのうれしい味方だ。「空が落ちてくる！　株を売って急いで逃げろ！」と騒ぎ立て、ある意味でバーゲンハンターの代理人の役目を果たしてくれる。

売り一色のときに買うメリットやそうした状況から得られる利益を指摘することは簡単だが、それを実行に移すのは簡単ではない。勇気を必要とする数少ない市場行動のひとつだ。最初は理解しにくいかもしれないが、大勢に逆らう断固たる行動が必要な状況に踏み込むには大きな勇気が求められる。お金がかかっているときは大勢と行動をともにするほうがずっとたやすい。流れに身を任せるほうがどんな場合でもずっと楽だ。だが株式市場では流れに身を任せたら必ず並みの成績で終わる。

身の周りや歴史を見たとき立派なリーダーの資質とは何かという質問に、最高の資質としてよく挙げられるのは、大きなプレッシャーの下でリーダーとしての行動をとれるということだ。リーダーの適格性はすべてが順調なときではなく、のっぴきならない状況での行動によって決まる。そうした真のリーダーは政治、スポーツ、ビジネスなどいろいろな分野に現れている。ジョージ・ワシントンはニューヨークシティでの敗北のあと奇襲攻撃に成功して独立戦争を勝利に導いた。バスケットボールのマイケル・ジョーダンは負けそうになったときでもチームをぎりぎりで勝利に導いた。

それと同じで最も優秀な投資家も強気相場ではなく弱気相場の行動で決まる。株式市場全体が上昇しているときに利益を上げるのは比較的易しい。だが市場が急落したときの厳しい逆境のなかで現れる機会を積極的にとらえるためには、企業の分析能力以上の大きな力が必要となる。浮上するチャンスを探し求める姿勢が不可欠だし、自信と勇気が求められる。そのプレッシャーの下でやり遂げる唯一の方法は、自分の能力に揺るぎない自信をもち、自分の行動が正しいことに確信を抱くことだ。

そうした厳しい瞬間に際立った行動をとることを投資家がどれほど望んでも、激しい急落のさなかに明晰な分析力を保つことは心理的に非常に難しい。ジョン叔父さんはそれに対処する方法のひとつとして、急落が起きるずっと前に買いの意思決定をすませていた。テンプルトン・ファンドの運営にあたっていたころ、いつも銘柄の「候補リスト」を所持していたのだ。リストには経営状態は良いが市場での評価が高すぎると思われる企業名が並んでいた。もう一歩先に進めて証券会社に先回りの注文を出しておくこともよくあった。何らかの理由で市場が急落して、候補リスト銘柄の株価がバーゲンと言える水準まで下がったときに買えるようにしておいたのだ。

たとえば、見通しが明るいとか経営陣が優秀とかと判断される銘柄が一〇〇ドルで取引されていたとして、その価格が過大評価されているか本質的価値に近いと思われる場合、ジョン叔父さんは株価が六〇ドルまで下がったときに買う無期限注文を出しておいた。極端すぎると思う人もいるかもしれないが、叔父さんは大幅なバーゲンと感じられる価格でのみその銘柄を買いたかったのだ。それに、四〇％下落した価格に買い注文を入れるのをためらう投資家にとっては非合理的あるいはあり得ないと思われる出来事が、過去の市場では現に発生している。たとえば二二・六％下落した一九八七年の大暴落の例だけでこのことは十分納得できるだろう。統計的にはそうした事例の発生はあり得ないと言っていいのだが、それでも実際に起きているし、しかもかなり頻繁といえる頻度なのだ。バーゲンハンターとしてはそうした「低確率」の出来事を見逃すわけにはいかない。

前もって決めた価格で買う無期限注文を出しておけば、皆が売っているときに買い向かうときの大きなプレッシャーを避けることができる。

買いを決断するとき何よりも大切なのは、澄んだ頭で考えその判断が目前の出来事に影響されないようにすることだ。危機の急落時には、もともと適切な判断をあとで考え直してしまうことがよくある。市場でそんなに多くの人が売り急ぎ株価が急落するということは、見境なく投げ売りされる状況では健全な判断力が働かなくなることの何よりのあかしである。買いの決断で重要な第二の点は、自分がバーゲンと確信する銘柄のみを買う厳格な規律を維持することだ。自分の得意分野に限定して株価や会社のバリュエーションを入念に検討するなら、一層正確な評価が可能となるだろう。たとえば突然市場が急落したときに単に値下がりしたという理由だけで好みの銘柄を買うというのでは、良いバーゲン銘柄を見つけだすことはできない。過大評価された企業の株価がやや修正された程度の水準で買ってしまうことが多いのだ。その場合、割高度がやや薄れていること以外にその銘柄を買って得られるメリットはない。

市場価格を大幅に下回る買い注文を出す戦略の要点は、市場のボラティリティを活用する立場に立つということにある。ボラティリティを利用し自分の味方につけるというのが基本的な考え方になるのだ。株式市場でボラティリティが突発的に高まる好例としては、コンセンサスの見方が不確実性のために崩れたり、ネガティブサプライズが生じたりする場合がある。そうした脅威の瞬間をとらえてそれに乗ずる用意と計画を持っていないかぎり、自分自身も荒波の海で浮き輪につかまったまま浮き沈みする感覚に捕らわれることになる。

この戦略の実行で考慮すべきもうひとつの重要事項は選定する企業の特徴と関連している。市場がおびえてパニック的な売りに走るさまざまな原因のなかには景気後退や景気下降が含まれていることを考えるなら、バランスシートに問題のない企業を選ぶように気を配らなければならない。つまり債務負担のない企業、不景気になっても債務を背負い込むことのない企業を選定する。現時点で過剰な債務を負っていないように見える企業でも、経営環境の悪化に伴って債務額が過剰とならない保証はない。良い状況と悪い状況の両方を想定して企業を検討することが大事なのだ。売上高の減少や利益率の低下が始まったときに債務返済に苦しむような企業に投資したとしたら、買いの選択が賢明でなかったことになるだろう。

経済環境が悪化に転じたとき企業がどんな影響を受けるかを判断するのに二つの基本的アプローチがある。第一は単純にバランスシート上の債務額と財務諸表の脚注に記載された第三者への債務額を測ることだ。そのためには、企業の価値と比較した債務額や企業の返済能力と比較した債務額といった基本的な比率を計算する必要がある。この分析を行うための比率には多くの種類がある。以下で有用なものをいくつか取り上げよう。

債務自己資本比率＝（短期債務＋長期債務）÷自己資本

この比率は企業がその価値以上の債務を負っているかどうかを判断するための基本的手段としてアナリストの間でよく知られている。ベンジャミン・グレアムは会社の価値以上の借金を背負う企業を避けるのを基本原則としていた。だからグレアムの見方に従うなら債務自己資本比率が一を超える企業には投資しないのが賢明だろう。

純債務自己資本比率＝（（短期債務＋長期債務）－現金）÷自己資本

この比率は右の債務自己資本比率とほとんど変わらない。違うのは、この比率では企業の債務から手元現金額を引いた額が債権者に対する企業の実際の債務を表すと仮定されていることだ。

ＥＢＩＴＤＡカバレッジ・レシオ＝利払前・税引前・償却前利益÷支払利息

この比率は貸し手が企業の利息返済能力の大まかな見積りを行うために用いることが多い。支払い利息、税金、減価償却費用を差し引く前の収益を計算することによって、利払いや納税額、あるいは会計処理に関係する、現金流出を伴わない減価償却の負担を差し引いた企業収益の概算を知ることができる。その基本的考え方は企業が利息返済を滞るまでにどの程度収益上のゆとり額ないしクッションがあるかを算出しようというものだ。たとえばＥＢＩＴＤＡカバレッジ・レシオが六だとすると（保守的な基準とみなされる）、その企業の収益が利息返済額の六倍であることになる。

総債務一二カ月ＥＢＩＴＤＡ移動平均比率＝（短期債務＋長期債務）÷利払前・税引前・償却前利益（過去一二カ月の額）

この比率はＥＢＩＴＤＡカバレッジ・レシオと同じようなアプローチに従うもので、企業が収益の何倍の負債を抱えているかを示す。比率が三倍以下なら基準として保守的と言えるだろう。

いろいろな比率を紹介したが、基準として示した数値は業種によって変化することに注意してほしい。たとえば食料雑貨店など売上高や利益率が非常に安定した企業は、鉱山会社など景気下降期に短期間で損失がかさみがちな景気敏感企業よりも大きな債務を扱うことが許されるだろう。

問題となる企業の比率を計算したら同一業種の他企業について算出された同じ比率と比較することが重要だ。そのような比較によって、どの企業が債務の利用を通じて最大の事業リスクをとっているかが瞬時に分かるようになるはずだ。また、業種の平均比率を出すことによって、問題となる企業がその点で業界中どんな位置にあるかを判定することも可能になる。

最後になるが、以上のような債務比率を算出するだけでなく、損益計算書に示された企業業績の推移を調べることも欠かせない。そうすれば、業界や経済全体のさまざまな景気状況に応じて企業業績がどのように変化しているかを測ることができる。企業が過去に年間のいずれかの時期に損失を出す傾向が見られたとすれば、業況の悪化時にその銘柄を買うときにその事実を考慮することになるだろう。もちろん業績の推移は将来の状況がどうあろうと、どんな銘柄の投資でも考慮に値する事柄だ。

これまでの論議のなかで多くの問題を取り上げてきた。過去にどんな種類の危機が発生したかを示すとともに、危機的状況で投資することの利点を検討してきた。ここで現実に起きた危機を取り上げ、実際のバーゲンハンターがその機会にどのように対処したかを見ることにしよう。

二〇〇一年九月一二日（世界貿易センターと国防省を標的とした同時多発テロの翌日）に、

ある記者がその事件に関するジョン叔父さんのコメントと意見を聞くためにバハマの叔父さんの事務所に電話をかけてきた。叔父さんは次のように書いている。

私はそのニュースを聞いたときオフィスで別の日の仕事の準備をしていた。聞いた瞬間、人道主義的な立場から悲しみを感じた。

しかし経済的観点からすればその攻撃には何の効果もない。何億人もの人々を激高させるだろうし、間違いなくニュースが大量に流れるはずだが、影響はほんの短期間しか続かないだろう。

こうしたテロ行為が続く可能性は低いため、消費者や世界経済に永続的な影響を与えることはないだろう。実際の経済的影響や心理的影響は極めて短期間で終わると思う。

同時多発テロに関するジョン叔父さんの見解には表7.1に示された歴史上の危機の大部分に共通する多くの特徴が反映されている。そうした特徴で叔父さんの見解にも反映されているのは、単発的な政治や戦争の事件の例ではほとんどの場合株式市場は最初打撃を受けるがその後短期間で回復するということだ。まず間違いなくそのような事件は本当に心配する必要のあるほど消費者や経済に影響することはない。だが過去に前例があるにもかかわらず、市場の観察者はまさにそうした事件に恐怖を抱き、それを誇張してしまう。

ジョン叔父さんの見解や数多くの事件で示された歴史的前例にもかかわらず大半の観察者が同時多発テロによる経済への脅威がまさに本物だと思い込んだ。そのなかには、著書『波乱の時代』（日本経済新聞社）で打ち明けているようにＦＲＢ（連邦準備制度理事会）のアラン・グリーンスパン前議長も含まれていた。彼はあとになって自分の懸念が過剰であったと述べている。テロ攻撃による経済的停滞の懸念は二〇〇一年九月一一日から米国株式市場の再開までの数日間非常に高まった。テロの影響で景気後退に陥るというそうした懸念は報道にはっきりと表明されている。攻撃後の数日間にさまざまなメディアに発表された記事の抜粋やその要約を以下に示す。

ニューヨーク・タイムズ紙より

経済に対するボディーブロー

世界貿易センタービルを破壊し国防省ビルに損害を与えた攻撃によって、米国経済は過去に例のない機能停止に追い込まれ、景気後退の可能性がこれまでより一段と高まった。

ウォール・ストリート・ジャーナル紙より

テロ攻撃によって景気後退の可能性に対する懸念が増大

〔ワシントン〕　木曜日のテロ攻撃によって消費者マインドが打ち砕かれ、飛行機旅行や金融市場といった基本的な商業機能がマヒ状態となったことから、すでに弱体化した世界経済が広範な景気後退に陥るおそれがある。

米国に対する破壊的なテロ攻撃でアジアの回復期待に打撃

テロリストが米国に戦争を仕掛けた翌朝、波及的損害が世界各国の経済に飛び火し始めた。マンハッタンとワシントンの現場における恐怖には比べようがないとしても、その翌日は世界中のビジネスマンにとって忘れられない日となった。

米国に対する破壊的なテロ攻撃で欧州の回復期待に痛手

水曜日には世界の金融システムが大きく揺らいだ。企業と政府は、米国に対する集団テロ攻撃で世界経済が景気後退に追い込まれかねないという懸念によって冷や水を浴びせかけられた。

エコノミスト誌から

世界の経済がかたずをのむとき

世界貿易センタービルに対する攻撃によってアメリカ資本主義の最も有名なシンボルのひとつが瓦礫と化した。しかしその攻撃によって、すでに弱体化している世界経済も崩壊のリスクが増大したのだろうか。米国の株式市場は今週いっぱい取引が停止されている。だが世界のほかの市場を見るかぎり、今すぐ答えを出すとすれば取りあえず「イエス」ということになりそうだ。

以上の記事の見出しと冒頭部分はすべて二〇〇一年九月一一日のテロ攻撃から数日内に掲載されたものだ。それらの記事以外にも、事件後数日間に印刷されたほぼすべての大衆向け刊行物には似たような記事が載ったはずだ。読んで分かるように、メディアには広範囲に及ぶ**世界的**景気後退という形の最悪の事態を予想する強力なコンセンサスが見られる。

ショックや危機に伴うひとつの問題は、状況が異なるように見えるとしても特に結果に着目した場合にはおおむね以前の出来事と類似しているということだ。たとえば九月一一日の攻撃と比較できる出来事をひとつ挙げるとすれば一九四一年の真珠湾攻撃だろう。それなのに、二〇〇一年九月一一日の攻撃と真珠湾やキューバ・ミサイル危機との類似性について報道機関のインタビューを受けた多くの人々は、九月一一日がかなり異質で、たぶん将来への影響が異なるだろうと述べている。バーゲンハンターにとって対処の準備をしておかなければならない事柄があるとすれば、それは将来の危機と過去の危機の間に具体的な状況に関して一部に明白な相違が見られるとしても両者の相違は見かけ上のものだということである。二〇〇一年九月一六日付けニューヨーク・タイムズ紙の「投資——危機の証言、警戒を促す」と題された記事では、記者が同時多発テロの印象についてウォール街の大勢の熟練し、信用でき、成功した、著名なベテランにインタビューを行っている。回答者は過去の危機における自分の直接経験を語っているが、以下の引用ではある男性の経験が取り上げられている。

彼は衝撃的なニュースによって下落した株式市場が反発するのを繰り返し目にしてきた。真珠湾攻撃後の戻りは鈍かったが、それでも一九四一年一二月八日から一カ月後のダウ工業株平均は攻撃の翌日をやや上回っていた。米国がガダルカナル戦に勝利したときに付けた一九四二年の大底から一九四六年半ばのピークまでに株式市場は二倍以上上昇した。

先週のテロ攻撃後にインタビューしたウォール街のベテランたちは歴史的パターンの信頼性について疑念を表明している。彼らは米国が実は新時代に入ったのではないかと考えている。新時代といっても、一八カ月前に始まったナスダック急落以前に一部の強気派が宣言していたようなコンピューター主導の新時代ではなく、和解不能な政治的敵対勢力が永続的に不安定な状態を作り出す新時代のことをいう。

この引用では危機直後の投資に繰り返し現れる事態が浮き彫りにされている。個々の危機は少なくとも部分的には以前の危機と異なって見えるだろうが、一般的に言えば共通する要素をもっている。たとえば真珠湾が日本に攻撃された日に戻って想像してみると、奇襲攻撃の前例は実際に存在しないと感じられる。それが初回であり、だからこそそれを知った人は当然不意を突かれた。同じように、ソ連がキューバで核弾頭の準備を整えようとしたときも、類似した事件が以前にあったとは感じられない。要は、ひとつひとつの危機は異なった外観、異なった状況を備えているものであり、そのために歴史的背景に基づく目の前の事件の解釈が混乱に陥りがちになるということだ。ところがそれらの事件を最も一般的な要素にまで還元してみれば、そのどれもが人々を骨の髄まで震え上がらせた戦争行為や攻撃行為であるとの結論に到達できるだろう。その種の事件は時の始まり以来、あるいは少なくとも歴史の記録が開始されて以来、延々と続いているのだ。関与した人々の反応も変わらない――ショックを受け、混乱に陥り、パニックに襲われる。そのすべてが人間の性質の中核をなしているのである。

攻撃のあと、市場が二〇〇一年九月一七日に再開されるまでの間、悲観的な予測があふれるなかで、恐らくすべてではないとしても大部分の人が最悪の状況を予想していることが明らかとなった。米国市場で取引が再開されたらパニック的な投げ売りとなることは明らかだった。

常に市場の投資機会に乗じることを目指していたジョン叔父さんは、皆が必死に売ろうとするときに買う準備を整えていた。だが問題は何を買うべきかだった。その答えは、別の重要な質問、つまり見通しが最悪のセクターはどこかという質問に答えることで簡単に得られる。答えを見つけるため、二〇〇一年九月一五日付けニューヨーク・タイムズ紙の記事の抜粋を見てみよう。

テロ攻撃の後に――経済的苦境

航空各社が救済を求めるなかで破産の可能性を示唆

昨日、航空会社の役員とアナリストが業界の見通しについて重大な懸念を表明し、今週のテロ攻撃に起因する巨額の損失によって米国の大手航空会社の大半が破産を余儀なくされる可能性があると指摘した。

米国五位の航空会社コンチネンタル航空の会長兼最高経営責任者であるゴードン・M・ベシューンは電話インタビューで航空業界について次のように語った。「この病人は今すぐにも死にそうだ。われわれは皆、年を越す前に破産してしまうだろう。この事態に対処するための超過現金を保有する航空会社は私の知るかぎり一社もない」

このヒントがなくても大勢の読者が推測できたと思うが、航空株は市場のどの銘柄よりも危う状況に置かれていた。航空会社は事業条件が比較的良好なときでさえ困難にぶつかることで悪名が高い。また多くのバーゲンハンターが航空会社に手出ししてはあとで後悔するという目に遭ってきた。空が晴れわたっているときでさえ投資家は疑いの姿勢で臨む必要があった。背景には各社が直面するあらゆる競争上の圧力、燃料費の高騰、小うるさい労働組合、規制問題などさまざまなものがあった。まして二〇〇一年九月には嵐雲が立ちこめ飛行機を飛ばせない状況のなかで、航空各社は収入が途絶える一方で巨額の固定費がかさみ、一日に一億～二億七五〇〇万ドルと推定されるペースで資金が流出していた。政府が介入して救済措置をとることはないとの想定に立てば、破綻の懸念にはある程度根拠があった。他方、政府が航空会社の破綻を放置しないと想定すれば、現状のように極端な悲観論にさらされている航空株を買いたいという気持ちになっても不思議はない。ジョン叔父さんはテロ攻撃後に政府が航空会社の破綻を放置するとは考えなかった。この見方に立って、市場が再開したら早々に航空株を手放そうと身構えている売り手の波に正面から立ち向かうつもりでいた。

ジョン叔父さんは航空会社の株を買う計画を実行するためにＰＥＲが最低水準の銘柄に着目した。低水準のＰＥＲという基準に合う航空株は八銘柄見つかった。叔父さんは、九月一七日に市場が再開されたとき、日中に株価が五〇％下落したらその八銘柄のどれでもいいから買うようにとの注文を証券会社に出した。

先にパニック時に株を買う利点を説明した際、買い付け後五年間保有することで成果が現れた事例を用いた。ほとんどの場合、投資期間は長期のほうが望ましいと考えられる。しかしそのときの叔父さんの意図は長期保有ではなく、それら特定の航空株に生じる最初のパニック効果をとらえることにあった。叔父さんは投資の際はいつも比較の方法を用いていたが、その分析によれば相対的に見て航空会社はパニックをとらえるのに最良の手段だった。だが同じ比較の方法を用いて長期保有の視点から分析すると、その時点では米国のストリップス債や韓国株のほうがもっと良い成果が期待できると感じていた。だから航空株は最初から短期売買に徹するつもりであり、取引で買った株はどんなものでも六カ月だけ保有する予定だった。

九月一七日に株式市場の取引が始まったとき、不吉な予言は当たった。主要指標はすべて急落し、その日の下落率は一桁台半ばから後半の範囲にまで達した。ダウ工業株平均は七・一%、S&P五〇〇は四・九%、ナスダックは六・八%値を下げた。航空株の場合惨状はさらに激しかった。

ジョン叔父さんが買いの指値注文を出しておいた八銘柄のうち買えたのは三銘柄だった。つまりその三銘柄が当日の取引時間中のある時点で始値から五〇%以上下落したのだった。三銘柄とはAMR（アメリカン航空の親会社）、コンチネンタル航空、USエアウエーズだった。**図7.1**～**図7.3**には二〇〇一年九月初めから同月一七日の六カ月後までの期間における三銘柄の株価のほか、その目標保有期間中のジョン叔父さんのリターンが示されている。

図から分かるように買い付け後六カ月間で生み出されたリターンは相当のものだった。ア

図 7.1　アメリカン航空の株価

メリカン航空、コンチネンタル航空、USエアウエーズのリターンはそれぞれ六一%、七二%、二四%で、どれもが六カ月以内に実現されたのだ。このリターンからも推測できるように、連邦政府の救済案に関するジョン叔父さんの予測は的中した。救済案は二〇〇一年九月二二日に米議会で九六対一の賛成多数によって可決されたのだった。テロ攻撃がきっかけで世界的な景気後退が生じることはなかった。ただ、ずっとあとになって全米経済研究所は二〇〇一年三月から同年一一月までの間米国が景気後退に陥っていたと断定した。この景気後退が九月一一日からほんのわずかで終了したという事実はテロ攻撃の影響がほとんどなかったことのあかしと言える。

このようにあらゆる点で経済的影響が軽微に終わった出来事は、株式市場と経済が危機

図 7.2　コンチネンタル航空の株価

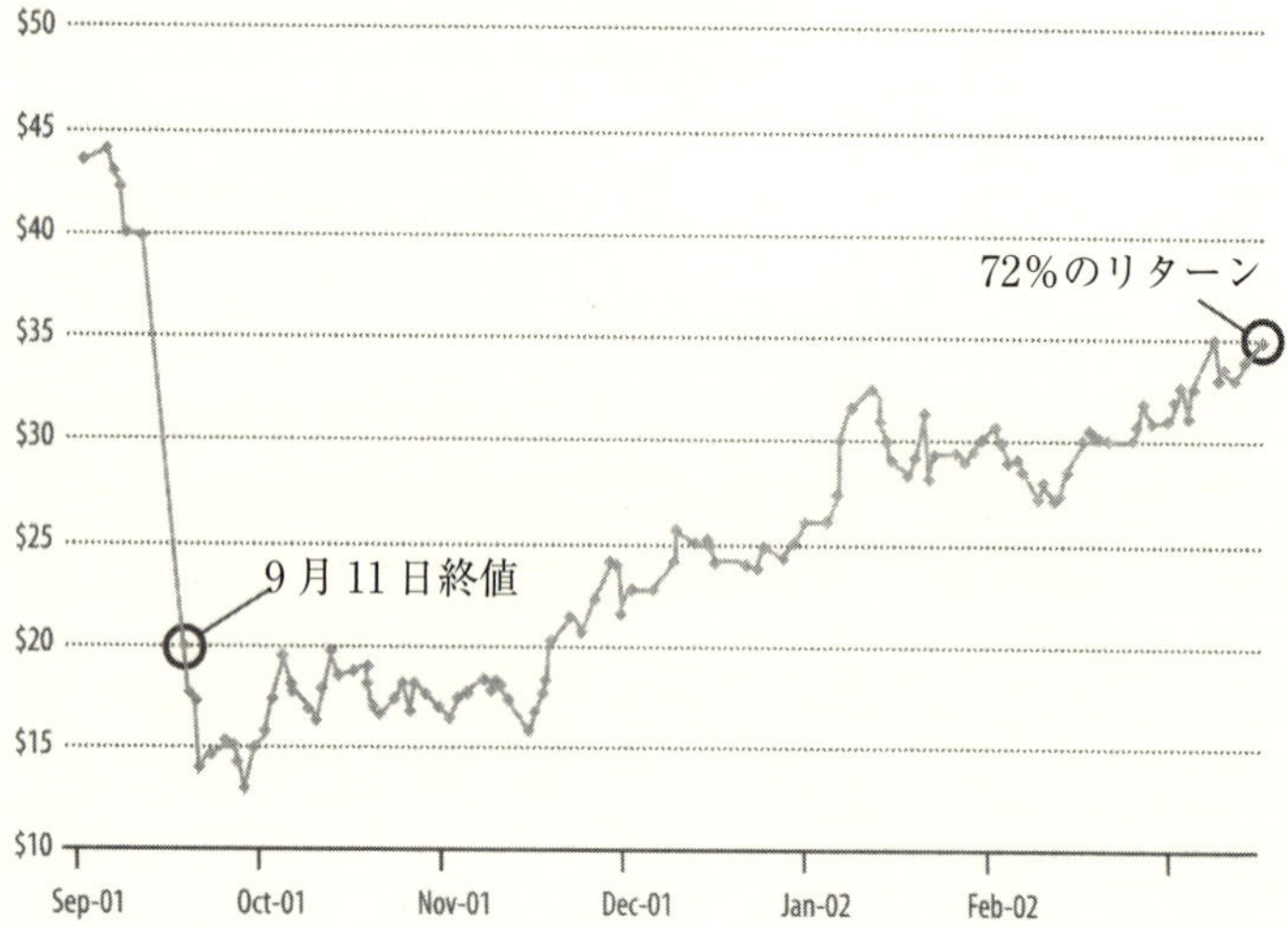

に対して反応した数多くの歴史的事例に前例が見られる。だが前例が豊富にあっても、投資家はやはり最悪の事態を恐れ、過去の悲劇と「今回は違う」のだから世界は新たな現実と真剣に取り組む必要があると断言する。危機的事件の解釈で人々が犯すそうした過ちは、株式の熱狂の頂点で今回は違うと断言する人々の過ちよりは大目に見て良いかもしれない。それはさておき、以上の事実は次のことを雄弁に物語っている。つまり、群衆とは逆に動くことが成果につながるし、またさまざまな危機の事例では状況がどんなに違って見えてもたいていは同じ結果となる。だから、恐怖から市場が下落しているときは買い向かうことで成績が一層向上する。最後に、危機のさなかに投資を試みる者にとって最大の利点は、個々の事例が外観的に少しずつ異なっ

図 7.3　US エアウエーズの株価

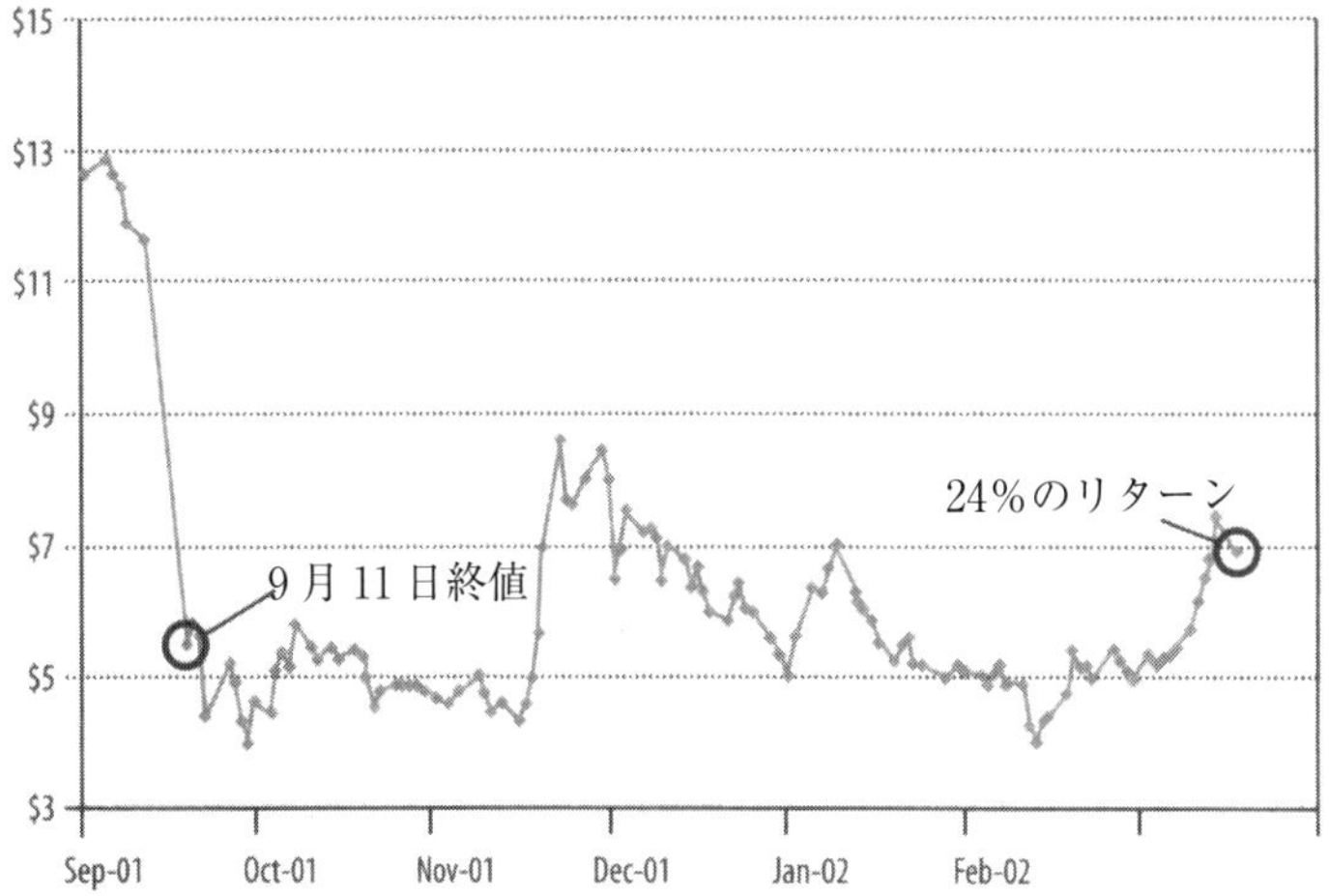

ているため過去の事例との厳密な比較が容易でないということにある。そのことで投資家は常に混乱に陥る。もしも比較が簡単だったら恐らく投げ売りが起きることはないだろう。いずれにしても、賢明なバーゲンハンターは歴史から忠実に学ぶのだ。

バーゲンハンターは危機は機会に等しいという、歴史から学んだ永遠の教訓を信奉する。

第8章 歴史的押韻

「歴史は繰り返すのではなく、韻を踏む」――マーク・トウェイン

一九九七年には世界中の投資家がアジア金融危機と呼ばれる危機の連鎖反応によって大きく揺さぶられた。数回の危機的事件を通じて世界の多くの通貨と株式市場が打撃を受けた。この金融危機によって特に大きな痛手を受けたアジア諸国の経済は混乱状態に陥った。返済できない山のような債務から多くの政府を救い出す必要があり、状況は最悪だった。打撃を受けたアジア諸国ではたくさんの銀行が破綻し、現地通貨は五〇％以上下落した。こうした出来事の荒波をかぶった株式投資家はコップの水が全部なくなったと感じたが、ジョン叔父さんはいずれコップが水で満たされると見ていた。

年齢や経験の違いによってアジア金融危機について鮮やかな記憶をよみがえらせる投資家もいるだろうし、ぼんやりとしか思い出せない投資家もいるだろう。専門的な説明は、いまだに

その原因について論争している学者やエコノミストに任せるとして、ここでは当時の環境に触れることで危機の背景を説明することにする。アジア金融危機の原因をどう考えるかについて「脆弱なファンダメンタルズ」説と「金融パニック」説という二つの学派がある。脆弱なファンダメンタルズ説は基本的にアジア諸国にはマクロ経済面や金融面の欠陥があったと主張し、金融パニック説は結果の大部分について投資家心理の突然の変化（パニック的な資本の引き揚げ）に原因を求める。両方の見解に対して強力な支持者と批判者があるが、われわれとしてはそこに足を踏み入れるのは避け、バーゲンハンティングの機会の浮上という観点からアジア金融危機について考えてみたい。

アジア金融危機は一九九七年七月のタイ通貨（タイ・バーツ）の切り下げがきっかけだったとされる。タイが通貨を切り下げたのは、米ドルとのペッグ制（両通貨を固定比率で交換できる制度）をとっていたためだ。通貨交換を保証するために、タイは（そして米ドルとのペッグ制をとるほかのどんな国も）米国の通貨供給量に比例した水準に合わせて自国通貨の供給の伸びを管理しなければならなかった。このことは基本的にタイが自国の米ドル準備高を大幅に超える債務を負わないように妥当なペースとレベルの借り入れを維持する必要性を意味した。

二つの通貨間の不均衡があまりに大きくなると、政府に対する貸し手が、政府の通貨交換能力の維持に疑問を感じるようになる。その認識が広がると、貸し手以外にもその通貨の破綻を予想する投資家が加速度的に増えて、一斉にバーツを売って米ドルに交換しようとする「取り付け」騒ぎが起きる。政府が交換要求に応えられない場合、通常の対応策としては、自国通貨の「切り下げ」や実施されてきた特定の固定為替相場の放棄などがある。たとえばある現地通貨の一〇単位が一米ドルと等価だったとして、その国が市場の要求を満たせるだけのドルを手元に持っていなかった場合には、今後一米ドルを買うのに二〇単位が必要になると決めるような対策を講じる。

一定量の現地通貨で買える米ドルの額がうんと少なくなると見ることもできるし、一米ドルを買うのに必要な現地通貨が大幅に増えると見ることもできる。どちらにしても、以前どおりに現地通貨を米ドルに換える政策の履行を求める人にとっては望ましくない結果となる。政府が通貨交換の義務を果たせない確率が高いことを市場が感じ取ると、ペッグ制の変更前に資金を引き揚げようとする雪崩のような動きが起きる。その結果、その国の通貨のパニック的な売りが発生して、通貨だけでなく株式のようなその通貨建ての資産の価格も下落する。

このようなメカニズムによって、米ドルを低金利で借りて貸出資金を確保していたタイのような国の銀行は壊滅的な打撃を受けた。要するに、現地通貨の価値が下落すると実質的に米ドル建ての借入額が膨れ上がる。その米ドル建て借入額があまりに大きくなると銀行が破産しかねない。このようなわけで、タイ政府が財政上の秩序の混乱を公式に認めてペッグ制を取りやめたとき、大量の売りを浴びてタイ・バーツだけでなくバーツ建てのあらゆる資産の価値が大幅に下落したのだった。それからまもなく、同じようにドル・ペッグ制をとり、活発な投資と大規模な借り入れが行われていたほかの多くのアジア諸国に対しても投資家の疑いの眼が向けられるようになった。タイの措置がきっかけで新たに警戒心が高まったのに伴い、ほかの「アジアの奇跡」に対する見方も厳しくなり、各国の通貨も大量に売られる事態となった。読者のなかにはそもそも政府の財政がどうしてそんなに悪化し得るのかと不思議に思う人もいるかもしれないが、実際にはそれほど珍しい事態ではないのだ。

だがアジアの場合、問題の一部は、アジアの奇跡と呼ばれた一連の国々が長年にわたって高い経済成長率を実現しており、そのことが投資家を引き付けていたことにあった。やがて集中的な投資によって過剰な資金がそれらの国々に流入するようになり、その後、経済の一部セクターが過剰に発展する事態に至った。過剰発展の状態になると貸し手や投資家に報いるのに必要なリターンを生み出せなくなる。ある意味でそれらの国々は自分自身の成功の犠牲者と言えた。それはともかく、結果として、投資家ができるだけ速く資金を引き揚げようとするなかで、それらの国々の通貨は連鎖的な売りを浴びることになった。連鎖反応はタイからマレーシア、インドネシア、フィリピン、シンガポール、そしてとうとう韓国にも飛び火した。最終的には、大前提のメカニズムが類似していたため、その後数年の間にロシア、ブラジル、アルゼンチンなどの通貨も大幅安となった。

危機の影響で打ちのめされたすべての国々のなかで、バーゲンハンターとしてのジョン叔父さんの目を引いたのは韓国だった。実を言えば叔父さんは何十年もの間、韓国経済のファンダメンタルズに魅了されていた。叔父さんについて書かれた一九八三年刊行の『テンプルトン・タッチ（Templeton Touch）』には一九六〇年代の日本に対する先見の明ある投資に関するインタビューと議論が掲載されている。当然ながら、その議論の過程でジョン叔父さんが投資の観点からどの国を「第二の日本」と考えているかという質問が投げかけられた。答えは韓国だった。だが、韓国は外国人投資家の資金引き揚げを制限する資本統制の政策を実施していたため、叔父さんは、以前顧客による日本への投資に反対したのと同じ理由でテンプルトン・ファンドの資金を韓国に投資できないでいた。しかし当時の環境にもかかわらず、いずれは韓国が日本と同じように外国資本の撤退を制限する法律を緩和するというのが叔父さんの見方だった。叔父さんが投資家にとって韓国が第二の日本になると見ていた理由は、経済的見地から両国が驚くほど似ていることだった。韓国は、第二次大戦後の荒廃のなかから日本を経済的成功に導いたのと実質的に同じ戦略を実行していた。また朝鮮戦争から抜け出したとき日本と同じ基本的環境に置かれていた。経済的苦境に追い込まれ再建を余儀なくされた国だったのだ。適切な軌道に乗るまでに予想よりもやや長い時間がかかったものの、韓国は貧困国から工業大国に発展した**最良の**事例とよく言われる。

韓国と日本が経済的地位を高めるために取った基本施策を見てみよう。第一に、両国とも国内貯蓄率が高くそれが経済の投資資金となった。第二に、両国とも単に輸出国というだけでなく、恐らくもっと重要なこととして**野心的な**輸出国だった。つまり、日本は第二次大戦後に経済再建の道を歩み出したとき二級品や洗練されていない安物の生産国として片づけられていた。韓国も工業大国として浮上する経済的発展の道をたどり始めたとき、同じような烙印を押されていた。これまで指摘されてきたように、韓国は重工業力を発展させるずっと前は繊維製品の輸出で知られており、発展の初期段階の主要輸出品はすべて基本的な低価格品だった。たとえば一九六三年の輸出額第三位の製品は人毛のかつらだった。その後、韓国は漸進的な工業化の道を歩み続け、GDP（国内総生産）成長率を基準としたその経済力は世界でも指折りのペースで発展した。アジア金融危機に遭遇するまでの二七年間における韓国経済の平均成長率は世界最高だった。

その二七年の間に、政府が資源と資本を輸出主導型企業に振り向ける政策をとったことから、輸出の中心は繊維やかつらから電子製品や自動車へと変化した。韓国は全体として高成長率を達成したというだけでなく、途中で成長が大きく停滞することがなく、一九八〇年のオイルショック危機だけを例外として長期にわたり継続的に高成長を維持した（図8.1および図8.2参照）。

韓国がより洗練された経済国へと脱皮する過程で見られた特徴のひとつは、一九八〇年代における海外からの借り入れ依存の低下と国内貯蓄水準の上昇だった。第二次大戦の痛手から立ち直った日本と同じように、韓国も巨額の借り入れではなく高水準の貯蓄率を基に経済力を築き上げた。両国とも海外からの援助を足がかりにして成長を開始したにもかかわらず（日本は第二次大戦後、韓国は朝鮮戦争後）、短期間のうちに資金需要を国内で満たす態勢を作り上げ

図8.1　韓国の年間GDP成長率（1971～1997年）

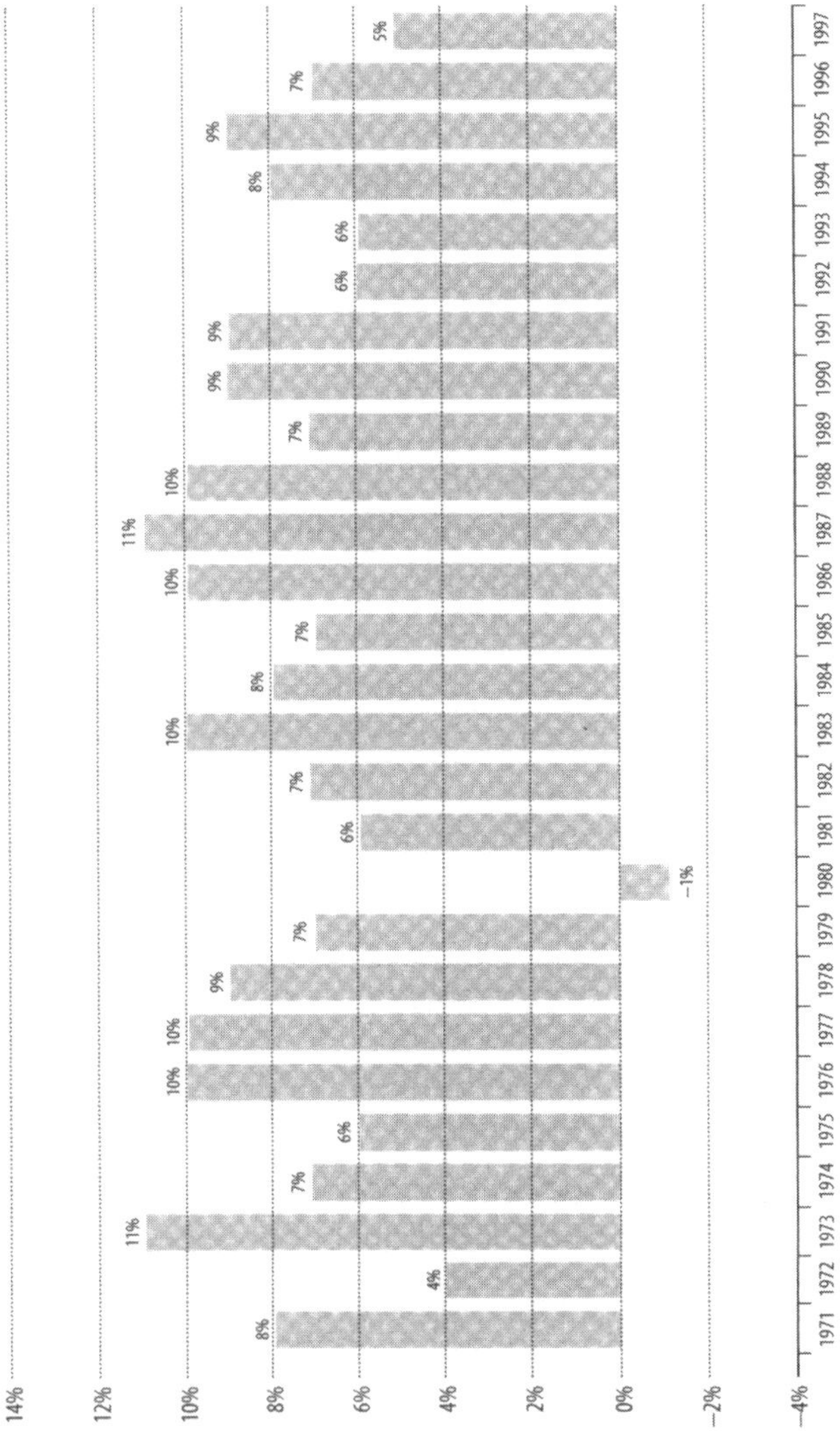

出所＝OECD

図8.2　他国と比較した韓国の年間GDP成長率（1970～1997年）

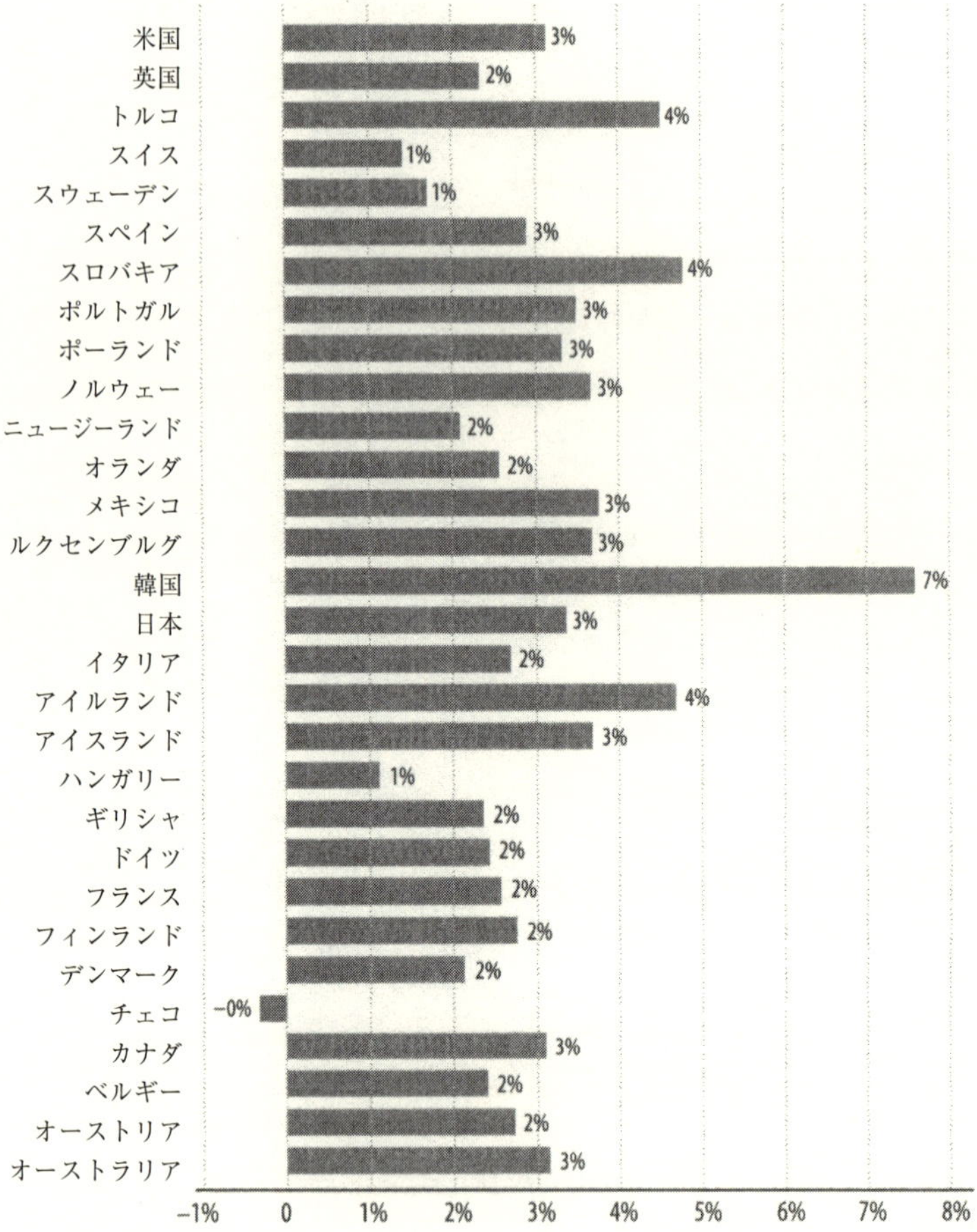

出所＝ OECD

図 8.3　韓国の年間総国民貯蓄率（1980 ～ 1997 年）

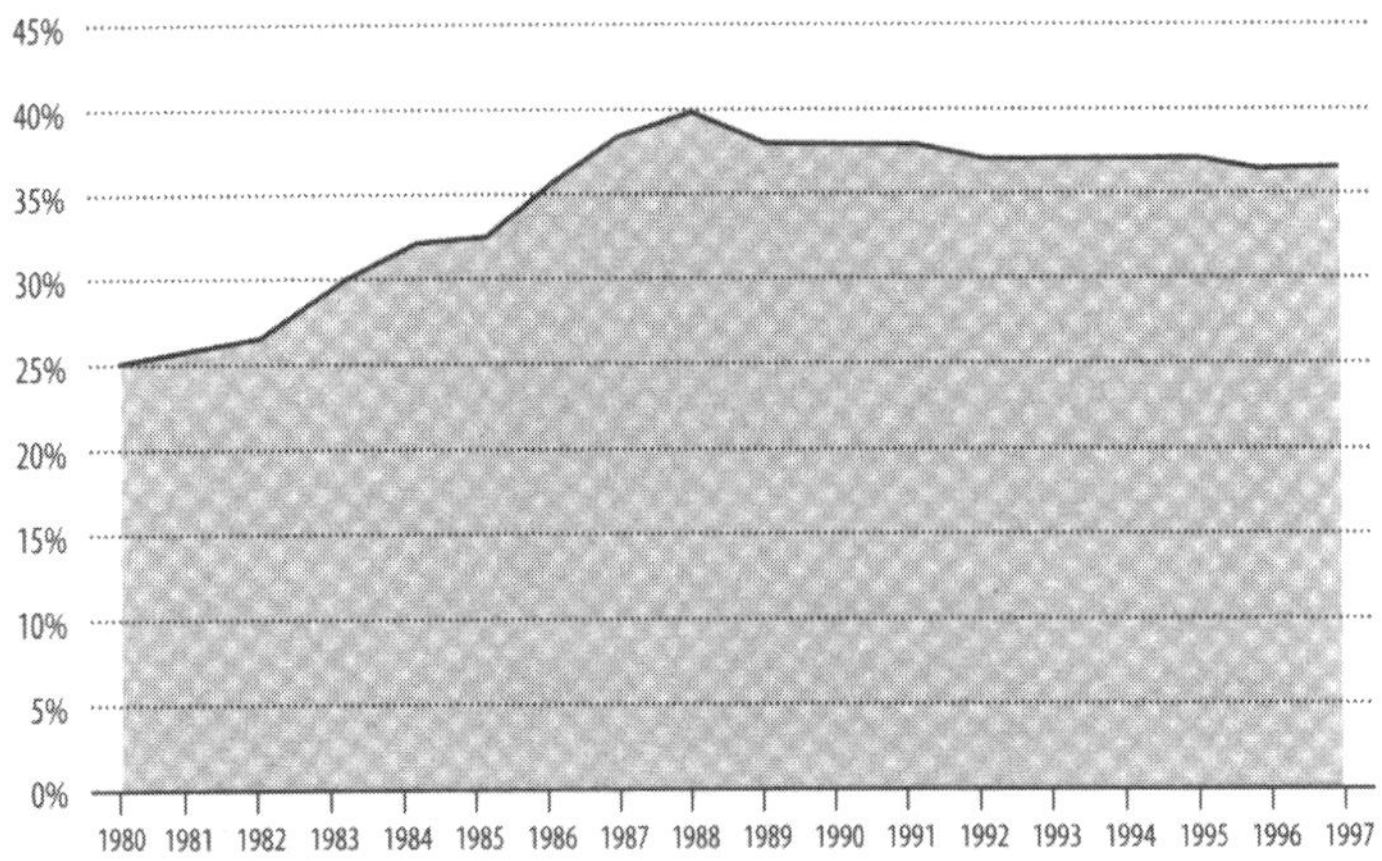

た（図8.3および図8.4参照）。

先行した日本と同様、韓国の貯蓄率も世界平均を大きく上回っていた。実際、その貯蓄率は二〇〇〇年代まで三〇％を超えていた。

こうしたすべての長所や韓国と日本の驚くべき類似性にもかかわらず、ジョン叔父さんはその期間韓国への投資を控えていた。それは韓国が厳格な資本統制で悪名高かったことに加え、金融市場へのアクセスが制限されていたためだった。たとえば外国人投資家が同国への投資を認められたのはやっと一九九二年になってからのことだった。少なくとも同年までは国籍がどこであれ、金銭取引には厳しい制限が課せられていた。

韓国人は外国から自由にお金を借りられず、自由にドルを国外に持ち出せず、また企業も個人も外貨を国内に持ち込んだらすぐに韓国

図 8.4　各国の平均総国民貯蓄率（1987 ～ 1997 年）

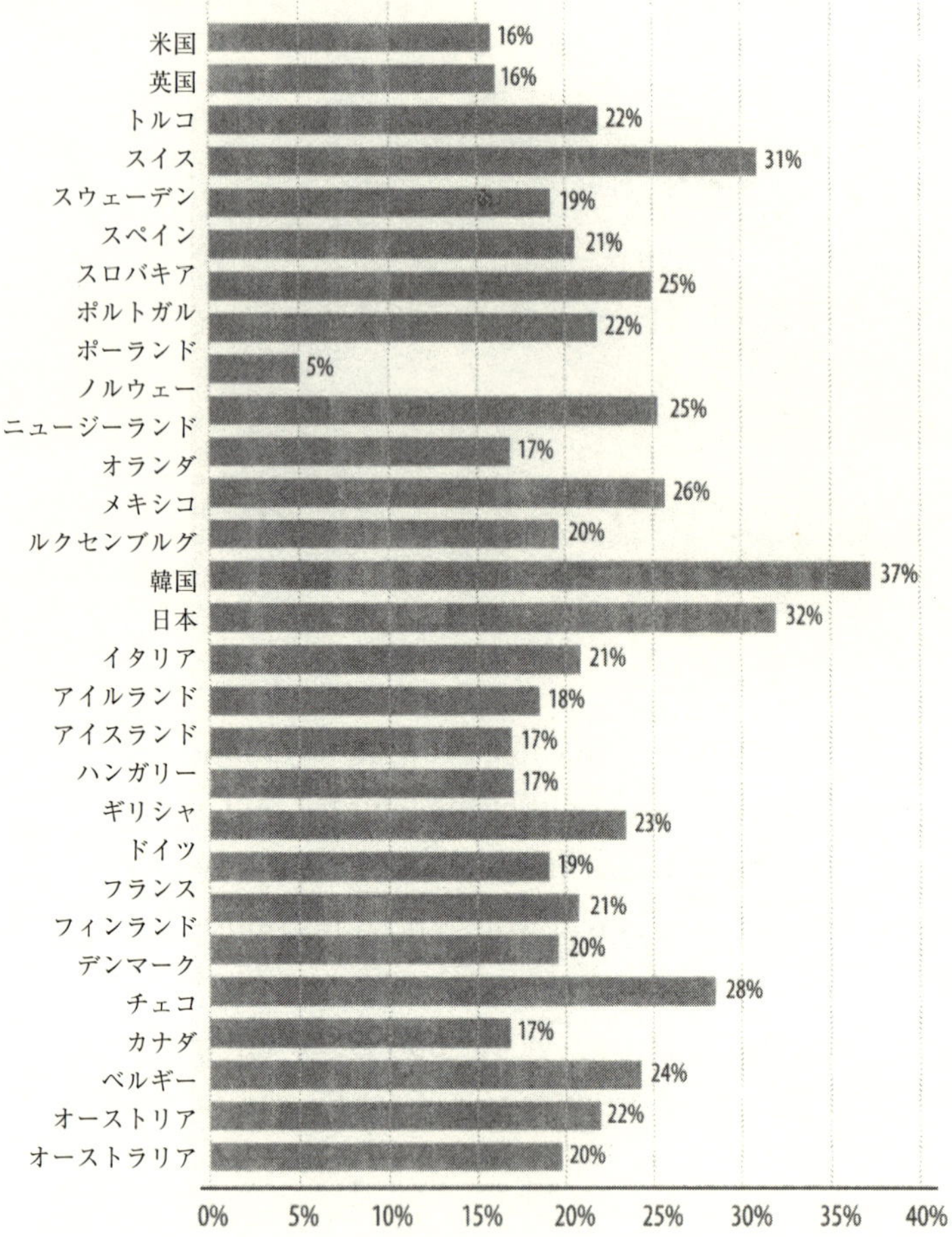

ウォンに交換しなければならなかった。こうした制限は韓国経済にあとまで残る影響をもたらし、株式市場が外国人投資家に解放されたときにも阻害要因として働いた。影響のひとつとして、外貨が乏しい状態が続いたために企業が外貨を奪い合う状況が生じたとき、政府お気に入りの大手工業コングロマリット輸出企業（韓国のコングロマリットは「財閥（チェボル）」と呼ばれることが多い）が優遇されたことがある。財閥はビジネス取引の際、有利な条件で外貨準備を利用できた。そして外貨準備のような資源の割り当てを受けて極めて強力になった。

財閥は割り当てられた資金を成長に向けて利用し、思うがままに借り入れを行った。借り入れが行きすぎた場合、利益を追求する貸し手なら当然貸すのに慎重になり、最後は拒絶するはずだが、財閥は政府のひいきのおかげでそんな目に遭うこともなく、投資を続けて成長した。このようにして膨らんだ財閥の債務負担が大きな理由で経済に対する信頼が揺らぎ、それが危機へとつながった。数年たって身びいきと腐敗の実態が明らかになったとき、大手輸出企業がすべて腐敗しているという認識が広がった。この誇張された認識のせいで投資をやめる外国人投資家も現れ、韓国株の評価も全般的に低下した。

韓国は日本の先例に倣うことで力強い経済成果を上げながら、アジア金融危機勃発後の一九九七年後半には景気が落ち込んだ。その結果として奇妙な立場に立たされることになった。外国から資金援助を供与される条件として前例のない水準まで市場を開放することに同意させられたのだった。戦乱で荒れ果てた国から工業大国までの道を一気に駆け上ったことで喝采を浴びた国が一九九七年には病床に倒れ込んだように見えた。栄光ある財閥が軒並み債務の重みにあえぎ、その大半が借り入れ過剰だったことが原因で、韓国全体が危機に巻き込まれたのだった。

一九九七年夏には起亜自動車、ジンロ、ヘテなどの有名な財閥が利息を返済できなくなり、破産法による保護を求めた。このとき、投資家は韓国とその金融状況についてますます批判的な見方を強めた。懸念されたのは、財閥の破産や今後生じ得る破産が銀行システムにはね返るのではないかということだった。また債務の大部分が外貨建てだったため、それだけリスクが大きいように見えた。さらに開示が限定的で、銀行が政府に支配されていたこともあって、外部の目からは問題がどれほど深刻か知ることができなかった。問題の規模がつかめない投資家は最悪を想定した。

だが、韓国政府の借入総額は危機前のＧＤＰの二〇％に満たず、それほど膨大ではなかった。むしろ真の問題は、借り入れの大部分が短期債務で、定期的な借り換えや期限延長が必要なことだった。つまり、地域の金融が大混乱に陥っているさなかに債務を更新する必要があった。韓国の財閥システムのなかで債務不履行に陥った借り手が抱える問題は、タイやマレーシアも同時に経済的窮地にあることで一層深刻化した。

両国と韓国に共通するひとつの問題は全員が同じ主要債権国、つまり日本から借りていることだった。日本は、アジア地域で拡大している債務不履行や破産に対してそれほど大きなリスクを負っていることを悟ったら、躊躇なく韓国を見捨てるはずだった。そうなれば、状況は他国ほどひどくないという事実にもかかわらず、韓国への融資はほぼ完全に途絶えてしまう。為替の投機家は金融状況の悪化を理由に容赦なく韓国ウォンを空売りしていた。それに対して韓国政府はなけなしの貴重な外貨準備を使って市場でウォンを買い支えようとした。無駄な努力だった。ウォン買いで一般市場の下落を食い止めようとして外貨準備を浪費するなかで、韓国が深刻な事態に近づいていることが明らかになった。ついに政府が一般市場でウォンを防衛できなくなった一九九七年末にはウォンが急落し、それとともに株式市場をはじめすべての資産市場が下落した。

一九九七年の終盤には、韓国は経済的苦境に陥った国に対する「最後の貸し手」、国際通貨基金（IMF）に助けを求めざるを得なくなった。IMFは「基金」への加盟国の定期的な払い込みによって成立している経済的連合体で、加盟国が経済危機に陥ったときは、危機解決のために支払金が融資として提供されるという了解が存在していた。IMFは通常、融資を受ける国に対して経済政策の変更などの条件を課す。韓国が流動性危機の解決のためにIMFを頼ったときも当然そうした要求がなされた。

韓国は危機を乗り切る手段として五八五億ドルの融資の総合提案をIMFから提示された。提案には厳しい条件が付いていた。主な要求事項は韓国が金融市場を外国人投資家に開放すること、また市場から非効率的な企業を撤退させることだった。当初韓国は改革への同意に後ろ向きだったが、一九九八年初頭には改革を実行し始めた。二つの改革事項は国民精神を揺さぶった。国民はそれまでの経済的成功に誇りを抱いており、危機を単なる一時的後退とみなしていた。そうした考えをもつ人々は非効率的な企業の廃業を命令されたと受け止め、イラ立ちを感じた。韓国人は雇用制限のせいで、仕事の能力とは無関係に終身雇用される制度に慣れきっていた。

企業の廃業と労働者の解雇という考え方はなじみのないものだった。また、韓国には植民地化されたという政治的歴史があり、企業に対する外国人の所有権や関与に強い警戒心を抱いていた。だから、外国人の所有を増やすために市場を開放するという施策は受け入れがたいものだった。やがて韓国の労働者はIMFを「アイ・アム・ファイヤード（首切り）」と呼ぶようになった。その施策は、外見上劇的な変化を引き起こし、短期的には苦痛を招くものだったが、外国人投資家に対しては非常に友好的な内容が盛り込まれていた。ただ大きな問題がひとつ残されていた。韓国経済は病んでおり、保護主義と厳しい資本統制という「旧来の方法」への復帰を望む不満勢力が存在していたのだ。IMFの援助期間中、韓国はそれ以上の通貨下落を防ぐために大幅な利上げを実施した（ウォン所有の魅力が高まり、ウォンの借り入れと空売りのコストが上昇した）。利上げによって国内経済の成長力が削がれ、景気後退が不可避となった。ただ、そうした政策決定と景気後退を背景に、投資家は韓国の見通しにひどく懐疑的になった。少なくともひとりの例外があった。一九九八年一月にジョン叔父さんは韓国のバーゲンハンティングの準備を整えており、その動きをウォール・ストリート・ジャーナル紙が次のように報じた。

ジョン・テンプルトンが落ち込んだ韓国市場に乗り込む（一九九八年一月二日）

カレン・ダマト

落ち込んだ韓国株式市場が大物バーゲンハンター、ジョン・テンプルトン卿の関心を引いている。バハマ在住の同氏は過去一カ月間に、マシューズ・コリア・ファンドなど多くの韓国関連の投資ビークルに投資したと語った。同ファンドはサンフランシスコに本拠を置く投資信託で、木曜までに六四％下落している。これは、一九九七年の米国籍投資信託の成績としては最低クラスだ。

八五歳になるテンプルトン卿は水曜日に電話インタビューで次のように語った。「韓国市場は大底に近いと思う。私はこれまでの投資経歴でどんなときも常に悲観の極みで買おうとしてきた。……韓国ではここ数カ月悲観論が非常に強まっている」

テンプルトン・ファンド・グループを設立し、後にフランクリン・リソーシズに売却したグローバル投資の先駆者であるテンプルトン卿は韓国への投資額を明かそうとしなかった。その額はポートフォリオ全体に比べれば「非常に少額」と言う。しかし、最低数百万ドルと推定されるマシューズ・コリア・ファンドへの最近の投資は、その小粒な投資信託にとっては大規模な取引だったことは間違いない。

韓国では深刻な景気後退の公算が次第に大きくなると同時に、開始したばかりの市場開放を政府が取り止めて保護主義政策に戻る潜在的可能性があった。それでもジョン叔父さんは、大きく落ち込んだ韓国株式市場が、彼の言う「悲観の極み」に近づきつつあると見ていた。また政策の点では、資金の流入や流出を取り締まるのではなく、今後も自由な資金移動という考え方を受け入れ続けると考えていた。

したがって、市場のあらゆる投資家が出口へと殺到し、韓国に背を向けつつある状況のなかで、バーゲンハンターにとっては二つの極めて明るいシグナルがあったと言える。第一に、韓国が公平性を重視して厳格な資本統制には戻らないという確信がもてるかぎり、市場はすぐにもっと広く外国人投資家を受け入れるようになるはずだった。第二に、株価は二カ月のうちに収益との比較で大幅に下落しており、市場のＰＥＲ（株価収益率）は過去最低となっていた。韓国が向こう二年内に以前の健全な成長と繁栄を取り戻せると判断した場合には、株式は素晴らしいバーゲン価格だった。すべてを考え合わせれば、目先の混乱の向こうには長期的に魅力的な将来があり、株価はまさに格安だった。空白の空間に足を踏み入れる勇気のあるバーゲンハンターにとっては完璧な条件がそろっていた。図8.5に示されたように、韓国市場の代表銘柄のＰＥＲは二〇倍から一〇倍以下に低下していた。ＰＥＲがこれほど落ち込んだのは韓国の当面の見通しが暗いために処分売りが膨らんだせいだった。

ウォール・ストリート・ジャーナル紙の記事で恐らく気がついたと思うが、ジョン叔父さんは落ち込んだ韓国市場への主な投資ビークル（投資手段として機能する会社や組織）として投資信託を選んだ。この戦略はあらゆる職業や背景のバーゲンハンターにとって参考になる。ジョン叔父さんならだれよりも簡単に韓国投資の銘柄選びを実行できたであろうし、実際に韓国市場でいくつかの個別株を買っている。だが、真のバーゲンハンターにとって、どんな環境でも個別株を発掘して買わなければならない理由はない。特にだれもが特定の株式市場を避けようとする悲観の頂点で投資する場合にはそう言える。平均的な投資家と偉大な投資家を分ける要因として最も重要なのは、天才的な銘柄選択ではなく他人が買わないものを買おうとする意欲である。これが紛れもない真実なのだ。この考え方を訓練で身につけることによって、見かけ上悲観的な状況をよく調べもせずに避けようとする生まれつきの性向を克服できたなら、最も聡明な人を含めた大部分の投資家が常に敗北している重要な闘いに勝利したことになる。

銘柄選択を投資信託などのほかの投資家に任せる場合でも、まったく何もすることがないわけではない。力を借りるバーゲンハンターの特徴と方法を調査することが必要となる。投資信託の調査アプローチのひとつは基本的に自分の代理人として行動してくれるファンドマネジャーを見つけだすことだ。言うまでもないと思うだろうが、あなたが投資の考え方をすでに作り上げているとすれば、同じ考え方のファンドマネジャーを探し出すことが肝要なのだ。あなた

図 8.5　1997 年における韓国株の PER

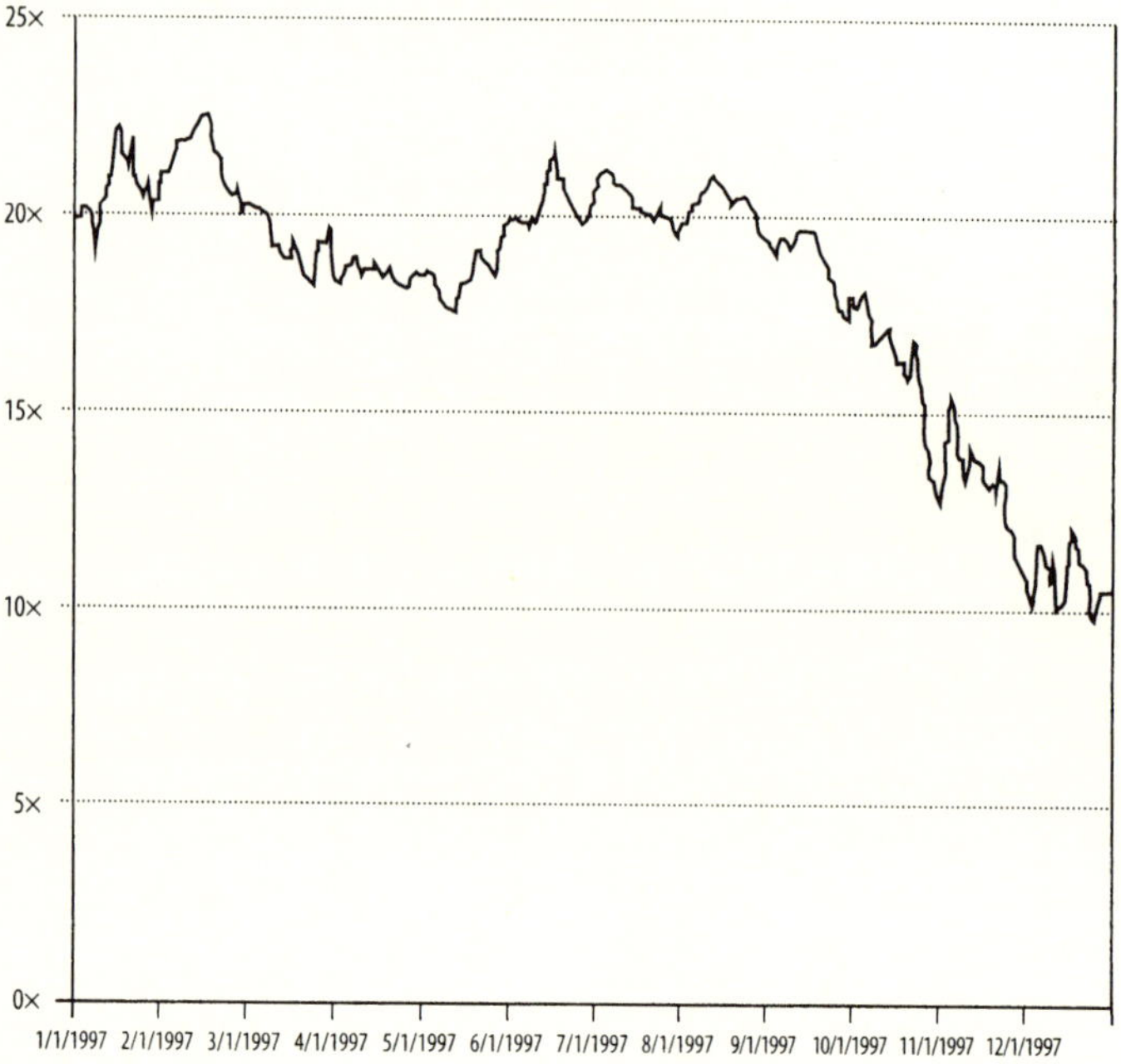

が将軍だとすれば、マネジャーは戦場の副官にあたる。ジョン叔父さんは危機直後にマシュー
ズ・コリア・ファンドに投資したとき、自分とほぼ同じ方針に沿って考え行動する相手にお金を預けた。これが投資信託投資の基本であり、基本であるべきだ。ところが大半の投資信託投資家は最近のリターンを調べて一番成績の良い投資信託に投資する傾向がある。

そんなふうに資金を配分する投資家は、市場トレンドの天井で買い付けたり、人気のある話題株のバスケットに投資したりする危険性を忘れている。好調な投資信託を追いかけることは多くの場合、好調な個別株を後追いするのと変わらない。株価が値上がりしているという理由だけで株式を買うのはバーゲンハンターとして愚かな行いだ。それと同じで、投資信託の価値が増大しているという理由だけでそれに投資するのは危険が大きい。一方、成績が好調だからといって投資ファンドを除外するのも賢明と言えない。結局、基本は投資から利益を上げることにある。健全な意思決定を下す唯一の方法はファンドマネジャーが用いる方法と手順を調べることだ。われわれ自身について言えば、バーゲンハンティングのアプローチに従って、会社評価で長期予測を重視し、市場の下振れを狙うのに熱心なファンドマネジャーを見つけだすよう努力している。

一九九七年後半のマシューーズ・コリア・ファンドの例に戻れば、ジョン叔父さんは自分の考え方をまとめ上げてひとつの投資ビークルに絞り込むことができた。第一に、叔父さんは特に韓国への投資にこだわっていた。ほかの投資家はほとんどが韓国市場からあわてて撤退し、その結果、株価が収益や将来の潜在的な収益成長に比べ非常に低い水準に下落していた。第二に、当時米国には完全に韓国市場に的を絞った投資信託はマシューーズ・コリア・ファンドしかなかった。第三に、叔父さんはファンドマネジャーのポール・マシューーズとのインタビューで、彼が長年叔父さんのキャリアを研究し、マシューーズ・ファンドの投資法の多くを叔父さんに倣って作り上げていたことを確認していた。ファンドの目論見書を検討した結果、ポール・マシューーズとその部下が銘柄選択とアジア市場について叔父さんと同じ哲学をたくさん共有していることが確かめられた。たとえば多くの投資家はアジア各国政府が犯した過去や現在の政策的誤りに目を向ける傾向があったが、マシューズも叔父さんも各国で今後も市場開放が続くと考えていた。これは叔父さんが最初に日本に投資したときの基本哲学だったし、一九九八年初頭にも韓国に対して同じ確信をもっていた。マシューズ・ファンドのマネジャーたちが同じ考え方をしていたとしても、それほど意外ではないだろう。

集中して取り組むべき重要な課題は、何よりも自分のアプローチの延長として機能する投資信託マネジャーを見つけることだ。つまり自分の投資哲学を確立したうえで細かな銘柄選択を外注することだ。ファンドの最近の成績だけに着目するのでは、ファンドを買い遅れたり売り急いだりすることの多い投資信託投資家の群衆と同じ道を歩むことになってしまう。そうした投資パターンは、人気株を買い遅れ、不人気株を売り急ぐのと同じ過ちだと気づいた人は、投資信託のバーゲンハンティングの準備ができていると言える。実際、バーゲンハンターは、マネジャーが有能な投資家であるかぎり、良い成績よりも悪い成績が続いた投資信託を買うようにすべきなのだ。

一九九八年初頭時点のマシューズ・コリア・ファンドの実績しか見なかった投資家は近づこうとしなかったに違いない。アジア金融危機が韓国まで波及したため一九九七年に韓国に投資したファンドは損失を余儀なくされた。実際マシューズ・ファンドは一九九七年の成績が米国最低クラスのファンドとして名前を挙げられる始末だった。成績は低迷したが、ファンドマ

図8.6　1997年におけるマシューズ・コリア・ファンドの純資産価値の日足

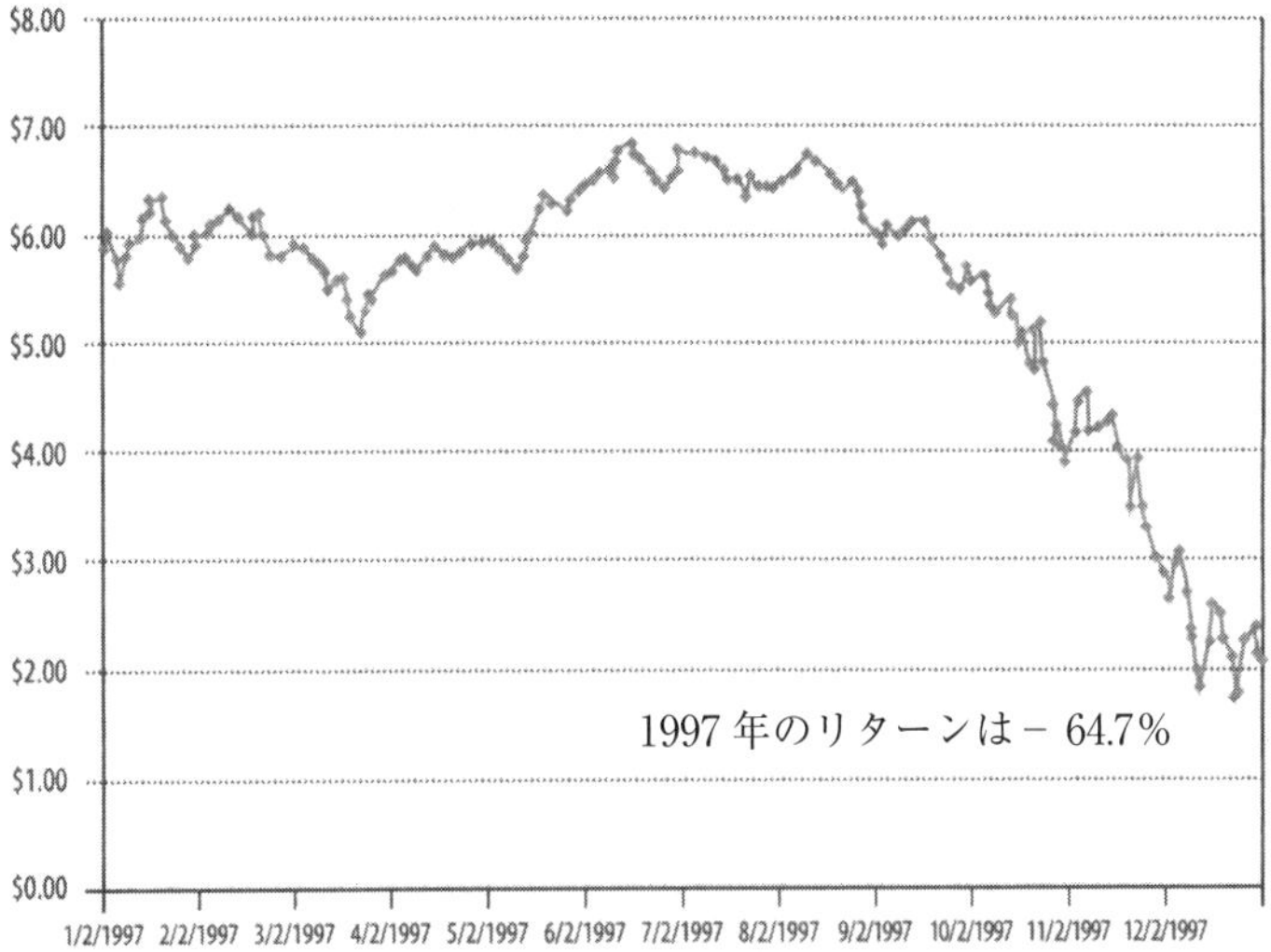

ネジャーに欠点があるわけではなかった。ほかの投資家が韓国株を容赦なく売ったために成績が悪化しただけのことだった（図8.6参照）。

これは、マネジャーは優秀なのに市場が低迷したために成績が悪化した一例に当たると言える。この状況関係を理解し、将来に向けてそうした状況関係を見つけだすことが決定的に重要となる。投資戦略の有効な要素となるからだ。もっと分かりやすく言えば、そのことによって、ちょうど個別株を買うときと同じように、状況が最悪と感じられるときにファンドを買うことが可能となる。投資信託投資にとって有効なこの基本姿勢を確立する過程は株式投資と変わらない。どちらも最低限、研究や調査、努力が欠かせない。

しかし投資信託であれ個別株であれ、いったんそうした調査で確信できれば、他人が売っているときに自信をもって買い向かえるようになる。

投資信託の調査で最も重視すべきは投資アプローチだ。自らのアプローチと正確に一致するものでなければならない。自らの方針が価値を下回る価格で資産を買うことだとすれば、資金を預けるマネジャーも同様であることを確かめる必要がある。彼らは株式の適正価格をどのように計算するのか。**そもそも**株式の公正価値を計算することがあるのか。株式に価値があるという決定をどのように下すのか。もしあなたが企業の次四半期の収益報告に基づいて投資の意思決定を下すのが不毛で、無意味と考えているとすれば、ファンドマネジャーも同じ考えであることを確認しなければならない。保有期間も調査の必要がある。投資ではできるかぎり安く株式を買ったあと数年は辛抱強くリターンを待つべきだと考えるのであれば、マネジャーが平均してどれほどの期間ポートフォリオの株式を保有しているかを調べる必要がある。マネジャーが低ＰＥＲの株式を買っていると主張しているなら、その投資信託の保有銘柄リストを基にしてファンドの平均ＰＥＲを計算してみるとよい。

マネジャーの真の哲学を知る方法は、常識的な質問をしてそれをあとで分析するなどさまざまなものがある。多くの第三者のサービス機関が膨大な時間を費やして投資信託とそのマネジャーについて調査している。そのような情報源を活用すれば自力で分析したあとでマネジャーに自ら質問するという手間が省ける。モーニングスターという情報提供機関はその第一歩に適

図8.7　1998～1999年におけるマシューズ・コリア・ファンドの純資産価値の日足

している。

一九九七年終盤にマシューズ・コリア・ファンドに投資したジョン叔父さんはまさに適切な場所と時機を選んだ。韓国が一九九七年後半の危機から立ち直るにはさらに一〇～一一カ月を要したが、結局、株式市場は上昇した。**図8.7**には叔父さんの投資信託投資がわずか二年で当初額の二六七％も上昇した過程が示されている。その投資信託は**一九九七年の成績最低**のファンドのひとつから**一九九九年の市場で抜群の成績最高**ファンドに変身するというめったにない素晴らしい栄誉を味わった。

この高パフォーマンスがメディアから見逃されるはずがなく、マシューズ・ファンドは年間最高成績の投資信託として一九九九年七月のウォール・ストリート・ジャーナル紙で大きく取り上げられた。以下に示すその記事を読むときは、投資期間に加え、バリュー株運用マネジャーがトップの栄誉を受ける公算が非常に低いこと忘れないでほしい。これこそグローバル投資の意義を示す中核的な論拠と言っていい。

勝者に乾杯――アジア、バリュー、グロース・ファンド（一九九九年七月六日）

ダニエル・セッサ

マシューズ・コリア・ファンドは韓国に的を絞ることで膨大な二七八・五％のリターンを上げ、前四半期の年間勝者インターネット・ファンドを首位の座から引きずり下ろした。

年間勝者

目のくらむような三桁のリターンのファンドを探しているって？　それなら見かけ倒しのインターネット関連ファンドのことは忘れて韓国に目を移すがいい。ポール・マシューズが管理するマシューズ・コリア・ファンドは韓国投資によって一年で巨額のリターンを生み出した。

しかし、マシューーズ・インターナショナルが提供する五本のアジア株ファンドのひとつである同ファンドにとって過去はいつもそう明るいわけではなかった。コリア・ファンドが一九九五年初めに設立された直後、韓国経済は悪化に転じた。それから二年後、アジア地域全体が広範囲の景気落ち込みで揺さぶられた。

コリア・ファンドは当初の三年間リターンがマイナスとなり、そのうち一九九七年には六五％という胃の痛くなるような下落を味わった。「当然、私たちはファンド設立直後の時期に金融市場がこれほど落ち込むとは予想していなかった」とマシューーズ氏。氏は一九八〇年代には香港に在住し、今はサンフランシスコで会社を経営している。

一九九七年後半には大物投資家のジョン・テンプルトン卿がマシューーズ・コリア・ファンドへの資金投入を通じて低迷する韓国市場に飛び込む決定を下したことで同ファンドがメディアの見出しを飾った。同ファンドのスポークスマンは自分の知るかぎりテンプルトン卿はまだ投資を続けていると語った。

米国の大部分のバリュー投資家がインターネットの熱狂に面食らっていたのに対して、ジョン叔父さんは市場最高のリターンを達成しつつあった。これはグローバルなバーゲンハンティングのおかげだった。米国だけに専念するバーゲンハンターは、一九九九年には指をくわえて市場を見ているしかなかっただろう。対照的に、グローバルなバーゲンハンターは近年中最大の株式バブルでギャンブルして得られる以上の素晴らしい好成績を実現した。バーゲンハンティングはまたしても「次のバカ探しの定理（皆が自分は売り抜けられると思って高値を追いかけること）」に打ち勝った。

アジア金融危機直後に初めて韓国に投資して勝ち得た成功は驚くべきものだったが、ジョン叔父さんはそれから数年たったのちもまだ韓国でバーゲン銘柄を見つけだしていた。その良い例は二〇〇四年八月に同国の自動車メーカーである起亜自動車の株式に目をつけたことだった。起亜は比較によるバーゲン買い付けという叔父さんの実証済みの方法をよく示すもうひとつの例となった。起亜とその株価には叔父さんの興味をそそる特徴がたくさんあった。起亜のPERは極めて低く、EPS（一株当たり利益）の長期的な伸び率を考え合わせると優れたバーゲン銘柄と思われた。二〇〇四年八月下旬時点のPERは四・八倍だった。同じ時点で五・九倍だった米国のゼネラル・モーターズ（GM）との比較でも割安と言えた。起亜はEPSの長期的伸び率が年間約二八％という点でGMよりもはるかに魅力が大きかった。GMのEPS伸び率は過去五年間一貫して低下していた。ジョン叔父さんは企業としての起亜に感銘を受けた。低価格で素晴らしい自動車を売ることによって顧客のために大きな価値を生み出していると感じた。その一方で純利益率はGMの三倍を維持していた。起亜株が素晴らしいバーゲン銘柄と感じた叔父さんは五〇〇〇万ドルを投資した。

結果は二〇〇五年一二月末までに一七四％上昇という目覚ましいものだった。恐らくそれ以上に興味深いことがある。ジョン叔父さんは起亜株が倍以上に値上がりした二〇〇五年に新車を買おうと決めた。バハマ諸島の潮風と天候は自動車にはとても過酷で、保有していたリンカーン・タウンカーを買い換えざるを得なくなったのだ。叔父さんは起亜の自動車に感銘を受けていたので、古い車の代わりに買うことを検討すべきだと考えた。起亜の代理店に出かけた叔父さんは実物を見て、起亜株と同じくらい感心したが、結局買わずにその店を出た。オフィスに戻った叔父さんに長年のアシスタントのメアリー・ウォーカーが買わなかった理由を聞いた。答えは単純だった。「私には高すぎる」。メアリーはかなり時間をかけて説得し、代理店に戻らせて自動車を買わせた。「彼が自動車を欲しいのは分かっていたわ。でも、どうしても出費しようとしないんです」。ジョン叔父さんは昔のままで、巨大な成功を手にしたあとも倹約好きの行動を変えようとしなかったのだ。いったんバーゲンハンターになったら一生変わることはない。

以上述べた出来事のなかに四〇年ほど前の日本に対するジョン叔父さんの投資環境と似ている点があったとしてもそれは偶然ではない。両国は経済構造や工業大国への道筋がよく似ている。どちらも工業化達成に向けて同じ戦略に従い、膨大な貯蓄、初期段階における資本統制、高度な工業製品の輸出国になろうとするたゆまぬ努力など同じ特徴を備えていた。ほとんどの投資家は一時的な景気低迷の時期に両国の株式市場から逃げ出しながら、長期的な経済力が再び明瞭になると結局立ち戻ってきた。

歴史をよく理解し、長期的視野をもち、悲観論の極みで買おうとするバーゲンハンターはそのパターンが歴史のなかで何度も繰り返されるという事実を正しく評価できる。場所や時代が変わっても同じ展開、同じ結果となるのだ。読者は将来、一時的な難局にぶつかっている新興工業国の事例に遭遇したとき**完全に同じ**状況の繰り返しが認められないとしても、パターンとして現れるそうした押韻を間違いなく発見できるに違いない。

第9章 債券が退屈でなくなるとき

「知識への投資は常に最高の利息を生み出す」――ベンジャミン・フランクリン

二〇〇〇年三月初め、ナスダックが天井を付けるちょうど一～二週間前（その後の急落によってドットコムバブルが終わりを告げた）、ジョン叔父さんはエクイティーズ誌という雑誌のインタビューを受けた。そのなかで編集者と叔父さんはインターネットバブルのリスクの高さについて長時間論議した。叔父さんはインターネットバブルと過去のバブルを比較しながら論議を続けたが、そのなかには一九世紀における米国の鉄道バブル、二〇世紀における電気、自動車、飛行機、ラジオ、テレビなどのバブルが含まれていた。彼は結論として現在のインターネットバブルが全部のなかで並外れて大きいと述べた。そして、彼の知るかぎりでそれに一番近いバブルは日本の一九八〇年代の株式バブルだが、規模がずっと小さく形成に二〇年かかったことを指摘した。

流れは必然的に、株式市場のリスクが高まっている状況で雑誌の読者に対するジョン叔父さんのアドバイスを求める方向に進んだ。第六章のインターネットバブルの話で触れたように、インタビューが行われたころ叔父さんはハイテク株の大規模なショート・ポジションを積み上げており、それが膨大なリターンを生み出す直前の状況だった。だが空売りは雑誌の読者へのアドバイスとしてはリスクが高かった。それに叔父さんは直接だろうが投資アドバイスを通じてだろうが他人のお金の扱いにはいつも並外れた注意を払っていた。インタビューのやり取りを引用してそのアドバイスを紹介しよう。

エクイティーズ　エクイティーズ（「株式」）という名の雑誌の編集者でありながら私には読者へのアドバイスが分からない。

テンプルトン　あまり難しい話ではない。債券を買うよう勧めたらよい。債券は、人間の歴史を通じて長期投資家の定番の投資方法となってきた伝統商品だ。二〇世紀のほとんどの期間、株式は不当に安い水準にあり債券よりも有利な買い物だった。しかし今は債券が一番買い得だ。

新しい銘柄選択の話を期待してインタビューを読んだ人は「債券」という言葉を聞いてがっかりしたに違いない。ほとんどの投資家はこの言葉を聞くとすぐに猛烈な眠気に襲われる。あくびが出て、まぶたが重くなり、退屈で眠くなるかもしれない。債券は退屈で面白みがない。引退した高齢者が定期収入を得るためのものだ。だが二〇〇〇年三月時点では債券は**驚異的な**投資戦略だった。

読者が退屈するような話はできるだけ避けたいと思うのだが、ジョン叔父さんが債券市場で用いた戦略の理解に役立つように債券の基本知識を少しだけ確認しておきたい。

債券とは保有者に対して、相手方が借り入れた金額の返済を受ける権利を与える有価証券をいう。債券の返済を行う借り手は企業や政府、政府機関だったり、あるいは住宅ローンを返済する住宅所有者の集団や、クレジットカードの請求金を返済する借り手の集団だったりする場合もある。要するに、ほとんどどんな種類の借り入れも債券市場で取引可能な債券に仕立てることができる。

最も典型的な形の債券はたとえば一〇〇〇ドルといった額面をもって発行される。この場合、投資家は債券の発行時に一〇〇〇ドルを支払う。借り手はその一〇〇〇ドルや、債券市場で同時にほかの投資家に売ったすべての債券から得たお金を使うことができる。借り手はその見返りとして、借りたお金に利息を上乗せして返すことを約束する。たとえば借り手が一〇〇〇ドルの債券で七％の利息を支払うとする。この場合、投資家は債券の存続期間にわたって年率七％の利子、つまり一〇〇〇ドルの債券一枚につき年間七〇ドルを受け取る。半期ごとの支払いが行われることも多いが、その場合は年間二回、半期ごとに三五ドルを受け取る。債券を存続期間を通して保有した場合、満期になった時点でそれまで支払われた利息に加え、元の一〇〇〇ドルが戻ってくる。

以上が債券の基本的な仕組みである。借り手がお金を借り、その後債券の条件に従い一定期間にわたってそれを返済するのである。債券は株式と同様、公開市場で売買され、保有者が変わることがある。言い換えれば、債券投資家は必ずしも債券を満期まで保有して支払金を回収する必要はない。株式のバーゲンハンターと同じように振る舞い、ミスプライシング（価値からずれた価格）や有利な取引を探し求めることができる。この点に関連して次は債券の価格がどのように決まるかについて簡単に説明する。

債券について覚えておくべきことがひとつあるとすれば、価格と金利が逆に動くということだ。金利が上昇すれば価格は下落する。金利が低下すれば価格は上昇する。このような関係が存在する理由を理解するためには金利がどのように決まるかを知る必要がある。

金利はたとえば五％などひとつの数字で示されるが、実際には三つの異なる数値の合計を表している。第一に、リスクフリー金利として知られる数値がある。まずこれを説明しよう。**リスクフリー金利**とは、実質的に債務不履行リスクのない借り手が支払う利息を指す。絶対に債務不履行はしないと主張できる唯一の借り手は政府だけだ。だからリスクフリー金利とは普通、米政府などの政府がその債券で支払う金利を指す。ここではこの用語をただ名目的なものとしてだけ使う。というのも、前章でも述べたように、また本書で取り上げていないほかの多くの事例でも示されているように、政府が債務を返せなくなった例がいくつもあるからだ。とはいってても投資家は、米国債には不履行リスクがないと考えているし、その根拠がないわけではない。つまり、米政府などの政府は不履行を犯さない（いつでも印刷してお札を増やせる）と皆が考えているからこそ、五年債や一〇年債などの米国債の金利がしばしばリスクフリー金利と呼ばれるのだ。

金利の一部をなす二番目の数値は**期待インフレ**と呼ばれるものだ。この数値は債券保有者が請求する金利に組み込まれている。債券保有者にとって大きなリスクのひとつはインフレの上昇だからだ。五年あるいは、長い場合には三〇年にわたって固定金利を受け取る場合、インフレが大幅に上昇するとお金の購買力が低下することを考えてみれば、このことは容易に理解できるだろう。こんなふうに考えてみてほしい。たとえばこの先三〇年にわたって毎年五〇〇ドルという固定額の支払いを受けるとする。このときインフレが大きく加速すると、物価が上昇して、その物価との比較でお金の購買力が低下する。その結果五〇〇ドルの価値は時間とともに低くなる。このような理由で、固定金利を受ける人は金利のなかにインフレ予想を組み入れることによって自分を守ろうとする。

金利に含まれる第三の数値は借り手の信用力に対応する。債券保有者は自分のリスク、つまり支払いが滞る可能性についてそれに応じた報酬を求める。だから、過去に財務が不安定だった企業に対して要求される金利には、債務不履行リスクがゼロである米国債の発行者（政府）

よりも大きなリスク要因が含まれている。この**クレジットスプレッド**（米国債を基準とした上乗せ金利）は少なくとも市場の観点に立った債券発行のリスク度を判断する基準となる。たとえば五年物米国債の利回りが五％のとき、ある企業の発行する五年物社債が八％の利回りでないと買い手を見つけられなかったとすれば、両方の差の三％がその社債の付加的な債務不履行リスクの大きさを示している。類似した別の企業が九％で社債を発行しなければならなかったとすれば、その企業はもっと大きなリスクがあるとみなされていることになる。

以上の情報を実地に応用してみよう。先ほど債券の第一の原則として債券価格と債券の金利が反対に動くと述べた。ではエコノミストがインフレ率が年率二％から三％に上昇すると予想した場合、債券にどんなことが生じるだろうか。そう、金利が上昇し、それに伴い（残り二つの要素が変わらないとすれば）債券価格は下落する。同じように、苦境に陥ったために返済不能の可能性があるとアナリストが判断した企業の社債は、クレジットスプレッドつまり債務不履行リスクが上昇して債券価格が下落するだろう。最後に、米国のＦＲＢ（連邦準備制度理事会）が利上げを実施したとすればリスクフリー金利が上昇して債券価格が下落する。以上から分かるように金利に対しては三つの基本要因が作用している。もう少し踏み込んで言えば、市場には債券価格に影響する基本要因が三つあるわけだ。

これまで債券の基本的仕組みを説明したが、ここでもう一つの要素を導入する必要がある。ジョン叔父さんが投資戦略の実行のために買った債券は特別なタイプの米国債で少し説明を要するのだ。彼が買ったのは予測可能な利子が予定どおり支払われる債券ではなく、**ゼロクーポン**と呼ばれる債券だった。この債券は元本とは別の分配金が定期的に支払われるのではなく、額面よりも安い価格で発行され、その後予想利子累積額を反映して債券価格が時間とともに上昇する。このタイプの債券はここ二〇～三〇年で普及が進んだ。米国債の場合にはストリップス債と呼ばれることが多い。**ストリップス債**という名称は、最初に債券証書から利子の利札を切り離して（ストリップして）、債券を元本返済と利払いという二つの要素に分けるところから来ている。ゼロクーポン債つまり元本部分のストリップ債の要点は、額面に対して大幅に割引された価格で債券が売り出されるというところにある。たとえば額面が一〇〇〇ドルだとすれば、債券価格は存続期間にわたって上昇し満期時点で一〇〇〇ドルの価値に達することになる。

したがって半期ごとに年率五％の利子を支払う三〇年物ゼロクーポン債であれば、投資家は約二二七ドルを支払い、満期日に一〇〇〇ドルを回収する。累積していく二二七ドルと一〇〇〇ドルとの差額は**帰属利子**と呼ばれ、債券の存続期間を通して回収される利子相当額に対応する。債券保有者は最終的に一〇〇〇ドルを受け取るまでこのゼロクーポン債を三〇年間保有し続ければ、基本的に五％の年間リターンが保証されることになる。

金利環境が変化した場合、債券価格が公開市場で変動し、投資家がその変動から利益を上げられることがある。たとえばこんなふうに考えてみるとよい。利回り五％の債券を買ったとして一〇〇〇ドル支払われるまで保有し続ければ五％のリターンが保証される。だが債券の保有中に金利が低下して価格が上昇したとすれば、その上昇を機に市場で債券を売却してもよい。つまりゼロクーポン債は公開市場で価格が変動しており、債券保有者は、株主が保有株の値上がりから利益を得るのとまったく同じように債券価格の変動から「キャピタルゲイン」を得ることができる。キャピタルゲインは金利環境が変化して利回りが低下すると、同時に債券価格が上昇することで生み出される。

では二〇〇〇年三月にジョン叔父さんがアドバイスした債券の買いに話を戻そう。その推奨には二つの確かな根拠があった。ひとつはバーゲンハンティングで用いられる実証済みの比較方法に基づくものだった。叔父さんの基本原則は、価値が五〇％以上大きい投資対象を見つけたら保有資産を売るべきだというものだった。二〇〇〇年初めの米国の投資家にとって、韓国のような数少ない割安な市場のどれかに投資していなかったとすれば選択肢はほとんどなかった。叔父さんの見立てでは、世界の多くの市場を含めて大半の株式市場が収益や成長力など株式評価に用いられるほとんどの指標に照らして値上がりしすぎていた。

だから常識的に見て、二〇〇〇年三月の時点で平均を上回っていたＰＥＲ（株価収益率）が平均に近い水準に簡単に戻りかねない株式を買うことは、ほかとの比較で賢明とは言えなかった。要するに多くの株式市場がいずれ下落して損失を招くことになると思われたのだ。二〇〇〇年初めにジョン叔父さんは向こう三年内にナスダックが天井から五〇％下落すると確信していた。こうしたナスダック下落の可能性の予想と、その下落に伴いほかの株式市場もつれ安するという見方を基にすれば、利回り六・三％のゼロクーポン債が五〇％以上割安なバーゲンという基準を満たしていたことが容易に理解されるだろう。たとえその相対的な優位性が、満期まで保有すれば損失が出ないという保証のみに基づくものだったとしても、その債券は間違いなくより優れたバーゲンだった。

忘れてならないのは、バーゲンハンティングで成功する秘訣は常に金融市場で最高の価値を探し求めることにあるということだ。その探索は世界のすべての株式市場だけでなく、さまざまな債券市場に手を広げるほど広範囲のものでなければならない。インターネットバブルの絶頂期のような異常な状況下では、探索は相対的に安全な債券の固定リターンに向かうことになる。これは常識の問題と言っていい。二〇〇〇年に投資家は五〇％の損失を招く公算が大きい米国株投資にとどまるか、利回り六・三％の米国債を買うかの岐路に立たされていた。簡単に決定を下せるはずだ。

単に損をしたくないという理由だけでもその時点で債券を買うという決定は可能だった。だが真のバーゲンハンターはどんなときも利益を上げることを目指さなければならない。この点で、長期国債の買いの推奨は単純な防御手段にとどまらなかった。三〇年物ゼロクーポン国債によって提供される単なる六・三％の利回りを超える利益を獲得するための投資機会でもあった。

債券の魅力を一層高めている要因は米国経済の脅威に対するFRBの反応に長期的な傾向が見られるということだった。二〇〇〇年三月にはインターネットバブルが目のくらむ高みに達し、しかも非常に長く続いていたため米国人の消費習慣にまで影響を及ぼしていた。これは第六章で説明したのと同じ関係だった。問題はインターネットバブルが最終的に破綻したとき、株式市場で投機を続けてきた消費者の大部分が突然貧しくなったと感じる可能性があることだった。その結果、消費者が支出を控え、悪くすると景気後退に陥るおそれがあった。ジョン叔父さんの見立てでは、もしそうなったらFRBが動き出し、資金を借り入れて使用するコストを下げて景気にてこ入れするために利下げに踏み切るはずだった。

この投資戦略でFRBが果たす役割に関する簡単な背景説明として、少し寄り道をしてFRBが取り得る措置について触れておこう。金利を管理するFRBの役割について考えるとき、可能な二つの措置とその結果を理解する必要がある。一方でFRBは利下げを実施することがある。これは景気**拡大**策と呼ばれるが、それは資金コストの低下に伴って資金需要が増大するからだ。FRBは、銀行が翌日物の資金を互いに貸し合う金利であるフェデラルファンド金利（FF金利）の目標の引き下げを発表することによって拡大策を実施する。公開市場委員会（FOMC）は市場で国債を買い、債券に代えて貸出可能な現金を市場に供給することを通じてFF金利を目標に誘導する。この政策は自動車の運転でアクセルを踏むことに等しいと考えるといいだろう。

他方、ＦＲＢは**引き締め**策をとることもある。これは国債の売却を通じて実施される。売却によって現金が回収され、代わりに将来支払いが必要な債券が提供されることになる。この場合ＦＲＢは金利を目標水準に引き上げ、借り入れて使用する資金のコストを高くすることを目指す。自動車の運転に例えるならこの措置はブレーキを踏むことに似ている。ＦＲＢは普通、景気が後退に向かうか後退に陥っていると判断したときに拡大策をとり、景気が過熱しインフレが加速しているときに引き締め策を実施する。

ＦＲＢは議長と理事によって構成されており、全員が聡明かつ立派なエコノミストである。ＦＲＢは議会に報告を行い、景気後退を引き起こしたり放置したりしないようにする。景気後退はどんな国の経済にも時々生じるごく普通の特徴だが、それでもＦＲＢは阻止を試みる。インフレ発生のリスクを犯すことにならないかぎり、通常できるだけ景気後退から経済を守ろうと努力するのだ。そのことをよく理解していたジョン叔父さんは株式バブルが破綻したときに生じる事態について次のような単純な予測を立てた。

株式市場のバブルが破綻したら、ＦＲＢや他国の金融当局は利上げではなく利下げを選ぶはずだ。そして金利が下がれば長期債の価格は上昇する。

その時点から数カ月先、数年先の展開に関するジョン叔父さんの見通しには歴史上の先例があった。株式市場のほとんどの出来事がそうであるように、注意深く探してみればたいていは過去に発生した類似の状況を発見できる。さらに言えば、株式市場と経済的事件の歴史のなかから、景気後退に直面したFRBが利下げと景気拡大策を実施した例を見つけるのは比較的簡単だった。もっと具体的に言えば、アラン・グリーンスパン議長率いるFRBは金融市場がショックを受けると利下げと金融緩和で対応する強い傾向があった。実際、先行きが怪しくなるとグリーンスパン議長が利下げに走ることに市場はすっかり慣れっこになっており、「グリーンスパン・プット」という言葉が市場通によって作り出されたほどだった。つまり、どんなに困ってもFRBが拡大策で市場を救ってくれるというのだ。プットとは投資家が下落で被る損失から自分を守るために買う株式オプションのことである。ナスダックバブルは主に株式市場の過熱によって引き起こされたため、最終的にそれが破綻したら、消費支出に影響が及ぶかぎりFRBが介入に乗り出すと考えるのは筋が通っていた。

だが一部には、FRBが動くのは消費支出の減少や失業水準、インフレ水準といった経済現象に限られるとする見方があった。その一方で、ショックや問題から金融システム全体を守るのがFRBの役目だとする見方もあった。この場合、株式市場や債券市場の過熱も問題のうちに含まれると見られていた。過去の例を見ると、グリーンスパン議長には株式市場の暴落など金融危機の脅威に直面するたびにFRBの仕組みに頼る明らかな傾向があった。

歴史上の前例を求めるバーゲンハンターは、迫り来るナスダックの暴落に似た事例として特に二つの出来事に目を向ける必要があった。ひとつは一九八七年一〇月のブラックマンデー、もうひとつは一九九八年のロシアの債務不履行と今や悪名高いヘッジファンドのロングターム・キャピタル・マネジメントの破綻だった。ＦＲＢはどちらの場合も利下げと金融緩和策によって金融市場の危機に対応した。次第に膨れ上がるナスダックバブルとその後に予想される混乱を前にして、ジョン叔父さんはＦＲＢが今回も利下げに踏み切る公算が大きいことに自信をもっていた。

これまでの説明で、債券が貴重な資産を守る優れた手段にとどまらず、ＦＲＢが利下げした場合には値上がり益を生み出す手段にもなり得ることがお分かりいただけたと思う。ＦＲＢは景気後退から経済を守るつもりであり、その措置によってインターネットバブルの破綻後数年は債券がほかのほとんどの投資商品を上回る成績を上げる可能性が大きかった。簡単に言えば、ＦＲＢが利下げを開始すれば、すぐに三〇年物ゼロクーポン債の価格が大幅に上昇するはずだった。

恐らくジョン叔父さんの予想で内容以上に興味深いのはその正確さだった。叔父さんはナスダックがおよそ四〇％下落した時点で長期債の価格上昇が始まると見ていた。こう判断したのはナスダックバブルの破綻や下落の兆候が現れる前であることに注目してほしい。**人々が恐怖に襲われ長期債が上昇し始めるのは、主な株価指数が四〇％下落した時点である。その時点ではだれもが恐怖のとりことなり、多くの銘柄が一段と値を下げる。ゼロに近づく銘柄も続出する。**

図 9.1　2001 年におけるフェデラルファンド金利の目標の推移

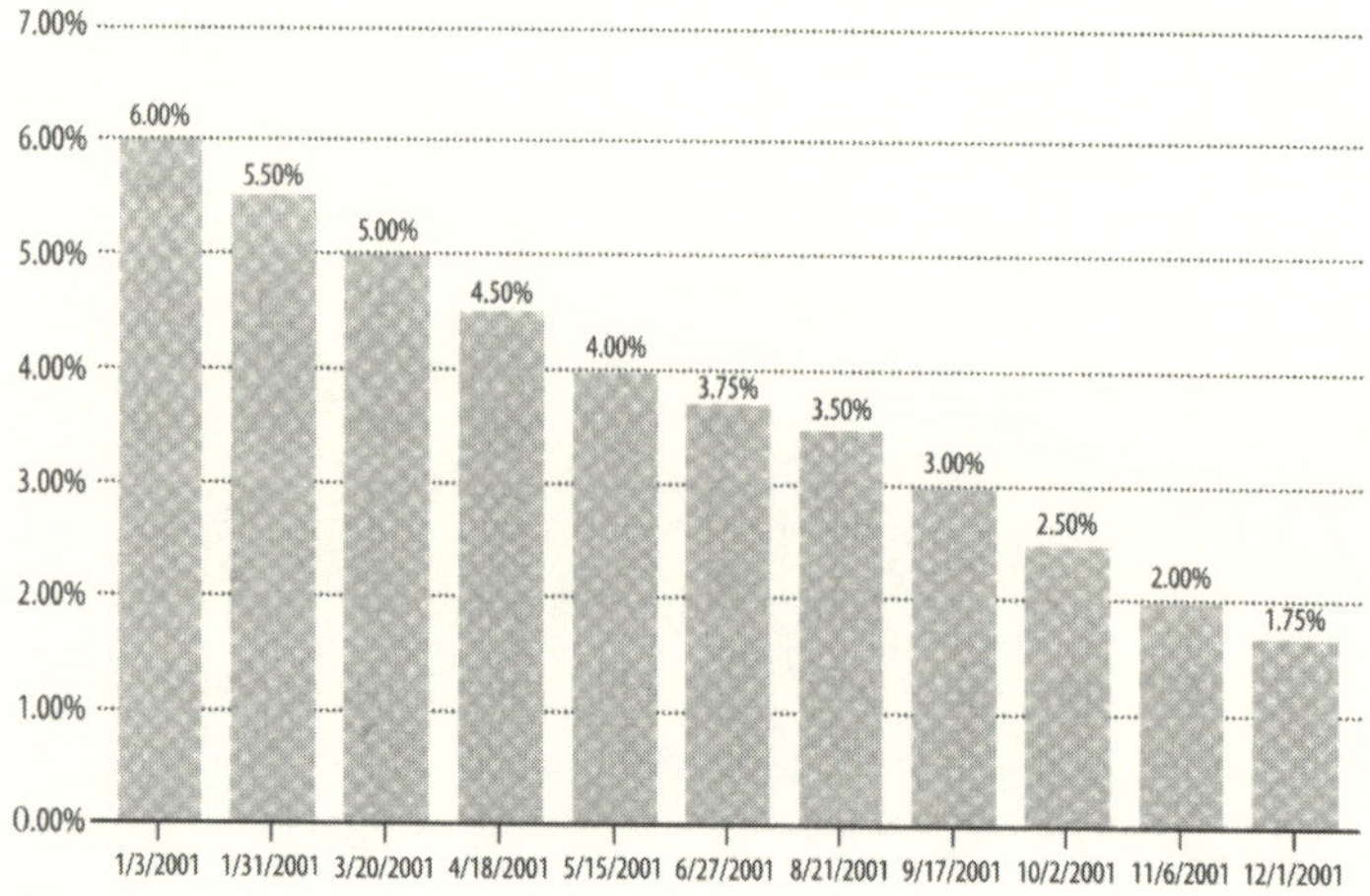

出所＝ FRB

その年の一二月半ばから月末にかけてナスダックは二〇〇〇年三月一五日の高値からちょうど四〇％超下落した。それから一週間もたたないうちにＦＲＢは利下げを開始した。二〇〇一年一月三日に始まった利下げはその後まる一年間続いた（図9.1参照）

バーゲンハンターは図9.1のような一貫した金利低下を見たら、それに伴うゼロクーポン米国債の上昇を直感的に感じ取らなければならない。債券価格の上昇は保有者の利益が膨らんでいることを意味する。実際、一年のうちにそれほどの利下げの大盤振る舞いがあれば、ゼロクーポン債を買い持ちしている人のキャッシュ・レジスターは入ってくるお金で鳴りやまないはずだった。だが、ジョン叔父さんがこの投資戦略でどんなタイプのリターンを手に入れたかを検討する前にもう少し突っ込んだ説明をしておく必要がある。まず次の質問に答えていただきたい。ジョン叔父さんは自分の資金だけを使って、その無リスク債券に投資したのだろうか。

答えはノーだ。このことは、読者も使ったり、聞いたり、新聞で読んだことがあると思われるある投資戦略に関係している。ジョン叔父さんは通称**キャリートレード**と呼ばれる戦略を使ったのだ。最も単純な形のキャリートレードでは、低金利、たとえば一％で資金を借りてその資金をもっと高い金利、たとえば五％で人に貸す。借り入れに対しては一％の金利を支払わなければならないが投資で五％の利子が入ってくる。**キャリー**と呼ばれる借り入れコストを支払うと利益は五％と一％の差、四％となる。簡単な金額例を使うなら、たとえば一〇〇〇ドル借りてそのコストが年利一％、つまり年額一〇ドルだったとする。次に、借りた一〇〇〇ドルを別の借り手に貸して年利五％、つまり年額五〇ドルを受け取るとする。貸し付けで得た五〇ドルから一〇ドルの利子を支払うと、五〇ドル－一〇ドル＝四〇ドルが手元に残る。一言で言えば、安く借りて高く貸すというのがこの投資の発想なのだ（つまり、より高いリターンへの投資）。この考え方は銀行が預金と貸し出しによって利益を上げるのとよく似ている。

ジョン叔父さんは投資では低金利で借りた追加資本を使うのが賢いと感じていた。注目すべきは、お金を借りて投資すると自分のものでない資金を使うため利益（あるいは損失）の額が増えるということだ。リターンの増え方は比較的簡単に理解できる。自己資金の二倍借りてそのお金を一〇％の利益が出る投資に充てたとすればリターンは一〇×二＝二〇％となる。ここで生じる問題は、投資が首尾よくいかなかった場合には損失も拡大するということだ。二倍のレバレッジを使って一〇％の損失が出たとすれば実際の損は一〇×二＝二〇％となる。レバレッジはもろ刃の剣なのだ。ジョン叔父さんがこの投資で安心して借入資金を使えたのは、非常に低コストの借り入れを利用する一方で、利払いが滞るおそれのない借り手に貸すことができたからだった。叔父さんがこのキャリートレードで利用したのは世界で最もコストの安い資金の日本円だった。

当時日本円の借り入れは飛び抜けて魅力的な手段であり、叔父さんが借りたときの実質金利は〇・一％だった。日本の金利が並外れて低かったのは日本の株式・不動産バブルによって引き起こされた景気低迷の後遺症が長引いているせいだった。日本は一九九〇年の景気落ち込み以降、十分な水準まで経済成長を回復させるために超低金利政策を続けていた。

簡単に言えば、日本で金利〇・一％の資金を借りてそれを六・三％で貸せば六・二％のリターンが確定されるはずだった。だがリターンを損ないかねない重大なリスクがまだひとつあった。キャリートレードの実行に必要な手順をひとつひとつ見ていけばそれがどんなリスクかが明らかとなる。トレードではまず最初に〇・一％の金利で円を借り、そのお金を受け取って米ドルに換える。その資金で米ドル建ての三〇年物ゼロクーポン・ストリップス債を買う。だがそのストリップス債を売ったとき、米ドルの受取金を再び円に換えてもとの借金を返す必要がある。ここに危険の種がある。円建ての借金を返すとき米ドルに対して円が値上がりしていたら、どうなるだろうか。言い換えれば、米ドルが値下がりしていたらどうなるか。要するに、円を借りて別の通貨建ての商品を買うと為替リスクにさらされるのだ。ジョン叔父さんは米ドルが大幅に下落するおそれがあり、その先数年ドル安が続くと見ていたため、為替リスクが非常に大きいと受け止めていた。

　ジョン叔父さんはそのリスクを回避するために米国のストリップス国債から通貨の先行きがもっと有望な国のゼロクーポン債に目を移した。前章までの為替リスクの説明でも述べたように、叔父さんは貿易収支が黒字で、財政赤字が小さいか、できれば黒字で、国債発行残高が対GDP（国内総生産）比で小さい国の通貨を好んだ。以上の基準によれば米ドルは相対的に魅力が乏しく下落の危険が大きかった（今も同じ）。その一方でドルよりもずっと有望な趨勢の通貨がほかにあった。叔父さんはカナダドルが米ドルの代用として望ましいと考え、カナダの長期ゼロクーポン債を購入した。またオーストラリアやニュージーランドのゼロクーポン債も推奨した。両国の通貨は米ドルよりもはるかに安全と見ていたのだ。

　この投資でどんな種類のリターンが生み出されたかを詳しく説明するため、カナダ市場のゼロクーポン債に目を向けよう。叔父さんが買いを推奨した二〇〇〇年三月初め、カナダの三〇年物ゼロクーポン債の利回りは五・三％だった。その後全般的な景気減速に伴い数年にわたって金利が低下したため、この投資では五・三％という名目最終利回りが示すよりもずっと大きなリターンが生み出された。

たとえば保有期間が三年だったとする。三年というのは米国の株価指数が長期的な弱気相場から抜け出した二〇〇三年初頭までの期間にだいたい対応するが、この間、二〇〇〇年三月に買った債券の利回りは五・三％から四・九％に低下した。これは大きな変化と感じられないかもしれないが、リターンをひとつひとつ見ていくとどんどん膨れ上がっていく。たとえばその利回りを使ってゼロクーポン債の市場価格のリターンを計算すると三一・九％になる。それをカナダドル建ての期間利回りに換算すれば年率九・七％となるが、無リスクのリターンとしては悪くない。だが叔父さんが予想していたドル安を計算に入れるためカナダドルから米ドルに換算すると、リターンは四三・四％に跳ね上がる。年率に直せば一二・八％で、やはり悪くない結果だ。ちなみに債券の保有期間中、米ドルはより強いカナダ通貨に対して一一・五％下落していた。

以上のリターンは無リスク資産への投資としては目覚ましいものだが、債券の購入に借入金を使った効果をまだ計算に含めていない。二倍のレバレッジを利用したことを考慮に入れるなら、米ドルベースの期間利回りは四三・四％から八六・八％に上昇する。つまりジョン叔父さんは借入コスト〇・一％の資金を使ってカナダ政府発行の無リスクのゼロクーポン債に投資することで、ナスダックバブルの破綻から生じると予想した弱気相場の期間中に八六％以上の利益を稼いだのだ。

この八六％のリターンを同じ期間のナスダック指数の成績と比べると、叔父さんが投資家に債券を買うよう助言した二〇〇〇年三月一日以降ナスダックは六六％下落した。一方、三年間の債券のリターンは複利年率二五・五％に達した。

これまでの説明の要点はバーゲンハンターにとって常に比較を行うことが成果につながるということだ。時には比較の対象を債券などの有価証券にまで広げなければならないこともある。ジョン叔父さんが十分投資に値するバーゲン株式を見つけられなかったのは異常な事態と言っていいが、叔父さんの対応策は健全なもので最終的に利益をもたらした。叔父さんの打つ手はいつも常識的な意思決定と他人がしないことをするという姿勢に基づいていた。この取引に関する彼の思考過程を振り返ってみると、「過熱した株式市場で大損するリスクを犯すべきか、それともさまざまな長期債市場で手に入れられる五～六％のリターンをつかむべきか」という単純な問いかけに帰着する。この決定の背後にある論理はだれもが理解できる。推理は単純で複雑なところはない。

ジョン叔父さんがゼロクーポン債の購入を始めたときの計画は、ナスダックバブル崩壊後の弱気相場によって生み出される有望なバーゲン株式を見つけだせるようになるまで債券を保有するというものだった。**ナスダック指数が五〇％下落すれば、大部分の投資家はその時点で最高のバーゲン銘柄を買うために資産の大部分を高格付債から引き上げる賢明さは備えているはずだった。**

だが二〇〇三年後半になって叔父さんは米国投資に関する考え方を変えた。その理由は主に、米ドルが下落基調にあるという認識の根拠となった米国経済の主なアンバランスがどれも依然変わっていないと思われたことだった。そのうえ新たな懸念材料が浮上していた。米国で大きな災難を引き起こす可能性のあるバブルが膨らみつつあると考えたのだ。ただしそのバブルの源は株式市場ではなく米国不動産市場だった。

不動産評価でジョン叔父さんが重視する主要尺度のひとつは資産の取替価値だ。叔父さんはたとえば「株式の死」の時期（第五章参照）にこの方法を米国株式市場に適用したが、住宅についても同じように取替原価を市場価格と比較した。その結果、バハマ諸島の自宅付近の買い手が住宅建設費の四～五倍の値を付け始めているのに気づいて驚いたそうだ。叔父さんの心配はそうした価格はいずれ適正水準に戻らざるを得ないということであり、これまでも住宅価格が再生産原価を超える時期や逆に下回る局面を実際に目にしてきた。そのうえ、叔父さんの話では生まれてこの方、価格がこれほど取替原価を超えるのを見たことはなかった。大恐慌中のように九〇％もの調整が起きるとは考えなかったものの、五〇％ほど下落する可能性は十分にあると見ていた。新聞に発表された以上のようなコメントを読んだ人はバーゲンハンターが活用できる好機はないという印象を受けたかもしれない。だが投資に値する対象はほかにも存在していた。それは、叔父さんの仕事に登場した多くの機会に関するこれまでの説明を読んだ読者には大変なじみ深く感じられるはずのものだった。今回投資の対象となったのは中国だった。

第10章 眠れる龍の目覚め

「人に遠き慮（おもんぱか）りなければ、必ず近き憂いあり」——孔子

ジョン叔父さんが一九八八年にルイス・ルーカイザーが司会を務めるテレビ番組のウォールストリート・ウイークに登場したとき、ゲストのひとりから次は世界のどの国に投資するのがいいかと聞かれた。叔父さんはそれまでに株式投資で素晴らしい成果をもたらした国をまずひとわたり挙げた。第一次大戦後には米国が大国として世界に登場し、次に第二次大戦後に日本がそのあとに続いた。そこまで述べて一呼吸おいたあと、次に大国となるのは中国であり、恐らく良い投資対象になると告げた。叔父さんの意見では、香港の返還によって中国はそれまで欠けていた強力な先進的金融センターを手に入れることになり、その結果、発展が大きく加速されるはずだった。それから二年後の一九九〇年三月、叔父さんはフォーチュン誌のインタビューのなかで、中国への香港返還がもつ意味について次のような見解を述べた。

香港には事業を興して運営する能力のある起業家がたくさんおり、中国本土にはそのノウハウをもつ人材が大量に不足している。だからニューヨークが二億五〇〇〇万人の国の商業・金融センターになっているのと同様、香港は一〇億人余りの国の商業・金融センターになるだろう。

今日ではほとんどの読者や投資家が中国の経済的地位の重要性を当然と考えている。だがジョン叔父さんがほぼ二〇年前の一九八八年に中国が次の世界的経済大国になると語ったとき、それは非常に先見の明のある考え方だった。先見の明はバーゲンハンティングで成功するための重要な鍵を握る。

一九六〇年代の日本と一九九〇年代後半の韓国がジョン叔父さんを魅了した主な特徴を考えてみれば、叔父さんが中国に引かれた理由を理解できるだろう。この点を詳しくみるため、日本、韓国、中国という三国の主な類似点を挙げてみよう。

三カ国はすべてどん底状態にあったが、叔父さんはどの国も絶望的状況から立ち直ることを確信していた。日本の場合、第二次大戦後という悲惨な運命によって経済的に壊滅していた。ひどい荒廃状態にあったため、投資家はこの先も経済の低迷が続き世界に取り残されると考えていた。日本に復興の兆しが見えたときも、やはり米国や欧州などの主要工業国から真剣な注目を集めることはほとんどなかった。一九五〇年代に「劣悪品」の生産国だった日本から差し迫った脅威をまったく感じていなかったのだ。

韓国は朝鮮戦争による破壊で荒れ果てた国となっていた。以前の日本と同様、韓国も一九六〇年代の復興過程を通して先進諸国の財政支援に大きく依存していた。韓国が工業国になるという目標を掲げたとき、当時、第三位の輸出品が人毛のかつらだった国にその力量があると考える人はほとんどいなかった。

中国の場合は、歴史的な大戦争で混乱状態に陥っていたわけではなかった。だがもう少し子細に見ると、二〇世紀半ばから終盤にかけて政治事件によって経済が疲弊し、国全体が修羅場と化すことがあった。具体的には、その事件とは毛沢東国家主席の時代の大躍進政策と文化大革命だった。この二つの事件で中国は大戦争後さながらの状況に陥った。

大躍進政策は一九五八年に毛沢東によって策定され実施された経済戦略で、工業と農業両面の発展を中国にもたらすことを目標としていた。戦略の中心教義は、国家が農業生産を管理し、そこから得た資金で鉄鋼生産に乗りだし、最終的にはもっと先端的な製品を生産できるようにするというものだった。毛沢東が計画実行のためにまず行ったのは農地の広範な集団化を通じて集団農場を作り出すことだった（従来はずっと小規模な農地が使用されていた）。そのためには基本的にすべての不動産所有権を取り上げることが必要だった。報道によれば一集団農場当たり約五〇〇〇世帯、全体で七億人の国民が集団農場に移住させられた。移住させられた人々は国のための食料生産と工業化過程の資金調達という目標に向けて働くことを強制された。

前章までの説明で明らかなように、土地であろうと企業であろうと政府が私有財産の国有化や収用を行うと生産性が低下し、進取の精神が失われる。この戦略を実行する国は目に見える経済効果を生み出すために巨額の投資を行うことになる。中国の場合、政策の初期段階で国全体が誤った方向へと一気に突き進んでしまった。毛沢東は自分の政策の反対者をためらうことなく拘禁、抹殺し、何としても早急に過ちを改めようとはしなかったため、最終的に大量の餓死者が出る結果となった。

事態を一層悪化させたのは毛沢東が農業経済の集団化と並行して工業化計画を導入しようとしたことだった。毛沢東は、小規模な「裏庭」製鋼炉が製鉄産業の発展に最も適しているとある地方政府役人から説得され、すべての集団農場と都市近郊地域に対して裏庭製鋼炉を設置、使用して製鉄を行うべしとの指示を発した。

毛沢東は集団農場で余りが出るほどの農業生産が行われているという報告に喜び、大躍進政策にさらに拍車をかけるべきだと考えたようだ。実状は、集団農場の生産はひどく低迷していた。無理やり農業をやらされた人々は懲罰の恐怖以外に働く意欲がなかった。たとえやる気があったとしても、農業の技術が欠けており、また中国の工場で品質管理もなく生産された急ごしらえのお粗末な道具しか使えなかった。そのうえまずいことに地方政府の役人が集団農場の生産データを水増しした。改ざんは、恐らく中央政府の称賛を受けたい一心か、目標未達で罰を受ける恐怖からなされたものだった。いずれにせよ、集団農場が目標を超えたことを示すために水増しが繰り返し行われた。

そうした情報を受け取った中央政府の大躍進政策推進者は、余剰があるなら食料の輸出を続けられるし、裏庭製鋼炉の製鉄に専念する人材の増員のために農場から労働者を移すことができると考えた。中央政府のなかで実状を知る者は批判を恐れてあえて口を開こうとはしなかった。結局、こうした中央政府の政策のせいで食糧不足が一層深刻化し、やがて集団農場では餓死者が出始めた。

一九六〇年の穀物生産高は一九五九年の不十分な水準からさらに一五％減少した。裏庭製鉄炉も大失敗であることが明らかとなった。炉の不慣れな操作でスクラップを溶かして作った製品は弱すぎて建設に使えなかった。また炉に使う適当な燃料がなかったため、労働者は家から取り外したドアを燃やして炉の運転を続けた。要するに大躍進政策は経済上完全な失敗に終わり、人道上深刻な事態が生み出された。毛沢東が一九六〇年に不可避的に発生した広範囲の飢饉という現実をやっと認め、失政の責任を逃れようとして要職を退くまでに、各種資料によれば三〇〇〇万人の人が餓死したと推測されている。

毛沢東はその失政が原因で、実権を鄧小平や劉少奇らに譲り、共産党主席の地位に退いた。だがやがて、静かに表舞台から消えていく状況を悔やむようになった。そして一九六六年には文化大革命を引き起こすことで、失った影響力を取り戻そうとする行動に打って出た。文化大革命は競争相手を政府から追放することを目指した毛沢東の政治工作だった。この動きの背景には、大躍進政策という毛沢東の失政を元に戻そうとしたことで新政権の人気と評判が高まっていたことがあった。

中国は文化大革命によって再び危機に見舞われることになった。被害を大きくした一因は毛沢東が紅衛兵を支持したことにあった。紅衛兵はもともと、毛沢東主義を擁護し「ブルジョワ」の「古い方法」を打破しようとする学生グループから出発した。毛沢東はこの運動を積極的に容認したが、それは変革を実現する手段として、また中国全土における社会主義の熱烈な受け入れとしてとらえたからだった。この運動のひとつの側面として「四旧」すなわち旧風俗、旧文化、旧習慣、旧思想の打破があった。紅衛兵は四旧の打破を敢行する無制限の権力をもっており、何百万人という数の力を頼みに容赦なく権力を行使した。軍や警察は静観の指示を受けており、紅衛兵の行動に干渉することはなかった。干渉しようものならブルジョワの走狗とみなされて糾弾を受けた。

紅衛兵はこの機会を利用して教会や歴史的建造物、本、絵画などを破壊し、無実の人々を迫害し殺害した。一部には文化大革命によって五〇万人以上が殺されたとの推定もある。一九六八年には紅衛兵の規模があまりに大きくなったため毛沢東は中央政府の権力が脅かされると感じて解散を命じた。徹底的な弱者迫害という文化大革命の精神は一九七六年に「四人組」が逮捕されるまで続いた。四人組とは権力ある高官の扇動者グループ（仲違いした毛沢東の妻を含む）で、毛沢東の指導下に文化大革命を推進する中核を担った。

この出来事は人道的見地から悲痛なものと言えるだけでなく、中国経済にも後々まで残る深刻な影響を与えた。文化大革命中、民衆は主に古い方法を糾弾するか、逆に糾弾から逃れることに時間を奪われていたため、ほぼあらゆる経済活動が停止した。政府の財源は紅衛兵支援に向けられ、「知識人」の資格のある人は皆、再教育のため強制労働に追い立てられた。毛沢東が追放した鄧小平と劉少奇もそのなかに含まれていた。大学入試は中止され、教育は中断した。教育システムの失われた一〇年は中国の進歩にとって大きな空洞を生み出した。

強制労働から戻って指導者の地位に復帰していた鄧小平が、一九七七年になってはじめて教育システムを再整備し、過去二〇年にわたって毛沢東によって引き起こされた大きな損害を回復するための本格的な改革を実施した。鄧小平は、一九七四年に病気の周恩来首相の要請で毛沢東の許可が下りて政界に復帰したあと、中国にとって最高経営責任者（ＣＥＯ）のような役割を日常的に果たすようになっていた。一九七六年に周恩来が死亡するとすぐにまた四人組に追放されたが、四人組の逮捕のあと再び返り咲き、毛沢東の死亡に伴いその事実上の後継者となった。

鄧小平が支配権を握った一九七七年、中国は政策を一八〇度転換し、文化大革命を正式に否定した。一九七九年に鄧小平は「豊かになることは素晴らしい」と語り、中国を絶望のふちから再建する意図を明確に示した。特に強調したのは「社会主義は貧困の共有を意味しない」という考え方だった。だが経済的な壊滅状態から中国を再建するのは容易ではなかった。主な障害のひとつは一九六八年に毛沢東が多くの「知識人」に対して都市から農村への移住を命じた「下放運動」だった。その知識人のなかには小学校を出たばかりの子供までが含まれていた。鄧小平は文化大革命によって深い傷を負った社会で若い世代がまったく抜け落ちる状況に直面していた。中国再建戦略は失敗を許されないものであり、彼は先例を求め熟考したいと考えた。その戦略は毛沢東のアプローチの対極をなすものだった。当然ながら、彼はゆっくりかつ慎重ながら欧米に対する中国市場の開放に着手した。その際、古くからの隣国である日本を、中国が見習うべき経済成長の成功モデルと考えていた。

日本と韓国に関するこれまでの説明からも分かるとおり、両国は経済を短期間で回復させるための基本的な方策を用いていた。中国もその政策を有効と考え、独自の形でそれを実施した。日本と韓国では高い貯蓄率が経済的成功の主要な前提条件となった。高い貯蓄率はジョン叔父さんが海外投資で重視することの多い特徴だった。中国は国全体の貯蓄率を高めるのに成功していた。実際、ジョン叔父さんが次の素晴らしい投資対象国として中国を挙げた一九八八年に、中国は韓国や日本と並んで世界で最も貯蓄率が高い国のひとつとなっていた（図10.1参照）。

そうした高い貯蓄率は日本や韓国が資金を確保し金融業の成長を促すのに用いたのと同じ戦略だった。金融の成長はやがてより大きな付加価値をもつ製品の輸出増加につながった。中国は日本や韓国が再建過程で経験したのと同じような輸出の成功を実現するつもりだった。両

図10.1　中国、韓国、日本の国民総貯蓄の対GDP比率

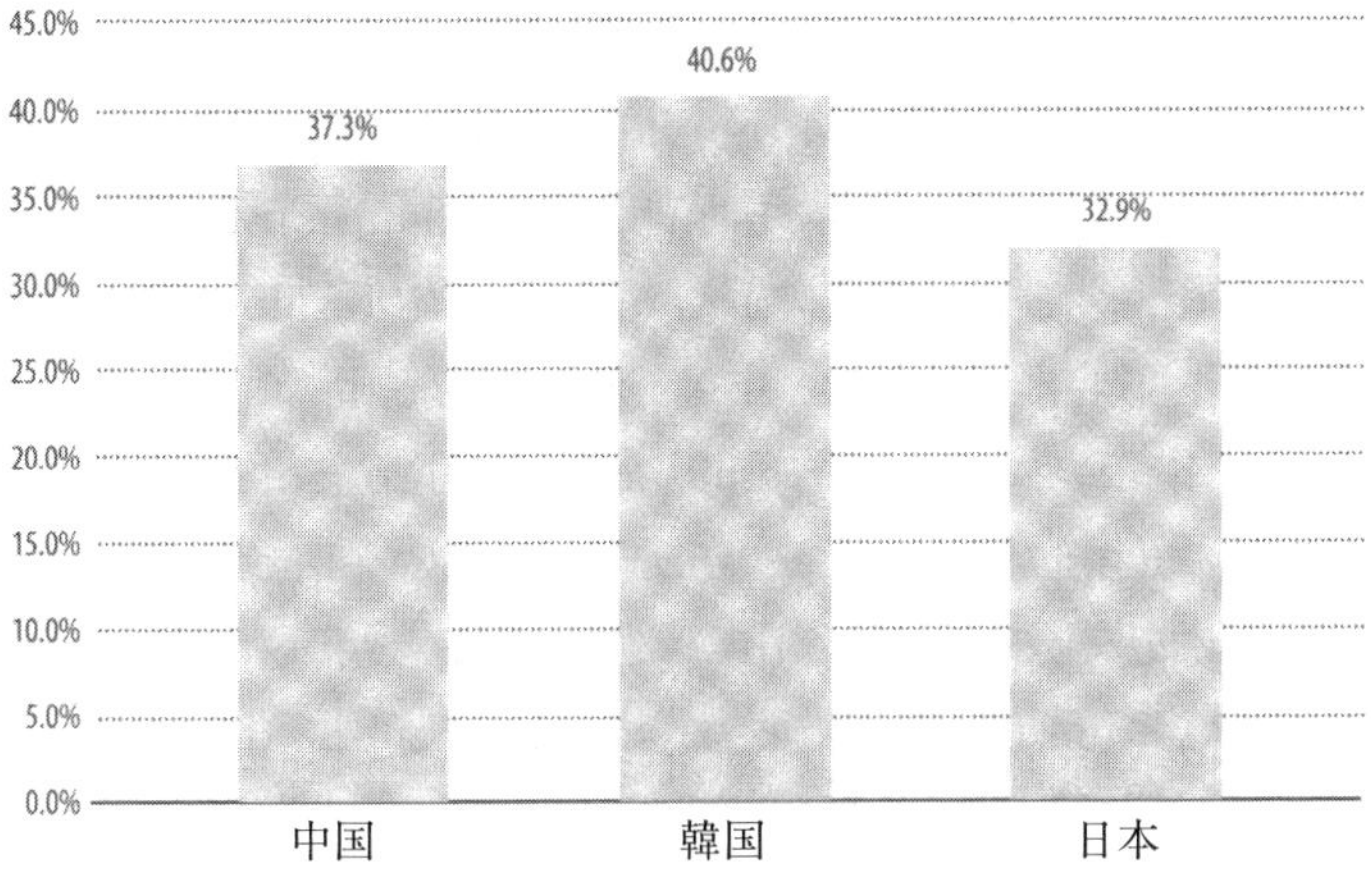

出所＝OECD、アジア開発銀行

国と同じように市場の最低価格帯から出発し、輸出向けに繊維や「安物」を製造した。そうした輸出への集中的取り組みはほとんどの場合に貿易黒字を生み出したが、これはジョン叔父さんが国の魅力度を判断するもうひとつの経済的条件だった。**図10.2**には純輸出額（輸出額から輸入額を引いた値）の対GDP比の推移が示されている。

中国の輸出はやがて急激に伸びたが、当初は（日本の雑貨や韓国の人毛かつらと同じように）その品目は最低価格帯に集中していた。以下に示した一九九三年付ニューヨーク・タイムズ紙の抜粋では、輸出が盛んな中国南部の町、橋頭が取り上げられている。橋頭はシャツやジャケットのボタンを製造しており、ボタンの世界的な主産地として知られるようになっていた。当然ながら一九五〇年代の米

図 10.2　中国の貿易収支（純輸出額の対 GDP 比率）

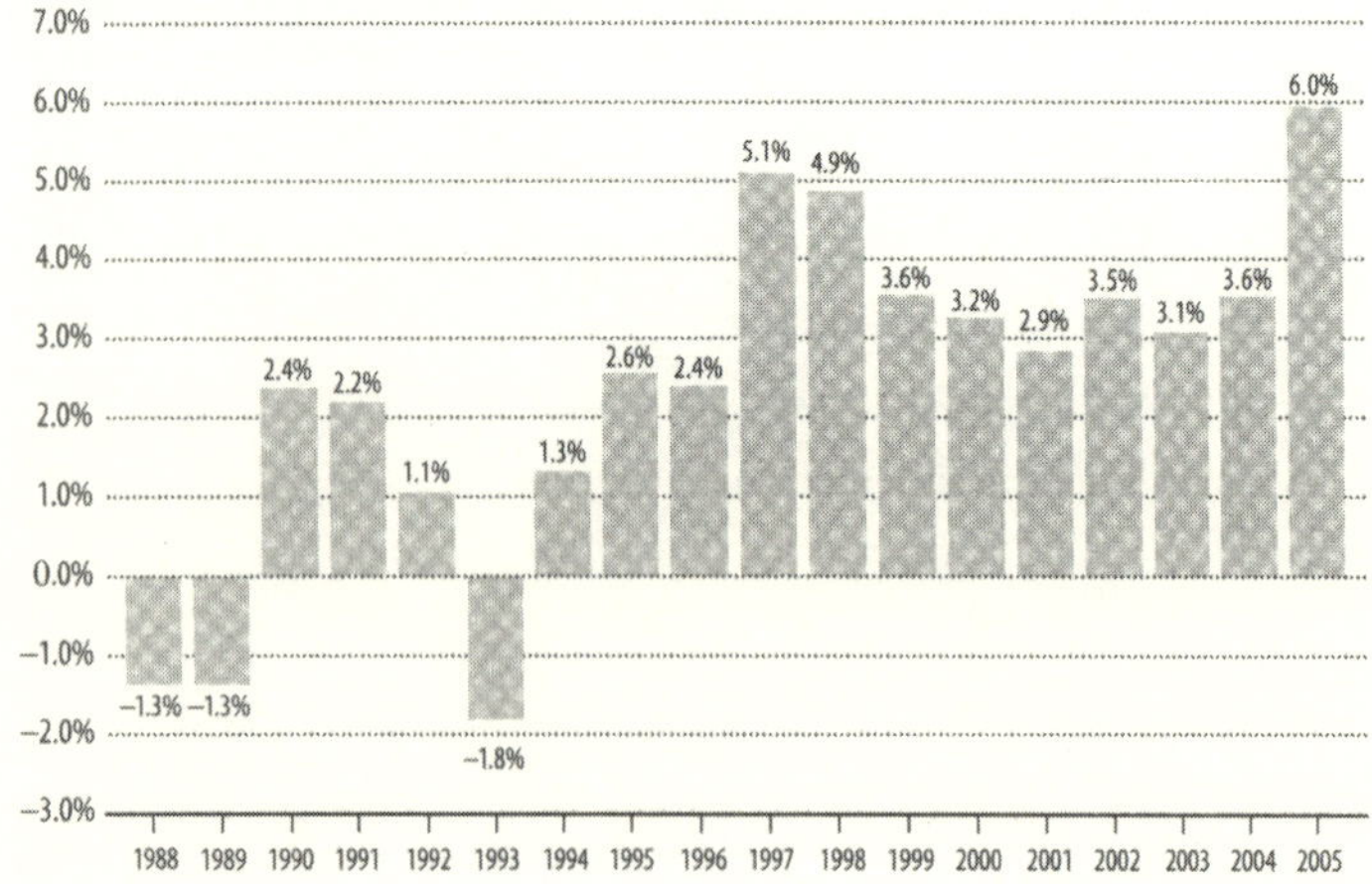

出所＝アジア開発銀行

国で報道された日本の輸出業者の姿と同じく、その町はけっして褒めちぎられてはいない。

橋頭日記――中国は自らの成長をボタンに賭けて大当たり！

中国の経済革命をかいま見たいと思ったら、辺ぴな場所を流れる悪臭を放つ川のほとりにあるこのしょぼくれた町のメーンストリートを歩いてみるとよい。

鳴きわめく鶏を肩に担いだ農夫がほこりっぽい歩道をのんびり歩き、ガラクタを積み上げた露店が道の両側から迫るなかを人力車が人を押し分けて進んでいる。だが、中国南東部の片田舎にあるこの小さな町が過去十数年で世界のボタン主産地にのし上がった。

橋頭の民間工場は年間約一二〇億個の

ボタンを作っているが、そのほとんどが安物のシャツやジャケットで見かけるありきたりのプラスチック製品だ。地球の全人類が毎年二個ずつ付ける計算になるこのボタン生産の活況によって、水田が工場地帯に、農夫は成金へと変身した。

ボタン製造業者たちの野心に十分に注目してほしい。かつての日本人や韓国人と同様、彼らはボタンの製造だけで満足してはいない。とりあえずはテニスシューズであっても、付加価値のより高い製品を目指してはしごを上っていく気構えにあふれていた。同じ記事からの以下の抜粋には、そうした新進実業家の精神を体現した橋頭のあるボタン製造業者のインタビューが載っている。

「もっとたくさん工場を立ち上げて、たぶん輸出するつもりです」と、二四カラットのダイヤのブレスレットを揺らしながら張さんは語った。とても大きくて、見たところ腕の倍ほどの重さがありそうだった。彼は六階建ての新居の居間で革製のソファに座っていた。広いスペースの使い途を思いあぐねており、上の三階分は空いたままだった。

この記事は中国の状況を生き生きと描き出している。中国は資本主義と恋に落ちつつあり、もちろんその対象のなかには事業成功に伴う戦利品も含まれていた。この変化にとって「鉄は

図10.3　繊維類から機械類への中国の輸出変化（1992～2005年）

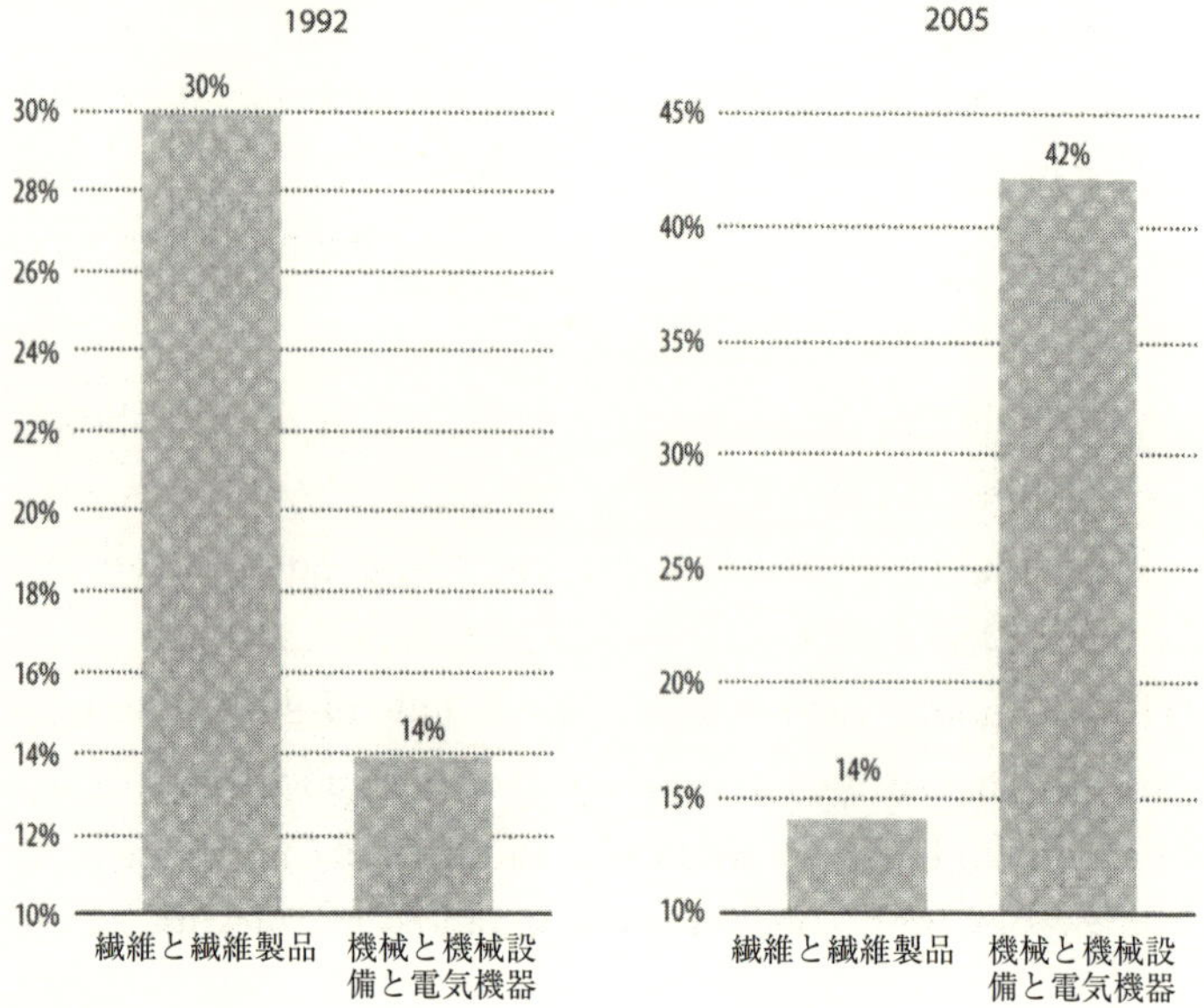

出所＝アジア開発銀行

熱いうちに打て」という鄧小平の言葉以上のきっかけはほとんど不要だった。

恐らく野心以上に重要なのはその戦略実行能力だった。中国の輸出品構成の時間的推移に目をやると、低級な繊維から産業機械や高付加価値製品へと成熟していくおなじみの進歩過程が見て取れる。繊維製品が輸出全体に占める割合を一九九二年と二〇〇五年で比較するとまったく逆のパターンとなっている。この逆転は機械や機械設備、電気機器などの目を見張る成長と輸出の伸びによるものだ。その結果、繊維の比率は一九九二年

図10.4　1980～2005年の平均年間GDP成長率の上位国

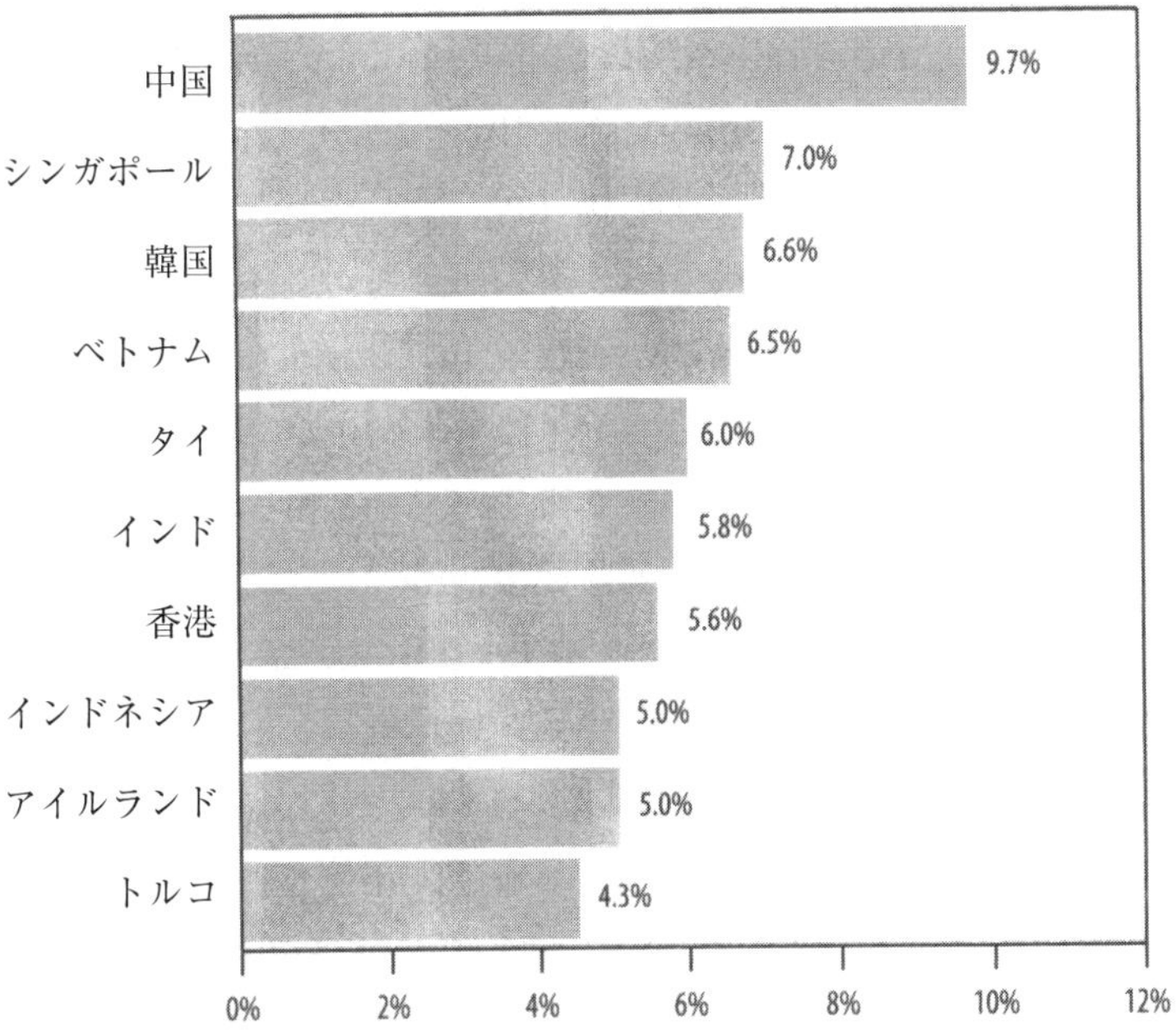

出所＝IMF

の半分に縮小し、機械類の比率は同年の三倍にまで拡大した。低付加価値製品から高度な工業製品へというこの輸出の主役交代は日本や韓国が過去にたどった進歩を思い起こさせる（図10.3参照）。

　高い貯蓄率、産業基盤への投資、そしてその結果としての輸出拡大によって中国の経済成長率は多くの国々がうらやむような水準にまで達した。過去の日本や韓国と同じように、中国は経済的変身の過程で世界トップの経済成長率を示した（図10.4参照）。

　中国の成長率は目覚ましく、

ジョン叔父さんは三〇年後には中国が米国を抜いて世界最大の経済国になると考えている。社会主義体制から自由市場体制へと経済を作り変える取り組みに中国がこれまでのところ成功していることはかなり広く認識されている。しかし、このプラス面にもかかわらず課題がまだ残されている。そうした領域のひとつが海外からの投資に対する制限である。

外国人投資家は今でも上海証券取引所や深圳証券取引所といった中国本土の現地市場で株式を自由に売買することができない。だが米国市場では中国企業のＡＤＲ（米国預託証券）が取引されている。また外国人投資家が容易に売買できる香港証券取引所やシンガポール証券取引所にも多くの中国企業が上場されている。中国は外国の占領や植民地化を受けた歴史的経緯から海外投資に対して警戒心を抱き続けている。また中国人は非常にプライドが高く愛国心が強い。ジョン叔父さんと中国について話していたとき、こう言われたことがある。「中国についてどんなときも忘れてならないのは中国人への接し方だ。……彼らを共産主義者だとか資本主義者だとかととらえてはいけない。……何よりもまず中国人なのであり、彼ら自身もそう考えている」。こうしたナショナリズムだけでなく、市場の不透明性やたびたび報道される不正事件、損失リスクなどに対する警戒心も強く、長年にわたって中国に背を向けている投資家もいる。

中国に対するジョン叔父さんの投資スタイルは、これまでのところ機敏な対応と選別を特徴とするものだった。現在までの数年間、バーゲンハンターの規律に従いながら投資を続けてきたが、中国市場では大規模な調整が生じていないため買い付けの際に対象の選別が必要となったのだ。またその投資方法には途中で変化が見られる。二〇〇三年初めには二年前からの世界的な株価下落によってバーゲン株の数が増加したのを受けて、中国専門のさまざまな投資信託に投資した。叔父さんは、比較的不透感の強い中国市場への投資リスクを軽減するために多くの場合「現地に強い」運用会社を通じた中国投資を勧めてきた。言い換えれば、企業訪問が可能で現地情報に通じた現地のアナリストを用いている運用会社に投資することが賢明だと考えてきた。そのことが不正やほかのオペレーショナル・リスクに対する防御になるというのだ。一方、良いバーゲン株を見つけたときは個別株にも投資した。二〇〇四年九月に魅力的と判断した銘柄は中国人寿保険と中国移動通信の二つだった。

中国人寿保険は中国最大の生命保険会社であるが、叔父さんは二〇〇四年の時点でさまざまな理由から株価が魅力的だと考えた。何よりも、余分な費用を払うことなく中国通貨の上昇に投資する手段としてその銘柄をとらえていた。人民元を直接買い付けると高額の手数料を取られることになるのだが、中国人寿保険はニューヨーク証券取引所（ＮＹＳＥ）でＡＤＲとして取引できるためそうした手数料なしで流動性の高い証券を買うことができた。同時に、同社が行う投資の利益にもあずかることができた。叔父さんの考えでは、顧客から受け取る保険料を投資する保険会社は常に為替変動から自らを守るために、投資対象の通貨と保険取引の通貨の均衡を図ろうとする傾向がある。そのことによって、保険金を支払う際に為替変動による損失を受けるリスクを低減できる。したがって叔父さんは中国人寿保険の株を買うことで、長期的に妙味があると考えた中国通貨にも投資したことになる。中国人寿保険は良いバーゲン銘柄と思われた。叔父さんは米ドルの下落を気にかけていたし、中国経済には通貨高につながりやすい幾つかの魅力的な特徴が現れていた。それに、保険は相対的に妙味のあるバリュエーションを備えた成長産業だった。

中国人寿保険に関する叔父さんの戦略は新興国市場への投資で常に用いる戦略に沿ったものだった。叔父さんはこれまで魅力的なバーゲンでありながら大量投資の対象としては小規模すぎると思われる外国の株式市場と何度も出合ってきた。そうした状況で流動性の欠如を補うために用いた方法は、その国で営業している大手銀行の株を買うことだった。新興国に事業展開する銀行はたいていその国の株式市場にも投資していた。そして多くの場合、ジョン叔父さんが魅力的と考える銘柄をすでに所有していた。銀行が所有する銘柄が値上がりすれば銀行の価値も上昇するはずだった。流動性の問題を抱える市場の株式に対するこのような投資法で叔父さんはこれまでも成功を収めてきた。

中国人寿保険も同じような特性を備えていた。だがこの事例で叔父さんが特に心にかけたのは、長期的に見て米国よりもずっと優れた基本的ファンダメンタルをもつ通貨に投資することだった。叔父さんは企業のバランスシートに記載された資産の真の価値を調べるという手法をいつも用いていた。そして、一九六〇年代の日本の上場企業が開示しなかった連結対象外の子会社や、見逃されがちな銀行による新興国市場株式の保有といった隠された価値を巧みに利用

図10.5　中国人寿保険のADR(2004年９月以降３年間のリターン)

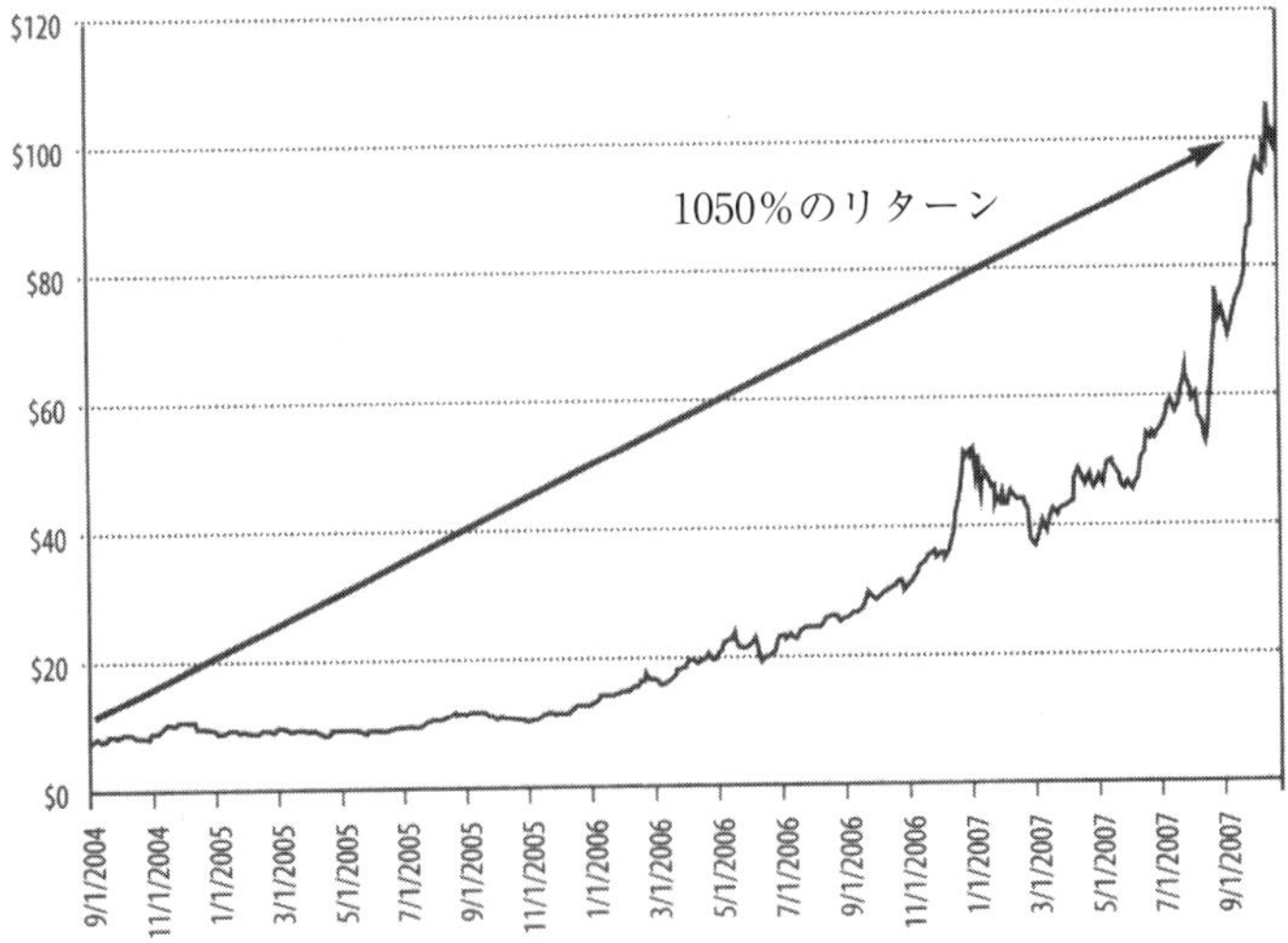

出所＝ブルームバーグ

するのにたけていた。財務諸表を丹念に調べ、バーゲンにつながりそうなはっきりしない価値を探し求めることで必ず良い成果が得られた。叔父さんは新興国市場における長期的成長力を備えた企業の魅力に加え、そうした価値の発掘に基づいて二〇〇四年に中国人寿保険の株式を買ったのだった。

私たちは長い間ジョン叔父さんからたくさんのことを学んできた。特に重要な教訓は叔父さんが勧めた銘柄を買うことだった。推奨があったらともかく買ってみることだ！　図10.5からも分かるように中国人寿保険の投資リターンについては特に感謝している。三年で約一〇〇〇％も値上がりしたのだから。

ではジョン叔父さんのもうひとつの買

い推奨銘柄である携帯電話会社の中国移動通信に話を移そう。同社は現在中国市場のリーダーの地位にあり、顧客基盤の約六八％を把握している。株価は二〇〇四年当時と比べればずっと割高になっているものの、依然として叔父さんが好んだ銘柄選定基準の素晴らしい例となっている。この銘柄もＮＹＳＥのＡＤＲとして取引されている。その特長は第一にＰＥＲ（株価収益率）が一一倍と低い点にあった。もっと大事なのは、ＥＰＳ（一株当たり利益）が年間約二〇％伸びるという長期的な成長予想を考慮するとＰＥＲの魅力が一層増すということだった。分析をさらに進め、ＰＥＲ（一一倍）をＥＰＳの長期的な予想成長率（二〇％）で割ってＰＥＧレシオを出すと〇・五五となり、同社株が世界の無線通信業界のなかで最も安価な銘柄のひとつであることがはっきりとする。つまり以下に示すように世界のほかの無線通信会社と比べても特に割安な銘柄だった。

●二〇〇四年における中国移動通信のＰＥＧレシオ＝〇・五五
●二〇〇四年における世界中の無線通信会社の平均ＰＥＧレシオ＝〇・八四

ジョン叔父さんにとって恐らく最も重要だったのは相対的に大きなその成長力と収益力だった。叔父さんは中国移動通信に投資したとき、最高の利益率と利益成長率を備えた世界的企業への投資が今後五年内にますます重要性を増すと言った。さらに続けて、銘柄選定の際に長期見通しをもつことがこれまで以上に有益になるとも言った。それまで叔父さんは五年先の予想EPSに基づいてPERを算出すべきだと主張していた。だが二〇〇四年後半には予想をさらに先に進めて一〇年後すなわち二〇一五年の予想PERを計算することを強く勧めた。言うまでもなく、次の四半期のEPS予想すらおぼつかないアナリストにとっては、この長期予想はとても手の届かない神業のように思えるだろう。つまり、たとえば五年後の予想PER五倍以下ではなく、一〇年後の予想PER二倍以下を目標としなければならないのだ。二〇〇四年時点で中国移動通信に適用したのと同じ前提（同年のPER一一倍と二〇％のEPS成長率）に立ってそれを将来に拡張するなら一〇年後の予想PERとして一・八倍が算出される（二〇〇四年の株価を一〇年後の予想EPSで割る）。このような長期的視点で株式をとらえるのは難しい課題であるが結果からすればそれだけの価値がある（図10.6参照）。

ジョン叔父さんも、企業の一〇年先のEPSを予想する課題の大きな困難性を認めるのにやぶさかではなかっただろう。最高の成長力と収益力を備えた企業に大きな重点を置こうとした場合、バーゲンハンターがどんなことを求められるかは容易に推察できると思われる。つまり、ある企業の五年後のEPSを計算しようとすると長期的展望が必要になる。次の四半期のEPSなどを考えるために一分たりとも無駄に時間を費やすことはできない。また一〇年先のEPSの使用を勧めるジョン叔父さんのアドバイスは、過剰生産能力によって経済的な余剰が増大し、それに伴い将来の競争が激しくなって利益率や収益への脅威が拡大する事態に対する強い警告

図 10.6　中国移動通信（2004 年９月以降３年間のリターン）

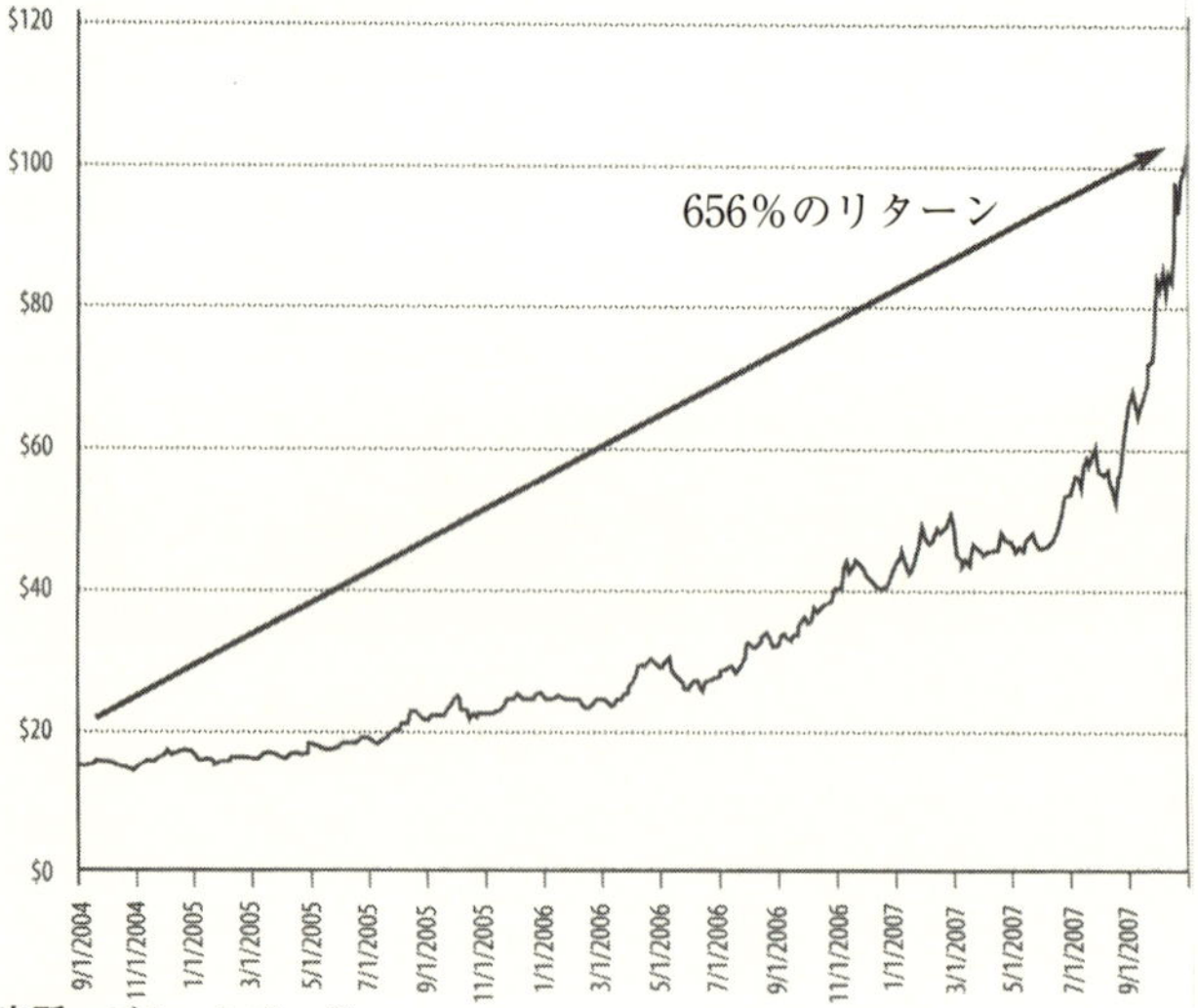

出所＝ブルームバーグ

となっている。

だからバーゲンハンターは一〇年という遠い将来に向けた企業の見通しに照準を合わせる場合、市場における企業の競争的地位を考える必要がある。要するに、競合企業に対するその企業の競争優位性がどこにあるかを判断するために努力の大部分を傾けなければならないのだ。そのためには株の買い付けを考えている企業だけでなく市場で競争関係にある相手企業の研究にも多大のエネルギーを注ぐ必要がある。

ジョン叔父さんは、アナリストだった若いころ行った企業訪問ではいつも企業自身よりもその競争相手から最良の情報を得たと語っていた。そのときの分析の目的は企業が将来にわたってどの程度収益力を維持できるかを感覚的につかむことにあった。一〇年先の企業の収益を予想するときもそのことが重要な考慮事項となる。

すべてのバーゲンハンターが考慮すべき重要な要因は経済学で最初に習う原則だ。すなわち、超過利益は競争相手を引き付け、その超過利益が解消されるまで競争が激しさを増すということだ。だからバーゲンハンターはその企業が競争激化に直面した場合に利益率をどの程度守り通せるかを考えなければならない。ほかの企業が真似できない競争優位性を備えていれば期待がもてる。もしかすると低コストの生産が可能かもしれないし、優れたイメージが市場で確立され大多数の顧客がそのブランドを好んでいるかもしれない。その企業が市場で大きなシェアを握り、残りのシェアを、価格戦争にまったく関心のない少数の企業が分け合っているとしたら、これも期待できる兆候と言える。重要な問題は他企業がその企業をどの程度容易に模倣できるかだ。それがごく簡単だとすれば、競争によってその企業の利益率や成長率が悪影響を受ける確率が高くなる。逆に非常に難しいとすれば投資家にとって将来の収益の価値がそれだけ大きいことになる。

二〇〇五年半ばにジョン叔父さんは競争水準の上昇に関する自分の考えを企業や大学などの非営利法人に伝えた。以下に示す叔父さんの説明は、米国の債務水準の上昇や差し迫った米国の住宅バブル破綻に関する懸念を背景としてなされている。

競争激化はさまざまな業種で利益率の継続的低下や、赤字さえ引き起こす公算が大きい。それによって一〇倍以上の企業が手の施しようのない債務を背負って連鎖倒産に陥る。赤字企業だけでなく、無担保で融資した多くの企業が巻き込まれるのだ。そういう事態になると有権者はたいてい、債務をファニーメイ（米連邦住宅抵当金庫）やフレディーマック（米連邦住宅貸付抵当公社）などの政府機関に移転する救援型の補助金を要請する。また、効率性に関するリサーチと発見が継続的に活発化する公算が大きくなる。

私がこれまでに見いだした最高の蓄財方法は……最大の利益率と最高の利益成長率を備えていることが証明された企業の株式に投資し続けることだ。収益力は、特に多くの国に分散化されている場合、引き続き価値の源泉になることが見込まれる。

この見解には米国経済、とりわけ住宅バブルの状況に関する懸念が現れている。ジョン叔父さんは米国の消費者の債務水準や再取得価格をはるかに超える住宅価格の大幅上昇について調べた結果、株式市場に対して警戒心を抱き、将来の高成長と高い利益率を兼ね備えた企業を選好するようになった。住宅バブルや質の高い収益成長による価値増大に関する見解よりももっと重要と思われるのは、九三歳の高齢にもかかわらず、そのような投資の推奨を行うに当たって新しい内容を盛り込もうとする積極性がうかがわれることだ。すべての投資家やバーゲンハンターがジョン叔父さんから受け継ぐことのできるものがあるとすれば、それは物事を異なる視点からとらえようとする一貫した姿勢である。企業の目先の収益動向に目を奪われる投資家が増えつつあることを感じ取った叔父さんは、はるか将来の企業の見通しに目を向けることを提唱した。五年でもかまわないが、一〇年ならなおのこと良いと主張したのだ。

以上のすべてを、叔父さんの中国投資に関するこれまでの説明と関係づけてみると別の重要なポイントが見えてくる。ジョン叔父さんは中国とその急速な進歩を称賛していても、高い規律をもったバーゲンハンターである点は変わらない。だからバーゲンを見つけたときにだけ投資し、それ以外の状況では動かないというのが叔父さんのアプローチなのだ。

どんなときも他人と異なる投資（異なる国、異なる方法、異なる投資期間、異なる水準の楽観主義や悲観主義による投資）を追求することが群衆に埋もれない唯一の方法となる。投資で卓越した成果を達成する唯一の方法は、市場で他人が絶望して売るときに買い、他人が貪欲に買うときに売ることだと、今やお分かりいただけたことと思う。

「群衆よりも良い成績を上げたいのなら群衆と異なることをしなければならない」――ジョン・テンプルトン卿

おわりに

本書を楽しんでいただけたでしょうか。何十年にもわたってバーゲンハンターとして成功を収めてきたジョン・テンプルトン卿の賢明な投資事例を振り返って文章にすることは、私たちにとって大きな喜びでした。ところで読者は皆、バーゲンハンターの資質をお持ちでしょうが、それでも、自分自身の証券口座で個別株を買って成功することは長い時間とスキルの向上を要する途方もない仕事になります。ずばり言えば、専業として取り組むことが必要になります。また読者のなかにはバーゲンハンターの精神を備えていながら、ファイナンスや会計、経済学などの勉強に興味をもっていない人もいるでしょう。そのような理由で、投資信託の運用でジョン・テンプルトン卿と同様の知恵や類似の方法を用いるプロのバーゲンハンターの短い一覧を挙げておきました。読者はそれらの運用会社について調べるのも良いでしょうし、自力で道を切り開くのも良いでしょう。いずれにせよ、私たちは長い間ジョン・テンプルトン卿と同様にそれらの運用会社にもときおり投資してきましたので、ここに挙げても比較的安全だと感じています。私たちはこの掲載についてそれらの運用会社から報酬や利益は一切受け取っていませんが、読者の方は必ずご自分で調査することを忘れないでください。バーゲンハンティングの幸運をお祈りします。

ドッジ&コックス・ファンド
フランクリン・テンプルトン・インベストメンツ
フリース・アソシエイツ・インク
マシューズ・インターナショナル・キャピタル・マネジメント、ＬＬＣ
ロイス&アソシエイツ・インク
サウスイースタン・アセット・マネジメント・インク
サード・アベニュー・マネジメント、ＬＬＣ
トウィーディ・ブラウン・カンパニー、ＬＬＣ

訳者あとがき

本書はウォーレン・バフェットと並ぶ伝説的な長期投資家であるジョン・テンプルトン卿の投資哲学を分かりやすく解説している。著者の一人のローレン・テンプルトンはその大姪（兄の孫娘）にあたり、投資スタッフとしてだけではなく、近親者としてもテンプルトン卿の実像に迫っている。

「強気相場は悲観のなかで生まれ、懐疑のなかで育ち、楽観とともに成熟し、陶酔のなかで消えてゆく」というテンプルトン卿の格言をたいていの投資家が耳にしているだろう。簡単に言えば、皆が悲観しているときに買い、楽観しているときに売ることを投資の極意とする。こうした逆張りの投資法はずばり「バーゲンハンティング」という言葉で表せる。つまり、とことん安い値段で株を買って長期的な値上がりを狙うのだ。第二次大戦の勃発で株式市場が急落したとき、若きテンプルトンが一ドル以下の株だけを一〇〇銘柄以上買って四年で四倍にした話はよく知られている。

デパートのバーゲンセールには買い物客が殺到する。ショッピングで安く買うのは当たり前のことだ。それが株になると、安く買うのがとたんに難しくなる。それはなぜか。株の場合、バーゲンに殺到するのは買い手でなく売り手だからだ。皆が一斉に恐怖に駆られて売ろうとするからこそ株価が急落する。その恐怖感や群衆の勢いに逆らうのは並大抵のことではない。

今回の金融危機がまさにその好例だろう。二〇〇八年九月のリーマショックで世界の株式市場が急落し、日経平均は二〇〇九年三月に七〇五五円まで下げた。このとき「大恐慌」の文字がマスコミを飾り、皆が奈落の底をのぞき込んで恐怖に震えた。この大底でどれだけの人が大量のバーゲンを仕込めただろうか。

テンプルトン卿なら、数十年に一度と言われることもあるこの機会を間違いなくとらえたことだろうが、残念ながら、リーマンショック直前の七月に九五歳の生涯を閉じていた。彼はその生涯にわたり「どんなときも他人と異なる投資を追求」し、ファンドマネジャーとして大きな利益を上げてきた。本書には、その足跡と投資方法が詳しく説明されており、どんな投資家にとっても参考になる考え方が随所に散りばめられている。

鈴木敏昭

二〇一〇年三月

■著者紹介

ローレン・C・テンプルトン（Lauren Templeton）

ローレン・テンプルトン・キャピタル・マネジメントLLCの単独所有者。サウスイースタン・ヘッジファンド・アソシエーション社の設立者兼会長。

スコット・フィリップス（Scott Phillips）

ローレン・テンプルトン・グローバル・マキシマム・ペシミズム・ファンドの主任アナリスト兼ポートフォリオマネジャー。

■訳者紹介

鈴木敏昭（すずき・としあき）

愛知県生まれ。1972年東京大学文学部言語学科卒業。訳書に『スイング売買の心得』（『ストックマーケットテクニック　基礎編』）、『相場勝者の考え方』（『ワイコフの相場大学』）、『金融と審判の日』『ワイコフの相場成功指南』『マーケットの魔術師　システムトレーダー編』『伝説のマーケットの魔術師たち』『マーケットの魔術師　大損失編』『ターナーの短期売買革命』『資産設計の黄金比率』（いずれもパンローリング）、『心理言語学』（研究社）など。

2010年5月3日　初版第1刷発行
2013年7月1日　　　第2刷発行
2016年4月1日　　　第3刷発行
2018年6月1日　　　第4刷発行
2023年1月1日　　　第5刷発行

ウィザードブックシリーズ ⑯⑤

テンプルトン卿の流儀
——伝説的バーゲンハンターの市場攻略戦略

著　者　ローレン・C・テンプルトン、スコット・フィリップス
訳　者　鈴木敏昭
発行者　後藤康徳
発行所　パンローリング株式会社
〒160-0023　東京都新宿区西新宿 7-9-18-6F
TEL 03-5386-7391　FAX 03-5386-7393
http://www.panrolling.com/
E-mail　info@panrolling.com
編　集　エフ・ジー・アイ（Factory of Gnomic Three Monkeys Investment）合資会社
装　丁　パンローリング装丁室
組　版　パンローリング制作室
印刷・製本　株式会社シナノ

ISBN978-4-7759-7132-1
落丁・乱丁本はお取り替えします。
また、本書の全部、または一部を複写・複製・転訳載、および磁気・光記録媒体に入力することなどは、著作権法上の例外を除き禁じられています。

本文　©Toshiaki Suzuki／図表　© PanRolling　2010 Printed in Japan

マンガ
マーク・モビアス
新興市場ファンドの父

マーク・モビアス【著】

定価 本体1,600円+税　ISBN:9784775930342

すべての崩壊は次のブームの種を宿している。
グローバル投資の大原則とは?

すべての崩壊は次のブームの種を宿している。グローバル投資の大原則とは?徹底した長期分散、グローバル投資の方針で過去20年で100カ国以上16,000社以上の企業を、自らの足で訪れ有望な成長企業を発掘した モビアス流投資法を読み解くカギとは・・・

- **5年先を見つめた割安企業の発掘―― 長期バリュー投資**
- **世界中の複数の卵を複数のかごにもる―― 国際分散投資**
- **選ぶのは国ではない、企業だ―― ボトムアップアプローチ**

政治的混乱や経済変動が激しい新興国市場において、己の目と足で成功を築き上げたエマージング投資、第一人者の伝記コミック。

ウィザードブックシリーズ 165

素晴らしきデフレの世界
インフレの正体と
ゼロ金利がもたらす新しい社会

マーク・モビアス【著】

定価 本体1,800円+税　ISBN:9784775972649

生産性の劇的な向上がもたらしたデフレの世界!
データと歴史で見るインフレ神話の崩壊

経済学の領域において日本は特異な国であり、経済学者たちの予想やモデルを裏切ることが多い。有名な経済学者たちの常識を前提とすれば、長年にわたりデフレが続いている日本は、インフレを起こさなければ「悲惨な結末」に苦しむことになる、らしい。

労働力不足が日本経済の大きな悩みの種になるとの声や、インフレを高める手段として金利の引き上げが求められてきた。だが、金利の上昇がどうして企業や国民のためになるのか。日本が年金や貯蓄で暮らす人々の幸福を軽視していることは明らかだ。実のところ、デフレは良いもので進歩の兆しだと考える人は皆無だ。日本の現状は世界のほかの国々でも起きているという事実からいつまで目を背けるのだろうか。本書は長きにわたり世界を覆っているデフレについて解き明かしていく。

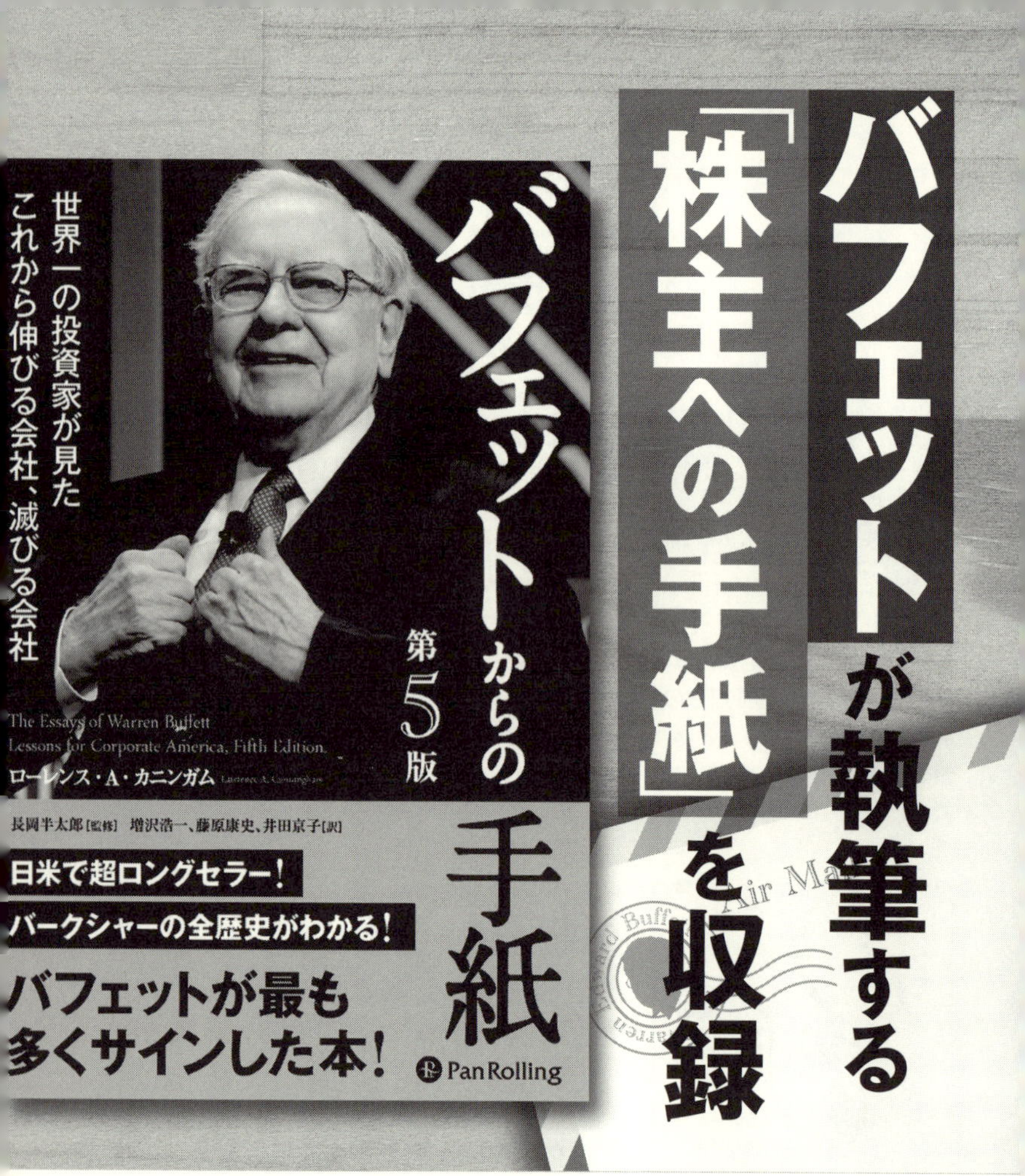

カニンガムは私たちの哲学を体系化するという
素晴らしい仕事を成し遂げてくれた」——ウォーレン・バフェット

とても実用的な書だ」—— チャーリー・マンガー

バリュー投資の古典であり、バフェットを知るための究極の1冊」—— フィナンシャル・タイムズ

このバフェットに関する書は素晴らしい」—— フォーブス

ローレンス・A・カニンガム 著

定価 本体2,200円+税 ISBN:9784775972786

ウィザードブックシリーズ 116

麗しのバフェット銘柄
下降相場を利用する選別的逆張り投資法の極意

定価 本体1,800円+税　ISBN:9784775970829

投資家ナンバー1になったバフェットの芸術的な選別的逆張り投資法とは

ビル・ゲイツと並ぶ世界的な株長者となったバフェットの選別的な逆張り投資法とは、下降相場を徹底的に利用したバリュー投資であり、本書ではそれを具体的に詳しく解説。

ウィザードブックシリーズ 203

バフェットの経営術
バークシャー・ハサウェイを率いた男は投資家ではなかった

定価 本体2,800円+税　ISBN:9784775971703

銘柄選択の天才ではない本当のバフェットの姿が明らかに

企業統治の意味を定義し直したバフェットの内面を見つめ、経営者とリーダーとしてバークシャー・ハサウェイをアメリカ最大かつ最も成功しているコングロマリットのひとつに作り上げたバフェットの秘密を初めて明かした。

ウィザードブックシリーズ 189

バフェット合衆国

定価 本体1,600円+税　ISBN:9784775971567

バークシャーには「バフェット」が何人もいる！

ウォーレン・バフェットの投資哲学は伝説になるほど有名だが、バークシャー・ハサウェイの経営者たちについて知る人は少ない。バークシャーの成功に貢献してきた取締役やCEOの素顔に迫り、身につけたスキルはどのようなものだったのか、いかにして世界で最もダイナミックなコングロマリットの一員になったのかについて紹介。

ベンジャミン・グレアム

1894/05/08 ロンドン生まれ。1914 年アメリカ・コロンビア大学卒。ニューバーガー・ローブ社（ニューヨークの証券会社）に入社、1923-56 年グレアム・ノーマン・コーポレーション社長、1956 年以来カリフォルニア大学教授、ニューヨーク金融協会理事、証券アナリストセミナー評議員を歴任する。バリュー投資理論の考案者であり、おそらく過去最大の影響力を誇る投資家である。

ウィザードブックシリーズ 10

賢明なる投資家
割安株の見つけ方とバリュー投資を成功させる方法

電子書籍版あり　オーディオブックあり

定価 本体3,800円+税　ISBN:9784939103292

市場低迷の時期こそ、威力を発揮する「バリュー投資のバイブル」

ウォーレン・バフェットが師と仰ぎ、尊敬したベンジャミン・グレアムが残した「バリュー投資」の最高傑作！ だれも気づいていない将来伸びる「魅力のない二流企業株」や「割安株」の見つけ方を伝授。

ウィザードブックシリーズ87

新 賢明なる投資家
(上)・(下)

電子書籍版あり

著者　ベンジャミン・グレアム／ジェイソン・ツバイク

上巻　定価 本体3,800円+税　ISBN:9784775970492
下巻　定価 本体3,800円+税　ISBN:9784775970508

時代を超えたグレアムの英知が今、よみがえる！

古典的名著に新たな注解が加わり、グレアムの時代を超えた英知が今日の市場に再びよみがえった！ 20世紀最大の投資アドバイザー、ベンジャミン・グレアムは世界中の人々に投資教育を施し、インスピレーションを与えてきた。こんな時代だからこそ、グレアムのバリュー投資の意義がある！

ウィザードブックシリーズ24

賢明なる投資家【財務諸表編】

著者　ベンジャミン・グレアム／スペンサー・B・メレディス

定価 本体3,800円+税　ISBN:9784939103469

企業財務が分かれば、バリュー株を発見できる

ベア・マーケットでの最強かつ基本的な手引き書であり、「賢明なる投資家」になるための必読書!

ブル・マーケットでも、ベア・マーケットでも、儲かる株は財務諸表を見れば分かる!

ウィザードブックシリーズ207

グレアムからの手紙
賢明なる投資家になるための教え

著者 ベンジャミン・グレアム／編者 ジェイソン・ツバイク、ロドニー・N・サリバン

定価 本体3,800円+税　ISBN:9784775971741

投資の分野で歴史上最も卓越した洞察力を有した人物の集大成

ファイナンスの分野において歴史上最も卓越した洞察力を有した人物のひとりであるグレアムの半世紀にわたる証券分析のアイデアの進化を示す貴重な論文やインタビューのコレクション。

ウィザードブックシリーズ 44

証券分析【1934年版】

電子書籍版あり

著者　ベンジャミン・グレアム／デビッド・L・ドッド

定価 本体9,800円+税　ISBN:9784775970058

「不朽の傑作」ついに完全邦訳!

研ぎ澄まされた鋭い分析力、実地に即した深い思想、そして妥協を許さない決然とした論理の感触。時を超えたかけがえのない知恵と価値を持つメッセージ。

ベンジャミン・グレアムをウォール街で不滅の存在にした不朽の傑作である。ここで展開されている割安な株式や債券のすぐれた発掘法にはいまだに類例がなく、現在も多くの投資家たちが実践しているものである。

ジャック・D・シュワッガー

現在、マサチューセッツ州にあるマーケット・ウィザーズ・ファンドとＬＬＣの代表を務める。著書にはベストセラーとなった『マーケットの魔術師』『新マーケットの魔術師』『マーケットの魔術師[株式編]』（パンローリング）がある。
また、セミナーでの講演も精力的にこなしている。

ウィザードブックシリーズ19
マーケットの魔術師
米トップトレーダーが語る成功の秘訣

定価 本体2,800円+税　ISBN:9784939103407

トレード界の「ドリームチーム」が勢ぞろい
世界中から絶賛されたあの名著が新装版で復刻！
投資を極めたウィザードたちの珠玉のインタビュー集！
今や伝説となった、リチャード・デニス、トム・ボールドウィン、マイケル・マーカス、ブルース・コフナー、ウィリアム・オニール、ポール・チューダー・ジョーンズ、エド・スィコータ、ジム・ロジャーズ、マーティン・シュワルツなど。

ウィザードブックシリーズ13
新マーケットの魔術師
定価 本体2,800円+税　ISBN:9784939103346

知られざる"ソロス級トレーダー"たちが、率直に公開する成功へのノウハウとその秘訣。高実績を残した者だけが持つ圧倒的な説得力と初級者から上級者までが必要とするヒントの宝

ウィザードブックシリーズ14
マーケットの魔術師 株式編 増補版
定価 本体2,800円+税　ISBN:9784775970232

今でも本当のウィザードはだれだったのか？
だれもが知りたかった「その後のウィザードたちのホントはどうなの？」に、すべて答えた！

ウィザードブックシリーズ201
続マーケットの魔術師
定価 本体2,800円+税　ISBN:9784775971680

『マーケットの魔術師』シリーズ　10年ぶりの第4弾！先端トレーディング技術と箴言が満載。「驚異の一貫性を誇る」これから伝説になる人、伝説になっている人のインタビュー集。

ウィザードブックシリーズ66
シュワッガーのテクニカル分析
定価 本体2,900円+税　ISBN:9784775970270

シュワッガーが、これから投資を始める人や投資手法を立て直したい人のために書き下ろした実践チャート入門。

ウィザードブックシリーズ208
シュワッガーのマーケット教室
定価 本体2,800円+税　ISBN:9784775971758

本書はあらゆるレベルの投資家やトレーダーにとって、現実の市場で欠かせない知恵や投資手法の貴重な情報源となるであろう。

ウィザードブックシリーズ 263

インデックス投資は勝者のゲーム
株式市場から利益を得る常識的方法

ジョン・C・ボーグル【著】

定価 本体1,800円+税　ISBN:9784775972328

勝者への道はインデクスファンドを買い、永遠に持つこと!

本書は、市場に関する知恵を伝える一級の手引書である。もはや伝説となった投資信託のパイオニアであるジョン・C・ボーグルが、投資からより多くの果実を得る方法を明らかにしている。つまり、コストの低いインデックスファンドだ。ボーグルは、長期にわたって富を蓄積するため、もっとも簡単かつ効果的な投資戦略を教えてくれている。

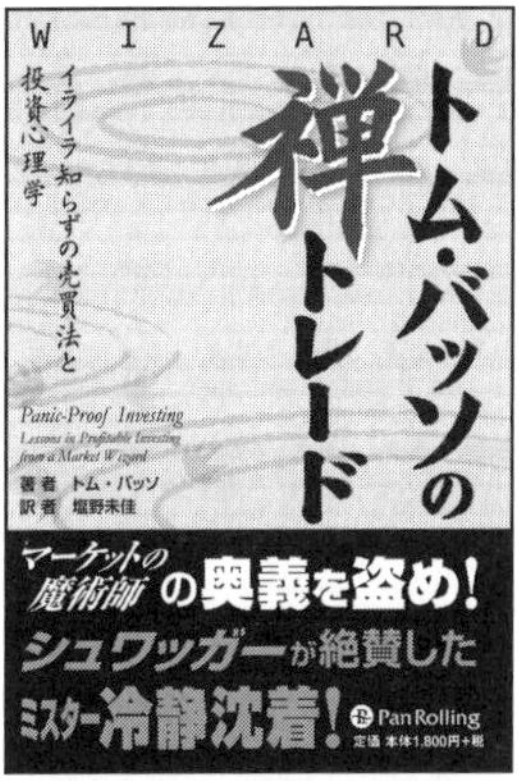

ウィザードブックシリーズ 176

トム・バッソの禅トレード
イライラ知らずの売買法と投資心理学

トム・バッソ【著】

定価 本体1,800円+税　ISBN:9784775971437

シュワッガーが絶賛した「ミスター冷静沈着」が説く、投資で成功する心構えと方法とは

バッソが執筆した本書は、機知や英知に富んでいるだけでなく、実践的なアドバイスにも満ちている。そのなかでも特に「トレーダーのかがみ」と称されるトム・バッソが強調しているのは、パフォーマンスよりも自分に合った「バランスの取れた」投資法を選択するということだ。

ウィザードブックシリーズ 147

千年投資の公理
売られ過ぎの優良企業を買う

パット・ドーシー【著】

定価 本体2,000円+税　ISBN:9784775971147

1000年たっても有効な永遠不滅のバフェット流投資術!

バフェット流の「堀」を持つ優良企業の発掘法。「堀」のある売られ過ぎの優良企業でポートフォリオを埋め尽くそう！浮かれすぎたバブル期とは反対に、恐慌期や経済危機の時期には人心が冷え切っているために優れた企業も売られ過ぎになり、あとから見たときに絶好の買い場になっている場合が多い。バフェット流の経済的な「堀」のある企業の見つけ方を初心者にも分かるように、平易なやり方で紹介する。

ウィリアム・J・オニール

証券投資で得た利益によって 30 歳でニューヨーク証券取引所の会員権を取得し、投資調査会社ウィリアム・オニール・アンド・カンパニーを設立。顧客には世界の大手機関投資家で資金運用を担当する 600 人が名を連ねる。保有資産が2億ドルを超えるニュー USA ミューチュアルファンドを創設したほか、『インベスターズ・ビジネス・デイリー』の創立者でもある。

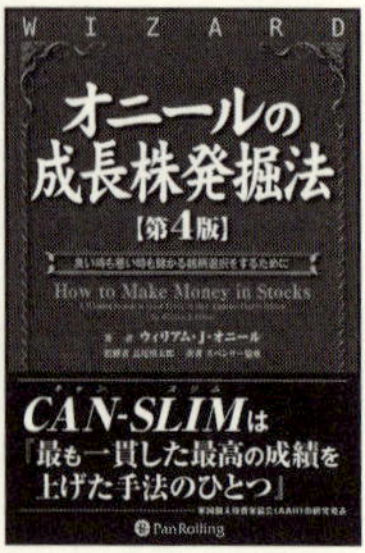

ウィザードブックシリーズ 179

オニールの成長株発掘法【第4版】

定価 本体3,800円+税　ISBN:9784775971468

大暴落をいち早く見分ける方法

アメリカ屈指の投資家がやさしく解説した大化け銘柄発掘法！投資する銘柄を決定する場合、大きく分けて２種類のタイプがある。世界一の投資家、資産家であるウォーレン・バフェットが実践する「バリュー投資」と、このオニールの「成長株投資」だ。

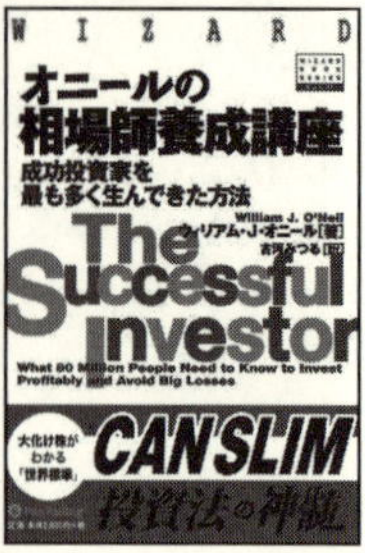

ウィザードブックシリーズ71

オニールの相場師養成講座

定価 本体2,800円+税　ISBN:9784775970577

キャンスリム（CAN-SLIM）は一番優れた運用法だ

何を買えばいいか、いつ売ればいいか、ウォール街ではどうすれば勝てるかを知っているオニールが自立した投資家たちがどうすれば市場に逆らわず、市場に沿って行動し、感情・恐怖・強欲心に従うのではなく、地に足の着いた経験に裏付けられたルールに従って利益を増やすことができるかを説明。

ウィザードブックシリーズ 93

オニールの空売り練習帖

定価 本体2,800円+税　ISBN:9784775970577

正しい側にいなければ、儲けることはできない。空売りのポジションをとるには本当の知識、市場でのノウハウ、そして大きな勇気が必要である。

ウィザードブックシリーズ 198

株式売買スクール

定価 本体3,800円+税　ISBN:9784775971659

株式市場の参加者の90％は事前の準備を怠っている。オニールのシステムをより完璧に近づけるために、大化け株の特徴の有効性を確認。
